Hiratsuka Masao
平塚柾緒
編著

新装版

米軍が記録した日本空襲

草思社

米軍が記録した日本空襲　目次

米軍が記録した **日本空襲**

第3部 本格化する焼夷弾の無差別爆撃

第4部 原爆投下決定

＊本書は米国および日本の複数の資料に基づいているため、文中の数字に異同があることをご了承下さい。（編集部）

本文執筆&編集協力

木俣滋郎（戦史研究家）
桑田 悦（近代日本戦争史）
前坂俊之（静岡県立大学教授）
大原 徹（太平洋戦争研究会）
橋田優香（文殊社）

本文レイアウト：柳川研一

第1部

「超空の要塞」B29の日本本土初空襲

日本本土空襲に飛び立つB29爆撃機。

◉第1部　総論

「超空の要塞」B29の日本初空襲

マッターホーン計画はなぜ生まれたのか?

太平洋戦争研究会　森山康平

B29爆撃隊、八幡製鉄所を初空襲

　昭和十九年(一九四四)六月十六日の午前零時過ぎ、約五十機の米軍爆撃機編隊が、北九州上空に到達した。日米開戦から二年七カ月がたったころである。そこには日本最大の製鉄所・日本製鉄八幡製鉄所があった。また、周辺一帯は日本有数の筑豊炭田であり、若松、戸畑、小倉、門司などとともに一大工業地帯を誇っていた。

　中国大陸を東進してくる爆撃機隊の来襲は、すでに済州島の日本軍電波探知所がキャッチしており、午後六時前から早々と警戒態勢に入り、日が暮れると完全な灯火管制がしかれた。陸軍の戦闘機は来襲予定地上空で待機して迎撃を始め、探照灯が爆撃機を照射して浮かび上がらせた。そして地上の高射砲や関門海峡に停泊中の海軍艦艇も激しく射撃を始めた。

　爆撃隊は若松方向から侵入し、一機または二機ずつ間隔を保って八幡上空をめざした。高度八千メートルの上空から見下ろす八幡市街は真っ暗闇で、終夜操業の熔鉱炉の煙が市街地を覆っていた。

　爆撃機は開発されたばかりの「スーパーフォートレス(超空の要塞)」と愛称がつけられたB29であった。その日がB29の日本本土への初陣だったのである。

　暗闇と煙霧のため目視照準爆撃はむずかしかったので、ほとんどの爆撃機がレーダー照準で投下した。それは五百ポンド爆弾(約二百二十七キロ、通称二百五十キロ爆弾)で、一機につき八〜九個搭載していた。高度約八千メートルからの爆撃は地上からの対空砲火を浴びる危険性はなかったが、レーダー照準は効率が悪かった。実際の爆撃の効果は上空からは判然とはしなかったが、ともかく午前三時すぎまで編隊全体で三百七十発の爆弾を間断なく投下した。

　爆撃は八幡製鉄所だけにかぎらず、同市街、若松、戸畑、小倉、門司の各市におよび、八幡で六十九名、小倉九十四名、戸畑五十三名、門司三十四名、若松六名の死者・行方不明者を出した(数字は「北九州空襲を記録する会」調べ)。死傷・行方不明者は合計で六百三十三名という記録もある。

　もっとも、米軍が最大のターゲットとしていた八幡製鉄所への爆撃は構内に五発が投下されただけで、生産設備にはまったく影響はなかった。

　しかし、B29という新鋭重爆撃機による日本本土初空襲は、連合軍にとって一種の象徴的な出来事であった。重慶(蒋介石政府の根拠地)ではこの初空襲の成功が伝えられると、放送は繰り返しその戦果を流し、街中に爆竹が鳴り響いた。

　アメリカでは折から開会中の議会にいち早く通報され、議事をストップして日本本土初空襲の快挙を祝った。米軍もその壮挙を記念して、八幡への日本初空襲には新聞記者やカメラマンなど十数名を同乗させており、ようやく日本本土を直接たたくことができるようになった戦局の展開を、国をあげて祝福していた。

B29の航続距離図

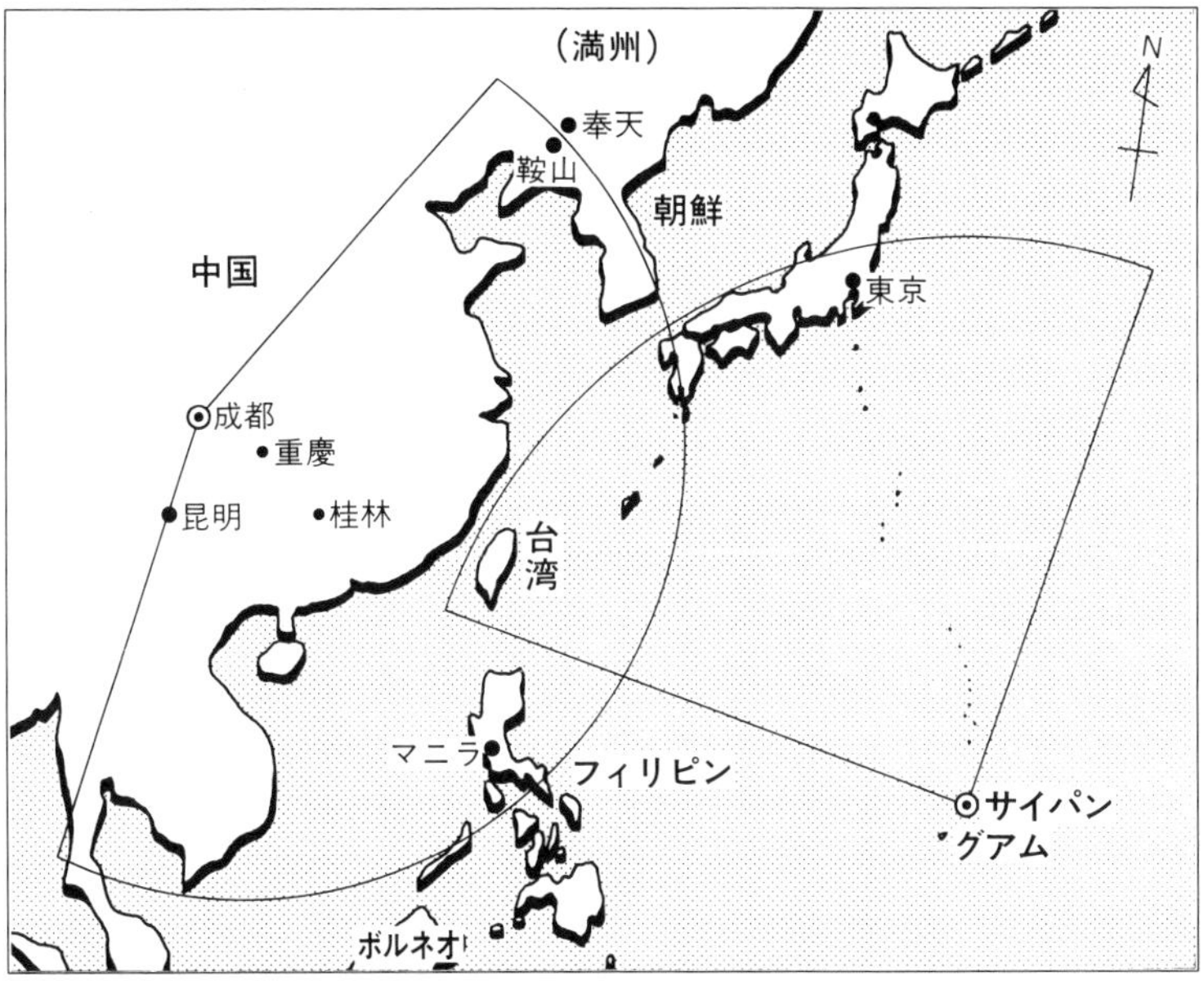

開戦前から構想された超遠距離爆撃

B29の爆撃機編隊は中国の奥地・四川省の成都から発進したものだった。成都は北九州までは二千五百キロ以上の距離があり、重慶よりもさらに奥地にあった。二千五百キロといえば稚内から沖縄本島までの直線距離よりやや長い。B29は成都〜北九州を往復しなければならなかったが、その往復距離は三千二百マイル、すなわち約五千百五十キロと計算されていた。それはB29の航続距離である五千二百三十キロという限界いっぱいのものだったのである。

当時の戦局は日本軍自身がその敗勢をはっきり自覚せざるを得ない段階に達していたが、米軍としてはいずれは日本本土に上陸して、六千万の軍人民間人と戦わなければ、日本は最終的には降伏しないだろうと考えていた。それはある意味では正しかった。軍も政府も必敗を自覚していたとはいえ、降伏するなどとは、ごく一部の要人以外には思いもよらないことだった。何も真実を知らされていない国民もまた同様だった。

「超空の要塞」と名付けられた戦略爆撃機B29の完成によって、アメリカの対日戦略は大きく変貌し、日本本土への直接空爆を可能にした。

米軍は日本への上陸作戦前に、日本本土の軍需工場を徹底的に破壊しておくことが勝利への前提であると考えていた。そのためには、できるだけ遠方の基地から爆撃機を発進させ、日本の軍需施設を爆撃する戦略を一貫してたてていた。

B29という、当時としてはとてつもなく長い距離を飛行できる重爆撃機の開発は、必ずしも日本との戦争に備えてのものではなかった。一九三九年（昭和十四）十一月、VLR（Very Long Range 航続距離が超長距離の爆撃機）の発想のもとに、行動半径二千マイル（約三千二百キロ）という新しい爆撃機の開発をめざしたのは当時の米陸軍航空隊長であったアーノルド将軍だった。その後の日本空襲を指揮し、米陸軍航空隊の最高指揮官であった「H将軍」ことヘンリー・H・アーノルド大将である。

当時、ドイツ・イタリアの枢軸国と英仏との戦争（第二次世界大戦）が始まっており、枢軸国が南米大陸に拠点を築いた場合に備えてアメリカをいかに防衛するかという戦略にたって発想されたものだといわれている。それが、第一次世界大戦後に新しく考えだされた戦略思想である〝戦略爆撃〟というものであった。敵国そのものを遠くの基地から発進した爆撃機で空襲するというものである。パナマやキューバから南米のどの地点に爆撃しても帰還できるには、確かにそれだけの航続距離が必要だった。

統合参謀本部で対独・対日作戦を協議する米統合幕僚長会議。左からアーネスト・J・キング合衆国艦隊司令長官（海軍作戦部長兼務）、ジョージ・C・マーシャル陸軍参謀総長、ウィリアム・D・レイヒ海軍大将（大統領府参謀長・議長）、ヘンリー・H・アーノルド陸軍航空隊総司令官。

昭和十四年当時の枢軸国はナチス・ドイツとイタリアだけであったが、その両国と軍事同盟を結び、ソ連にはもちろん英仏にも軍事的に対抗しようとしていたのが日本陸軍だった。いわゆる日独伊三国同盟の構想だが、アメリカは当然そういう日本の動きを知っており、支那事変を戦いつつあった日本の侵略的軍事行動と合わせて、もし日米開戦になればそのVLR（超長距離爆撃機）が日本本土爆撃にも有効に働くということを想定していたことは想像に難くない。フィリピンにこれを展開すれば、開戦と同時に日本本土を爆撃できる態勢が（距離のうえからいって）即時にとることができるはずであった。

『米国陸軍航空部隊史』は、「一九四三年十一月に米陸空軍のある将官は、『B29という飛行機は日本の都市と工業重要地区を攻撃するための高高度、遠距離爆撃機としての着想の上に設計された』と記述している。彼がそう書いた時には、B29はもっぱらこのような任務にあてられるはずであり、計画の時期も正にその通りだったようだ」と述べている。そして同書は続けて次のように注釈している。

「しかし、彼の陳述は若干の条件をつけて読む必要がある。というのは、超空の要塞が着想された当時、陸軍航空隊は日本諸都市の破壊というよりもはるかに直接の関心を払うべき他の責務に直面していたからだ。研究、開発、試験、そしてそれに続く調達と後から後からやってくる仕事に熱病にとりつかれたように取り組んでいる時に、B29が確実に実用機として使用できる時期についての不安があるのは避けられなかった。そこで、B29の使用計画は、生産計画上の諸調整および戦略的あるいは戦術的情勢の変化につれて動揺を重ねたのであり、ようやく一九四三年の末になって初めて、それらの計画は確実に東京を目標として指向されたのである」

では、一九四三年末に何があったのだろうか。

米国は中国からの戦略爆撃を必要とした

日本を空から徹底的にたたくという戦略は、B29が生産ラインに乗る前に決定された。それは一九四三年八月のケベック軍事会議の席上だった。

連合軍の指導的立場にあった英米両国は必要に応じて首脳会談を開催し、ヨーロッパ戦線と太平洋戦線の大きな戦略を決定していた。たとえばアメリカ参戦直後のワシントン軍事会議（暗号名＝アルカディア）とか、北アフリカ作戦を話し合った一九四二年七月のロンドン軍事会議（暗号名＝トーチ）、あるいは西ヨーロッパ進攻作戦に合意した一九四三年五月のワシントン軍事会議（暗号名＝トライデント）などである。

ケベック軍事会議（暗号名＝クォドラント）は、トライデントの開催から三カ月後のことである。ここでのもっとも重要な決定は後にノルマンディ上陸作戦といわれた西ヨーロッパ上陸作戦の計画にチャーチル首相とルーズベルト大統領が同意したということである。そして、太平洋戦線においてはチャーチル首相はアメリカのフリーハンドを表明したが、日本に対する長期戦略の一つとして、「一九四四年中に中国本土の長沙よりB29重爆撃機による対日戦略爆撃を実施する方策について、米軍部は九月十五日までに研究する」ことが決定された。

米軍部はすでにこの会議の数カ月前に、米英合同参謀本部に対して要旨次のような「日本分析・戦略構想」を提出していた。そこで強調されていたのが、日本本土への猛烈な空襲である。

「日本は最後まで（to the death）戦う。したがって米軍は日本本土に進攻しなければならない。進攻前に日本の抵抗力を破壊しておくことが必要だが、第一に重要なのは日本の艦隊力と空軍力を壊滅させることである。同時に、日本本土に猛爆撃を継続的に実施しなければならない。こうした爆撃・進攻のための基地は、中国本土と台湾の両方あるいは何方《いずかた》（and/or）に確立されるべきであるか、そのためには、まず軍需物資を陸揚げする港の確保が必要である。そうした港としては香港が最適と考えられる。香港、台湾地域に到達する東方からの最良ルートは、委任統治諸島を西進し、次いでルソン島北部あるいはセレベス島、スール海（フィリピンの西）を進むことであり、西方からの最良のルートは、マラッカ海峡を開通させることであろう」（福田茂夫『第二次大戦の米軍事戦略』より）と。

日本本土空襲を決めたケベック会議のチャーチル（左）とルーズベルト。

注目すべきことは、この首脳会議の前までは日本の降伏を一九四七年以降と想定していたのに、「ドイツ打倒（一九四四年十月と予定）より十二〜十八カ月後に対日勝利を」としたことである。これはアメリカ側の主張だったが、イギリスもこれには特に反対はしなかった。反対はしなかったが、その前提となる作戦に対してどこまで協力できるかについては言質《げんち》を与えなかった。

その前提とは何か。

それは、

①B29重爆撃機による日本本土への戦略爆撃は中国本土基地から発進させる
②それを可能にするビルマ地上ルート開通の早期実現

というものであった。「中国本土からの発進」というのがアメリカの一つの眼目で、政治がらみの大きな戦略になっていたことが特徴だった。

それはこういう事情である。

インドと中国に展開する米軍の指揮官スティルウェル中将（右）は蒋介石軍の参謀長も兼ねていたが、両指揮官は犬猿の仲だったという。中央は蒋介石夫人宋美齢。

当時、イギリスは将来の作戦としてビルマ奪回作戦を計画していたが、それには中国軍が雲南地方から北ビルマに進攻するということを条件としていた。米軍はイギリス以上にそうした中国軍の積極的参加を望んでいた。ところが、蒋介石はこの作戦に自分の軍隊を参加させる気はなかった。インド、中国の米軍指揮はジョセフ・W・スティルウェル中将があたっていたが、スティルウェルは同時に蒋介石軍の参謀長も兼ねていた。ルーズベルトからビルマ作戦への参加を要請された蒋介石は、スティルウェルの指揮からシェンノート航空隊をはずすように要求した。これが蒋介石一流の反対の仕方だった。できない相談を持ちかけて本題を逸《そ》らすやりかたである。

シェンノート航空隊というのは、中国に進出していた米陸軍航空部隊のことである。日米開戦前にアメリカの志願者で編成された蒋介石のための航空部隊「フライング・タイガー」を編成し、援蒋ルートのビルマ・ロードを防衛するために、日本軍にたいする航空攻撃を継続実施してきたクレア・L・シェンノート少将は蒋介石から非常に信頼されていた。それは必ずしも性格的に一致していたということではなく、日本軍に対する攻勢はもっぱらシェンノート指揮の米陸軍航空隊に頼ることにより、地上部隊の犠牲をより少なくするという蒋介石の戦略に合致していたからである。

太平洋戦争が始まると蒋介石は、この戦争は武力で日本軍を大陸からあえて駆逐しなくとも、太平洋の戦場でアメリカ軍によっていずれは日本の敗北に終わると信じていた節があり、その後に続く中共軍との内戦こそ自分に課せられた最大の任務とみていたからである。だから、対日戦を全力をあげて戦わない蒋介石に不満をぶつけるスティルウェル参謀長を非常に煙たがっていた。

ルーズベルト大統領はそういう蒋介石に大きな不満を持ってはいたが、大事なことはここで蒋介石を戦争から脱落させないことであった。この時期、計画だけは立てられたがその実行には積極的ではなかったイギリスのビルマ進攻作戦の動向如何にかかわらず、アメリカとしては中国に航空基地を維持していかなければならない理由があった。

長沙、桂林案から成都への変更

ケベック軍事会議で原則的に決定された中国本土基地からの対日爆撃の計画は、その後どういう具合に進展したのか。

当初の計画では長沙からの発進だったが、これとは別にスティルウェル中将は桂林からの戦略爆撃を提案した。長沙（湖南省）といい桂林（広西省）といい、内陸ではあるが、重慶にくらべるとはるかに海岸に近い。ある意味では日本軍の攻撃範囲内といってもよかった（事実、昭和十九年になると支那派遣軍は「大陸打通作戦」を実施して、両都市とも攻撃する）。

スティルウェルが日本軍の攻撃にさらされる危険な都市を、あえて戦略爆撃基地として

日本軍の「大陸打通作戦」で、山岳部に逃れようとしている桂林市民と中国軍兵士。

蔣介石の信頼が厚かった米第14航空軍司令官クレア・L・シェンノート少将。

提案した裏には、その都市を防衛するために中国軍の近代化を促進させるという思惑があったからといわれている。しかも、装備の近代化や訓練に必要な軍需物資を補給するには、従来のようにインドからヒマラヤのハンプ（瘤《こぶ》）を越える空中輸送だけでは追いつかないということが明らかであり、したがって、早急にビルマ地上ルートを開通させる（具体的にはレドからミイトキナーを経て昆明（雲南省の省都）に至るレド公路）必要性を強調したものだった。それだけの大がかりな作戦だけに、スティルウェルの提案では一年半後の一九四五年四月からの対日戦略爆撃開始となっていた。

B29の開発が意外に手間取り、実戦配備までにはまだ相当の日数が見込まれていたこの段階（スティルウェルの提案は一九四三年＝昭和十八年九月）では、このように日本本土に対する戦略爆撃の基地選定はさまざまな思惑の中で試行錯誤を重ねていた。そしてその最大の問題は蒋介石の動向に対する配慮であり、イギリス軍のビルマ奪回作戦の見通しとの兼ね合いだった。蒋介石に対する配慮をすればするほど、イギリスのビルマ進攻作戦への期待がふくらむのだったが、そのイギリスには本格的な進攻作戦を行う余裕はなく、計画も消極的なものであった。

昭和十八年の秋といえば、マッカーサー軍はまだ東部ニューギニアのサラモア、ラエを占領した段階であり、ニミッツ軍はソロモン諸島を一つひとつ潰していた段階で、まだ中部太平洋の入口に当たるギルバート諸島のマキン、タラワまでも到達していなかった。

そんな戦局の推移の段階ではあったが、米英合同参謀本部は、中国本土からの対日戦略爆撃の見通しが立たない場合に備えて、早くもマリアナ諸島（サイパンやグアム、テニアンなど）や千島列島北端のパラムシル島を提案した。もちろん、そこに至るまでに米軍は立ちはだかる日本軍と多くの戦闘を交えなければならず、「長沙案や桂林案のほうが実現しやすいとは思うが」と控えめな表現をとっていたのである。

マリアナ諸島からの対日戦略爆撃という計画は、当時の航空作戦家にとっては当然予想される見取り図であって、ある意味では米陸空軍に最良の基地であるということは常識となっていた。しかし、そのマリアナ諸島はまだ日本の制圧下にあった。ルーズベルト大統領は、早期に、中国からの対日戦略爆撃を行う必要性を強調した。

こうしてスティルウェル中将の提案に修正が加えられ、戦略爆撃の開始を一九四四年三月と予測して、ルーズベルト大統領に提出された。

このあたりの経緯を、『米国陸軍航空部隊

史』は次のように述べている。

「(修正されたスティルウェル案は)後日マリアナを使用せんとする着想をしりぞけるものではなく、ここ一カ年は中国がB29で日本まで飛べる唯一の地域として存続するものと見なしていた。この主張は、もっぱら中国側の戦意を強化せんとする政治的要素によって指示されていたに違いない」

ただ、スティルウェル案の桂林(や柳州、遂川、衡陽)からの発進というプランはそのままだった。

これに対して米陸軍はあらたに成都からの発進という提案を試みた。これは一九四四年三月に戦略爆撃開始という「修正」に対して「遅すぎる。いったい、B29だけでしか日本を爆撃できないのか。我々は他にも何種類もの爆撃機を持っているではないか」という大統領の不満に対する回答という性格があった。

成都は日本軍からの攻撃を受ける心配がない代わりに、B29の航続距離からみてギリギリの後方基地であった。事実、冒頭で見たようにその初空襲は北九州であり、いかにB29をもってしても九州北部までが限度だったのである。ルーズベルト大統領はこの案に即座に賛成した。何はともあれ、基地の安全を確保しながら日本本土を爆撃できるという政治的効果(蒋介石を納得させる)が大きいことに着目した決定だったといえよう。

カイロ会談の合間に歓談する3巨頭。左から
蒋介石、ルーズベルト、チャーチル、宋美齢。

成都からの対日戦略爆撃には「マッターホーン」という暗号名がつけられた。

ソ連の対日参戦同意とマッターホーン計画の変質

ただ、この作戦が英・中国の承認を経て実現するまでには、かなりの紆余曲折があった。舞台はカイロ会談、テヘラン会談に移された。その成否は英・中国、とくに中国がビルマ戦線に兵力を送ることを約束するかどうかにかかっていた。

最初のカイロ会談(十一月二十二〜二十六日)では、成都を基地とする対日戦略爆撃の提案に蒋介石もチャーチルも賛成した。そのための敷地や基地建設に協力することが約束された。成都の基地建設はもちろん蒋介石の了承が必要だが、成都までB29を飛ばすにも、成都にガソリンや弾薬、人員を空輸するにもインド内の基地が不可欠だった。インドはイギリス領だからチャーチルの了承が必要だったのである。

ただし、イギリスのビルマ作戦への消極的姿勢は依然として変わらなかった。このことが、微妙に、ある意味で決定的にマッターホーン計画の行方を左右することになった。

ただルーズベルトは、蒋介石が要求したハンプ越えの空輸増大を条件に、中国軍が北ビルマ作戦に参加することを約束させた。

次いで、カイロ会談をいったん中断し、チャーチルとルーズベルトはスターリンと会談するためテヘランに移った。

テヘラン会談(十一月二十八日〜十二月一日)での(米国にとって)最大の収穫は、ソ連がドイツ降伏後の対日参戦を約束したことだった。このことは、マッターホーン計画の行方にもからんで非常に大きな意味を持っていた。

第一に、対日参戦の代償として全千島と全樺太の領有、さらには大連港の使用権と大連への鉄道保有を米英が認めたことである。これは、第一次カイロ会談のあと発表された宣言、つまり「満州、台湾、澎湖島の中国への返還」という趣旨と矛盾していた。会議をリードしたのはルーズベルトだが、彼の本音はどこにあったのだろうか。

一言でいえば、対日戦線における中国（蒋介石軍）に対する疎外、もっとくだいていえば「もうアメリカは蒋介石のご機嫌をとることなく対日戦を戦いますよ」との決意をしたということだ。アメリカは蒋介石をなかば見限ったわけである。

米英の首脳はなんとか蒋介石の対日戦脱落を食い止めようと援助を重ねてきたが、ソ連の対日参戦に見通しがつくや次第に冷たくなっていった。写真は米軍指揮官のもとに訓練を受けている中国軍の練兵場を訪れた蒋介石総統（中央）。

チャーチルが数日前に発表したばかりのカイロ宣言を無視してまで、アメリカとソ連の取り引きに同意したのは、ドイツ降伏後にはソ連の大部分の戦力が一時でもヨーロッパから離れるからであり、またソ連の関心が極東に移ることは戦後のヨーロッパ経営の主導権を握るうえで好都合だったからである。そのうえ、ソ連参戦ともなれば、日本降伏のために急いでビルマ奪還作戦を実施しなくてもいいということを意味していた。

テヘラン会談のあと、蒋介石の立場は大きく揺らいだ。

スターリンとの会談を終えたルーズベルトとチャーチルは再びカイロに戻り、米英軍首脳を交えて再び会談した（第二次カイロ会談・十二月三〜七日）。ここではオーバーロード（後にノルマンディ上陸作戦として実現した西部ヨーロッパへの上陸作戦の暗号名）の総指揮官にアイゼンハワー大将を起用することなどが決定されたが、中心議題は米英両首脳によるテヘラン会談のおさらいだった。

蒋介石抜きの会談だったが、ルーズベルト大統領が蒋介石に対して次のような通告を行うということで一致した。

「テヘラン会談で決定したヨーロッパ作戦のために、上陸用舟艇をベンガル湾で使用できなくなった。貴下は、北部ビルマ地上ルート開通をさきにと求めるのか、それとも空輸増大を望むのか、いずれかを選択して回答を示されたい。早くドイツを打倒し、それが終われば急いで中国・太平洋に戦力を強化する」（福田・前掲書より）

この通告は何を意味していたのか。

要するに、これまでは中国本土からの対日戦略爆撃は、ビルマ作戦を前提として進められていた。ビルマを連合軍が奪回しなければ、中国内の基地に戦略爆撃に必要な膨大な軍需物資を送り込むことはできない。だからこそ、蒋介石をなだめすかしながらなんとかビルマ作戦に参加させようとしてきたのだった。またそうすることによって蒋介石が対日戦線から脱落しないように配慮をしてきたのだった。

しかし、実際にはイギリスのビルマ作戦への消極的態度によって蒋介石のあいまいな態度が黙認されていたのだが、ソ連の対日参戦の確約によって大がかりなビルマ作戦の必要がなくなった、と判断されたのである。

こうみてくると、マッターホーン計画は承認されてからわずか十日間ほどで見直され、廃棄はされなかったもののいずれは中止される運命を最初から担いつつ、スタートしたのである。

成都が、九州の北部一帯程度の爆撃しかできない遠隔地であってみれば、将来的には基地そのものを前進（たとえば当初計画どおり

第20爆撃軍作戦地域図（中国基地）

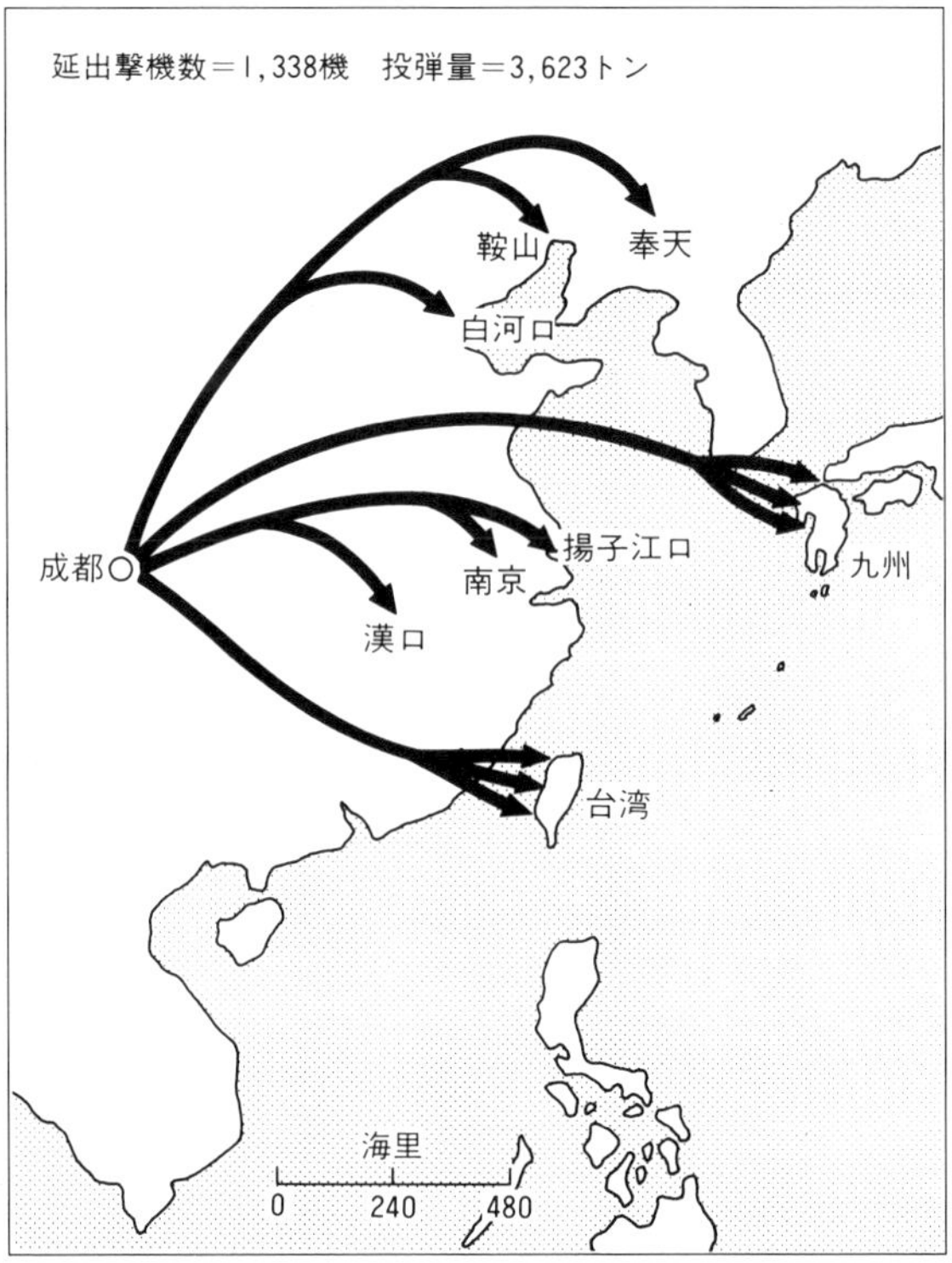

に東京空襲も可能な長沙あたりまで）させるということは想定されていただろうが、中国本土からの対日戦略爆撃という戦略そのものが、スタートの時点で廃止されることが決まってしまったのだ。

　ただ、ルーズベルト大統領が承認を与えた時点でマッターホーン計画そのものは進行させられていた。また、現実問題としても数カ月後には生産ラインにのると予想されるＢ29を配備できる基地は、成都以外にはまだ見当たらなかった。蒋介石にしても、ルーズベルトが急に威圧的態度に出てきたという理由だけで、成都をＢ29の基地として使用することに反対するというほどには、強い立場になかった。むしろ長期戦略としては、成都を対日戦略爆撃の基地として提供することは政治的に大きな価値を持っていたのである。

　ただ、アメリカとしては対日戦略爆撃とビルマ作戦問題（繰り返すようだがそれはまた対蒋介石問題でもあった）が切り離されたことにより、文字通りフリーハンドで対日戦略爆撃を考えることができるようになった。テヘラン会談と並行してアメリカ統合参謀本部は対日戦略爆撃の見直し作業を進め、

①一九四四年五月一日から、成都からの対日戦略爆撃開始
②一九四四年十二月三十一日から、マリアナ諸島からの対日戦略爆撃開始

を決定したのだった。

北九州初空襲と合わせたサイパン攻略

　一九三九年以来、超長距離爆撃機の開発にアメリカは三十億ドルを投入したといわれる。現在のレートなら約三千億円強で、そこそこの金額という感じがする。しかし、当時の百円＝二十三・四十四ドル（昭和十四年改定。太平洋戦争開始で米ドルと円との関係は完全に遮断された）を基準にすれば約百二十八億円となる。昭和十六年度の日本の国家予算（一般会計、特別会計、臨時軍事費の合計）が二百二十九億円だから、その約六〇パーセント近くにあたる。Ｂ29だけの開発費にこれだけの巨額な資金を投入できたのがアメリカだった。

　大戦に突入してアメリカではもう一つの大きなプロジェクトが進行していた。第四部で取り上げるマンハッタン計画、すなわち原爆の開発だが、これには二十億ドル投入された。Ｂ29と原爆、まぎれもなく対日戦争の勝敗を決定づけた二つの新兵器だが、両者の開発費五十億ドルはまさしく当時の日本の国家予算に匹敵していたのである。

　これほどの巨大プロジェクトを推し進めながら、戦場では、日本軍が呆れ返り、やがては嘲笑すらしたという大量の弾薬を消費し、栄養豊かな三度の食事を配給し、兵站地ではアイスクリーム製造機まで持ち込んで戦っていたのである。

　それはともかく、九十七機というテスト用としてはちょっと信じられないような多数のＢ29が完成したのが、一九四四年一月末のことである。それらは実験飛行によって徹底的

に不備をチェックされた。こうしてようやく実戦機の生産が開始され、三月末には数機が火器装備を終えた。まもなく一日十機程度ずつがカンサス州スモーキーヒル基地からインドのカルカッタをめざして（約一万八千五百キロ）飛び立っていった。

　五月八日、カルカッタに集結したB29は百三十機に達し、ベンガル湾北部に新設されたカラグプル郊外の基地に移動した。日本本土への戦略爆撃基地・成都は、そこから標高七千メートル以上のヒマラヤ山脈を越えた三千二百キロ彼方にあった。航続距離の長さとともに瘤《ハンプ》と愛称されたヒマラヤ越えそのものが危険な飛行であった。マッターホーンはアルプスの高峰だが、それに挑むような精神で彼らはヒマラヤ上空の高度と冷気と乱気流に果敢に挑んだのだった。

B29の日本本土初空襲に合わせ、米軍はサイパン島上陸を開始し、本格的な日本空襲の基地獲得を目指した。

　対日戦略爆撃を担当したのはカラグプルに司令部を置く第二十爆撃軍（司令官＝ケネス・B・ウォルフェ准将）であり、成都で指揮をとったのは第五十八爆撃団（司令官＝ラベーヌ・G・サンダース准将）だった。

　成都からは満州の奉天（現瀋陽）や製鉄の街・鞍山までは辛うじて往復できた。日本本土や鞍山にたいする戦略爆撃を五月一日を期して敢行するよう、アーノルド大将は指令したが、ウォルフェ司令官が最初に選んだのはタイのバンコクだった。距離にして往復三千二百キロというのが手頃な演習爆撃の標的に見えたからだという。

　六月五日実施されたバンコクに対する演習爆撃には九十八機が参加した。しかし視界が悪く、バンコク上空は雲に覆われていたため爆撃そのものはまったくといっていいほど効果はなかったうえ、四機が故障で墜落するという事故に見舞われた。この結果はB29の対日戦略爆撃の前途の険しさを思わせた。

　しかし、この演習爆撃直後に届いたアーノルド大将による「成都からの日本本土爆撃に全努力を傾けよ」という指令により、六月十五日、北九州・八幡製鉄所をめざして最初の対日戦略爆撃隊が成都を発進したのだった。

　ただ、すでに見たように、その成功のいかんにかかわらず将来的にはマッターホーン計画は廃止され、マリアナ諸島からの日本本土戦略爆撃計画が確定していた。米軍は、成都からの爆撃隊が北九州を襲ったその日、サイパンへの上陸作戦を敢行したのである。新たな対日戦略爆撃の基地を獲得するためである。

成都に造られた米軍の対日戦戦没兵士の墓。この中にはインド基地からヒマラヤ越えの飛行中に事故死した者や、日本本土爆撃に加わった搭乗員が眠っている。

北九州
日本の軍需産業を壊滅せよ!

戦略爆撃機B29は、当時の日本の総国家予算の半分以上の開発費をかけて造り上げられた。開発当初の目的は、ナチス・ドイツが南米に造るかもしれない特別基地の攻撃用だったが、実際に完成してからは日本本土の都市破壊の主役になった。

B29、インドから成都へ

インドの飛行場を主要基地に、中国内陸部の飛行場を前進基地として最新鋭のB29によって日本本土を空襲する。目的は軍需産業、軍事施設を空から襲って壊滅させ、日本を降伏に追い込む――これが暗号名「マッターホーン」と名付けられたアメリカの新たな対日作戦だった。そして一九四三年十一月には戦略爆撃隊「第二十爆撃軍」が創設され、司令部とB29がインドのカラグプルに進出した。

中国の成都に向かうB29を警備するインド兵。

日本本土を爆撃するため、アメリカはイギリスと中国に協力を求め、インドに4カ所、中国の成都地区に5カ所の飛行場建設を求めた。中国でもそうだったが、インドの飛行場建設もすべて人力に頼らなければならなかった。

インドから前進基地の成都への燃料や弾薬の輸送には、B29の他にカーチスC46やダグラスC47輸送機も大量に動員された。ヒマラヤ山系を越える輸送作戦は、搭乗員たちから「ハンプ（こぶ）越え」として恐れられ、実際に多くの輸送機が墜落するという危険な作戦であった。

次々飛来するB29のかたわらでは、動員された中国人たちが飛行場の拡張工事に汗を流していた。文字通りの人海戦術だった。

マッターホーン計画の開始

アメリカのカンサス州スモーキーヒル基地を離陸した最初のB29機が、一万八千五百五十キロ離れたインドのカルカッタ郊外チャックリア飛行場に到着したのは、昭和十九年（一九四四）四月二日であった。飛行場には第二十爆撃軍司令官のケネス・B・ウォルフェ准将をはじめ、米英の軍高官や報道関係者が出迎えていた。

この日の午後に銀色の巨体を見せた「超空の要塞」は、陸軍のカメラマンが写真を撮り損《そこ》なわないように飛行場上空をゆっくり旋回しながら着陸した。操縦してきたのは第二十爆撃軍麾下の第五十八爆撃団を指揮するラベーヌ・G・サンダース准将だった。二機目が到着したのは四月六日で、以後、毎日十機平均のB29がインド基地に到着し、五月八日には百三十機が銀翼を並べた。

当時、アメリカの要望でカルカッタ周辺にはカラグプル、チャックリア、ピアルドーバ、ダッドクンディの四飛行場が建設されていた。工事には米軍建設部隊六千人のほか、数千人のインド人が動員されていたが、第一陣のB29が飛来してきたときは、二つの飛行場だけがどうにか使える程度で、四つの飛行場が完成したのは九月に入ってからだった。

インドの基地から日本本土空爆に飛び立つ

成都に爆撃軍の軍需品を輸送してきたC47輸送機に群がる、飛行場建設に動員された中国の老若男女。彼等にとって飛行機を間近で見るのは初めてだった。

米第20爆撃軍の前進基地になった中国の飛行基地には、B29の進出と同時に多くの地上員も飛んできた。宋美齢夫人とともに第20爆撃軍の婦人部隊を熱烈歓迎する蒋介石総統。

ヒマラヤを越えてインドの基地から日本本土爆撃のためのガソリンを中国に運んできたB29だったが、燃料切れを起こし、重慶の南西160キロにある梁山飛行場に緊急着陸をした。中国の地上整備士たちは21リットル入りの石油缶でガソリンを補給した。

B29の前進中継基地になる中国の成都地区の五つの飛行場建設も、遅々として進まなかった。中国では成都付近にある新津《しんしん》、彭山《ほうざん》など三カ所の飛行場の拡張と、広漢などに新たな飛行場を造っていた。約七万五千人の農民たちが動員され、米軍技術者の指揮のもとに建設していたけれども、籠や手押しの一輪車での作業には限界があった。ウォルフェ准将の後任として一九四四年八月に第二十爆撃軍司令官に就任したカーティス・E・ルメイ少将は自伝で言っている。その滑走路は「子供から老人にいたる多数の中国人が、乾いた川底から丸い石を掘り出し地面に敷きつめ、地固めしたものであった」

しかし、四月末には長さ二千六百メートルの滑走路がどうにか出来上がり、四月二十四日に二機のB29が初めてインドから成都に飛んだのだった。そしてカーチスC46輸送機をはじめ、戦闘装備をはずしたB29を使ってのヒマラヤ山脈越えの航空機用ガソリンや弾薬の輸送を開始した。インドと中国の間に広がるビルマは、まだ日本軍の占領地だったし、レド公路、ビルマ公路と言われるインド―ビルマ―中国を結ぶ陸路の輸送路は完成をみていなかったからである。ワシントンのアーノルド大将からは一時も早い日本本土空襲の要請が来ていたが、燃料がなくてはいかに「超空の要塞」といえどもどうしようもなかった。

狙われた八幡製鉄所

B29によるインド＝成都基地からの初空襲の目標に選ばれたのは、九州北部の日本製鉄八幡製鉄所（現新日本製鉄）だった。八幡は日本のピッツバーグと呼ばれた鉄鋼の街で、成都を発進するB29の航続距離から見て唯一最良の攻撃目標といってよかった。

昭和十九年六月十五日午後三時十五分、七十五機のB29がそれぞれ通常の二百五十キロ爆弾二トンを積んで、完成なかばの成都飛行場を離陸しはじめた。ところが離陸失敗や離陸直後の墜落、さらには途中でエンジントラブルを起こすなどして、北九州上空に到達できたのは四十七機にすぎなかった。

一方、日本の大本営は支那派遣軍からの情報で、五月上旬にB29が成都に進出したことをつかみ、本土空襲は必至と見て防空態勢をととのえていた。そしてこの日、韓国の済州島にあった日本軍の電波探知所は中国大陸を東進して来る大編隊をキャッチし、十七時三十分には北九州五市に警戒警報を発令していた。しかし追跡レーダーの開発が遅れていた日本には以後のキャッチはできなかった。

北九州各市に空襲警報が発令されたのは十六日の午前零時二十分から三十分にかけてで、B29の第一陣が若松市上空に侵入（零時三十八分）する数分前だった。しかし各市内は完全な灯火管制がしかれ、敵機の侵入と同時に探照灯と高射砲弾が夜空を引き裂いた。日本の迎撃機も飛び立ち、米側の記録では少なくとも十六回の攻撃をしかけてきたが、被害は撃墜一機だけだったという。もっとも帰還途中に操縦や着陸ミスで六機が墜落し、延べ五十五名の搭乗員が死亡している。

奇襲に失敗した米爆撃隊は第一目標の八幡製鉄所を見分けることができず、三十二機はレーダー照準で爆弾を投下し、残りの十五機だけが目視爆撃を行った。爆弾は八幡、若松、戸畑、小倉、門司の五市に散らばり、八幡製鉄所構内付近に落下したのはわずかに五発で、製鉄所の設備にはほとんど影響がなかった。被害はむしろ八幡市街地の方が多く、二百七十名を超える死傷者を出していた。

製鉄所が二回目の空爆を受けたのは八月二十日で、合計六十一機のB29が夕方の五時すぎから深夜にかけて数機編隊で断続的に襲ってきた。そして八幡製鉄所に八十発、その他市街地などに三百六十発の爆弾を投下していった。製鉄所では火災が発生し、戸畑、八幡市内では二百数十名の死傷者を出していた。

日本の反撃も凄まじく、高射砲に加え「隼」「屠龍《とりゅう》」の戦闘機隊も肉薄して四機を撃墜している。さらに日本機との戦闘で損傷を受けた機や燃料を使い過ぎた機も多く、帰還途中で十機が燃料切れなどで墜落していた。

B29の八幡製鉄所主要爆撃目標　①コークス炉。375ある炉を５つの棟に分けてある　②補助製作所の工場（③⑤⑬⑭⑮⑲⑳㉔㉕㉙㉚）④ベッセマー鋼鉄転炉　⑥⑱衝風炉　⑦製品貯蔵所　⑧倉庫（製品関係）⑨釘製作所　⑩発電所　⑪事務所　⑫㉓㉘露天熔鉱炉　⑯コークス炉工場（250の炉を４つの棟に収めていると思われる）⑰補助製作所　㉑不明　㉒鋳物場　㉖発電所　㉗耐熱レンガ工場　㉛鉄鉱石、鉄クズ、石炭、石灰貯蔵所

爆弾を投下するB29機。

６月16日の初空襲で北九州５市（現在の北九州市）が被った被害は死者216名、重軽傷376名、行方不明41名、家屋等の破壊318戸以上（いずれも推定）といわれている。北九州地区はその後も空襲にさらされ、ほぼ壊滅状態に追い込まれた。写真は八幡市役所（現在の八幡東区役所）の壊れた窓から眺めた八幡警察署。
（昭和19年11月27日撮影）

米軍が「日本のピッツバーグ」と呼んだ製鉄の街・八幡市の製鉄所と市街地を爆撃するB29機。中央が洞海湾、手前は若松。

壊滅した八幡市街。

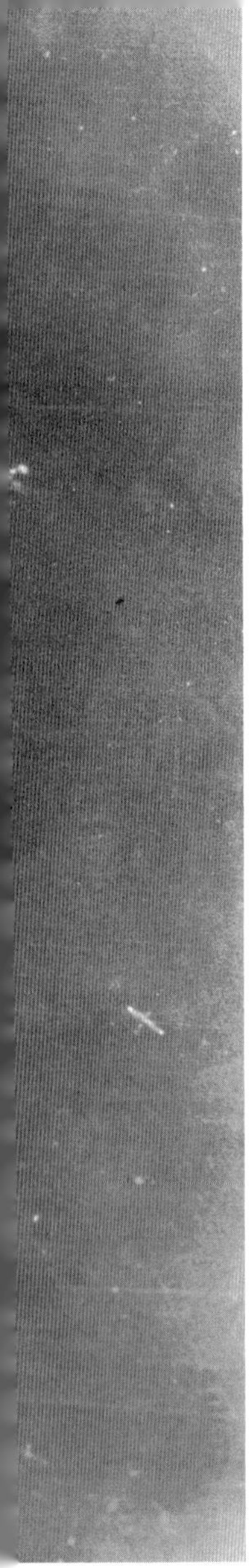

炎上する大村の第21海軍航空廠。

空襲18回、大村の海軍航空廠

八幡製鉄所に次いで成都の米第二十爆撃軍が主要ターゲットにしたのは長崎県の大村だった。東洋一を誇る航空機製作所＝第二十一海軍航空廠があり、米軍はカリフォルニアのロッキード工場よりも大きいと見ていた。

大村には昭和十九年七月八日未明に行われた長崎・佐世保への空襲のおりに一機が飛来したが、最初の本格攻撃はB29五十六機による十月二十五日の昼間空襲だった。この空襲で海軍航空廠は甚大な被害を被り、一般工員や動員学徒などに多くの死傷者を出した。

海軍航空隊の基地でもある大村は、その後も十一月十一日(二十九機)、二十一日(六十一機)、十二月十九日(四十機)と、常に成都からのB29の主要目標にされた。B29の基地がマリアナに移ってからも、大村は米機動部隊の艦載機も加わって、昭和二十年八月八日までに延べ十八回の空襲にさらされた。

『大村市勢要覧』によればこの間の戦災死亡者は五十九名、『長崎県警察史』では九十六名とされている。しかしこの数には海軍航空廠で死亡した工員や動員学徒は含まれていない。たとえば十月二十五日の海軍航空廠への最初の空襲だけでも「このときの死者の数は極秘にされていたが二、三百名と伝えられた」(『大村市史』)という。

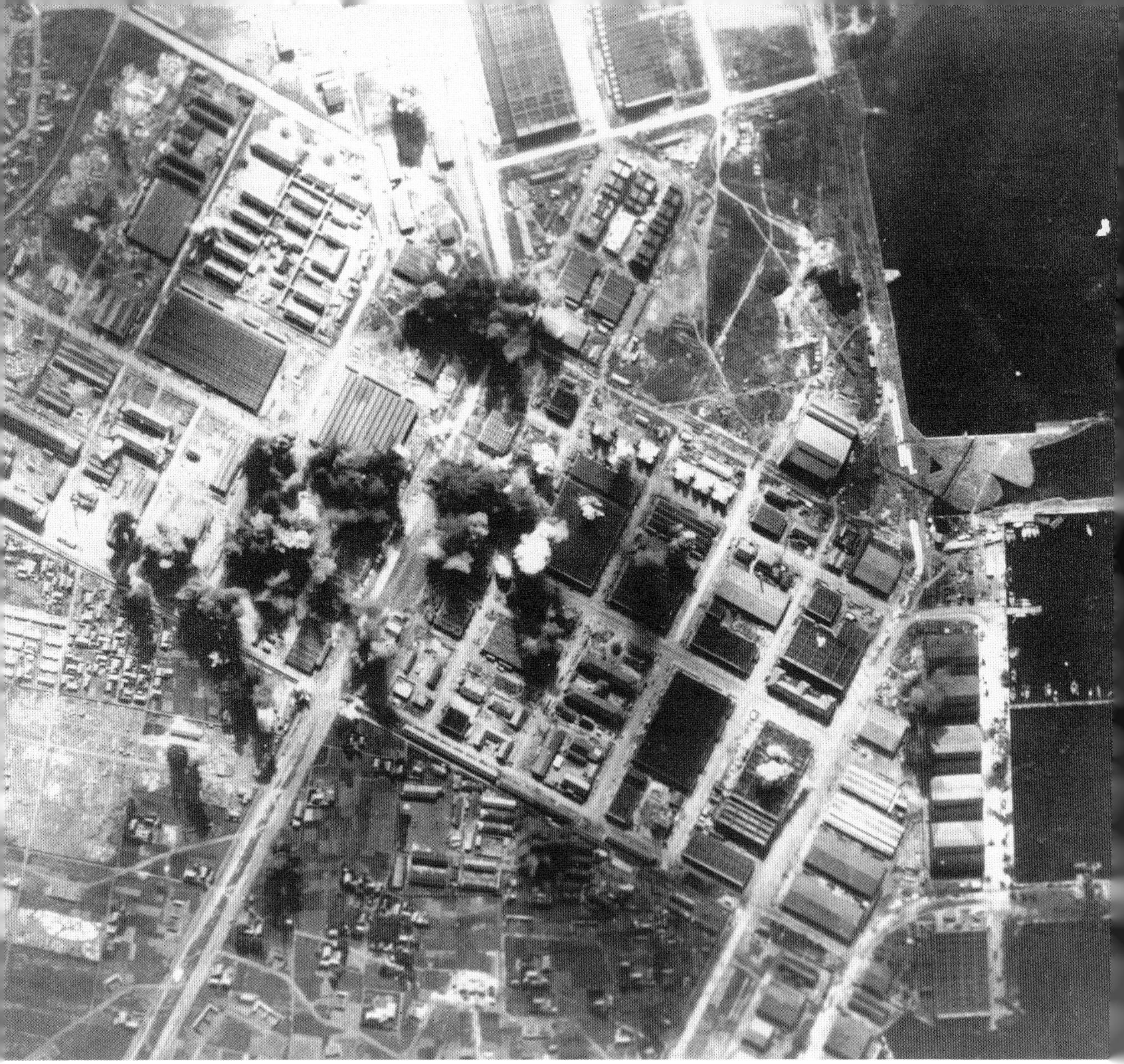

八幡製鉄所とともに大村の海軍航空廠も徹底的に狙われた。写真は昭和19年10月25日の空襲。

成都基地からの主要空襲

インド、中国・成都を発進基地にしたB29（一部B24あり）の日本本土、並びに中国・台湾・シンガポールなどの日本軍基地への空襲は合計49回におよんだが、そのうち日本本土への主な空襲は次のようであった。（機数は一部推定）

19年6月16日（AM0・30〜3・30）47機
八幡製鉄所・北九州五市
7月8日（AM0・19〜4・01）17機
長崎・佐世保・大村
8月5日（PM13・30〜15・20）1機
福岡・小倉の偵察
8月11日（AM0・40〜2・00）29機
長崎・倉幡地区・島根・諫早
8月20日（PM16・32〜17・48）80機
八幡製鉄・倉幡地区・佐世保・長崎・大村
8月21日（AM0・22〜1・40）20機
八幡製鉄・倉幡地区
10月25日（AM9・55〜11・13）56機
大村海軍航空廠・長崎・佐世保・大村
11月11日（AM9・34〜10・00）29機
大村海軍航空廠・長崎・佐世保・福岡
11月21日（AM9・45〜10・30）109機
大村海軍航空廠・佐賀・大牟田・熊本
12月19日（午前）40機
大村海軍航空廠
20年1月6日（AM10・00〜）80機
大村ほか九州西部各地

長崎は原爆が投下される以前にも米軍の空爆目標の一つだった。写真はB25爆撃機の攻撃を受ける長崎港外・香焼島の川南工場。現在は三菱造船所になっているが、当時は駆潜艇などの小艦艇を造っていたからだ。

原爆以外にもあった長崎空襲

長崎市への原爆投下以前に、長崎県内は前出の大村をはじめ長崎市、諫早、島原、佐世保、そして郡部の各市町村も空襲を受けていたが、大村、長崎、佐世保を除けばいずれも小規模空襲だった。

佐世保市は四回の空襲を受けたが、最大の空襲は昭和二十年六月二十九日の午前零時から始まったB29百四十五機による爆撃だった。この空襲で市街地の大半は焼失し、死者千三十名、負傷三百三十六名をだした。

長崎市は原爆投下以前に五回の主要空襲を受けているが、初空襲は昭和十九年八月十一日の中国・成都からの夜間空襲だった。しかし被害はほとんどなかった。多数の被害を出したのは昭和二十年七月二十九日、三十一日、八月一日の連続空襲である。この昭和二十年の三回の長崎空襲に飛来したのは沖縄を基地にしたB24、B25、それに戦闘機P38が加わった戦爆連合機であった。

攻撃目標はもっぱら三菱造船所や三菱製鋼所、市外香焼《こうやぎ》島の川南造船所など兵器関連産業と周辺の市街地だった。これら五回の空襲で長崎市が被った被害は、戦後の米戦略爆撃調査団の報告によれば死者三百四十七名、負傷約六百名、行方不明四十三名、家を失った者千六百三十八名という。

工場の煙突すれすれの超低空から爆撃と機銃掃射を受ける香焼島の
川南工場。同工場はこの1回の攻撃で使用不能に陥ってしまった。

浦上川に沿う三菱製鋼の兵器工場・茂里工場。一般空爆と原
爆の被害を受けて鉄の骨組みだけの瓦礫と化した。

昭和19年11月21日、インドの基地を飛び立って日本空襲に向かうB29機。この日、成都を中継基地に飛来したB29は61機が大村へ、5機が大牟田、そして熊本、佐賀にも投弾して立ち去った。大牟田では33名の死者を出し、熊本でも2名が死亡した。

高価な代償を払った初の日本空襲

「超空の要塞」と名付けられたB29は、戦局の急務から十分なテスト飛行を経ずに実戦配備されたことと、搭乗員の訓練も即席だったため、多くの事故機を出している。

最初のB29がインドのカルカッタに進出した昭和十九年(一九四四)四月二日以降、B29は続々とインドの基地に進出していたが、早くも四月十三日にはカンサス州を飛び立った一機が給油地のマラケシュ(モロッコ)で墜落し、十五日にはカイロで一機、さらにカラチでは五機が墜落するという最悪の状態に見舞われていた。マラケシュとカイロの墜落は操縦士の経験不足が原因だったが、パキスタンのカラチでの墜落はエンジンのオーバーヒートによるものだった。

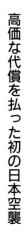

インドに在る第二十爆撃軍の初代司令官はケネス・B・ウォルフェ准将だったが、彼はB29のインド進出と同時にアーノルド大将(米陸軍航空隊総司令官)から五月一日を期して日本本土空爆を開始するよう指令されていた。しかし新鋭爆撃機の欠陥と操縦員の未熟に加え、前進基地の成都には肝腎の航空用ガソリンがなかった。

当時、燃料をはじめ部品や機械工具類はすべてヒマラヤ山脈越えの空輸に頼るほかなかった。多くのC47輸送機が動員されたが、爆

超空の要塞B29

超空の要塞・B29
翼　　長：43.083m
全　　長：30.195m
全　　高：8.50m
基本重量：33,792kg
発 動 機：ライトR-3350-23型サイクロン18気筒ラディアル・スーパーチャージド・エンジン４基
馬　　力：2,200×４（離陸時）
最高時速：580km（高度10,000m）
巡航時速：320〜400km
実用上昇限度：11,582m
航続距離：約7,080km、４トン爆弾積載時約5,632km
兵　　装：12.7mm機銃12、20mm機関砲１
搭載爆弾：1,800kg×４、又は900kg×８、又は450kg×12、又は226kg×40個
搭 乗 員：11名。操縦士（航空指揮官）、副操縦士、爆撃士、航法士、航空機関士（以上将校）、無線士、レーダーオペレーター、射撃士４名

弾や航空用ガソリンの輸送はC47では限度がある。そこで火器装備を外したB29に特製の燃料タンクを積んで運ぶことにしたのだった。

だが一回の航行で運べるガソリンは七トン弱で、なかなか備蓄量は増えなかった。日本の西端北九州を空襲して帰るには最低千二百五十トンのガソリンが必要である。だが四月中に成都に運べた燃料は千四百トンにすぎない。ウォルフェは初の日本空襲は六月になるだろうと判断した。しかしワシントンの総司令官は不満だった。結局ウォルフェ准将は七月初めに更迭され、代わってカーティス・E・ルメイ少将が新司令官に就任する。そのルメイも回想記に書いている。

「われわれは、必要とした補給物資の全部を、自ら成都地区に輸送していた。すべてを飛行機で運ばねばならぬ――B29による日本本土を爆撃するのに十分なガソリンを備蓄するために。一回の爆撃に必要な量のガソリンを貯えるのに、インドと成都の間を七回飛行しなければならなかった。

われわれに供給された機材は、必要な性能試験が行われていなかった。あたかも、だれ一人として、性能試験の重要性を考えていなかったようだった。(略)シリンダーは吹き飛び、エンジンは故障した。飛行機はよくヒマラヤ上空で墜落し、インドでもそうだったが、中国の滑走路上でもよくこわれた」と。

東京空襲の基地・マリアナ

昭和十九年六月十五日、B29機による日本本土初空襲の部隊が中国の成都を発進したその日、より近い日本本土空襲の航空基地確保を目指す米軍は、日本の統治領であるサイパン島に上陸を敢行してきた。四万三千余の日本軍将兵と二万余名の一般邦人は徹底抗戦で米軍に対峙したが、圧倒的物量を誇る米軍の前に力つき、サイパン守備の日本軍首脳たちは七月七日、相次いで自決、サイパンの戦闘は終わった。

サイパンを陥《お》とした米軍は、ひきつづき隣りのテニアン島、そしてグアム島へと上陸を敢行し、日本軍の抵抗をしりぞけて、日本空襲の航空基地確保に成功した。以後の日本空襲は、この三島の基地から行われた。

サイパンの戦場に遺棄された日本人母子の亡骸。米軍の写真説明では「日本兵が逃げる時に殺していった」とあるが、玉砕の戦場・サイパンの悲惨な戦いを象徴している。

サイパンの南興神社から日本軍が激しく抵抗しているタッポーチョ山を眺める米軍兵士。

サイパン占領と同時に飛行場を拡張した米軍は、昭和19年11月24日を期していよいよ
本格的な日本空襲を開始する。写真はサイパンのイスリー飛行場に着陸したB29。

第20爆撃軍のB29も昭和20年 2 月20日に
中国の成都からサイパンに移駐してきた。

まだ海軍工作隊が飛行場整備を続ける中、早くも日本空襲に飛び立って行くマリアナ諸島テニアン島のB29部隊。

サイパンのイスリー飛行場は昭和19年8月6日に1,800メートルの滑走路が完成した。そして10月12日にB29一番機が中国の成都から進出した。

今日は日本空襲の非番。3人の搭乗員たちは小さなヨットを作り、今日は待ちに待った試走の日だ。

第2部

日本の航空機産業を破壊せよ

爆弾の雨を降らせるB29

◉第2部　総論

「精密爆撃」で狙われた都市

米軍の標的になった軍需工場

太平洋戦争研究会　森山康平

日本に対する本格的「戦略爆撃」

マリアナ諸島に進出した第二十一爆撃軍は昭和十九年十一月二十四日、ヘイウッド・S・ハンセル准将の指揮のもと、日本本土への空爆を開始した。米陸軍航空部隊が総力を挙げて、日本に対する「戦略爆撃」を本格化したのである。最初の爆撃目標は東京・北多摩郡武蔵野町にある飛行機の発動機製作工場だった。

戦略爆撃というのは直接対峙している最前線の戦闘部隊に対する爆撃ではなく、敵国そのものの主要目標に対して実施される爆撃のことである。太平洋戦争が始まったころ、アメリカの陸軍航空部隊は世界で唯一ともいうべき戦略爆撃隊を持っていた航空部隊だった。

敵国の主要目標というのは、具体的には生産設備、主要原料の生産地、主要物資の貯蔵所、主要な動力や通信施設、主要交通機関などを指している。こうした目標を爆撃すれば、もう戦争を続ける能力がなくなるし、また戦争する意欲もなくなるはずだ、というのが戦略爆撃の思想なのである。

したがって、戦略爆撃というのはどこでもいいから爆弾や焼夷弾を落として、その街を破壊したり焼き払えばいいという「思想」ではない。明確な爆撃目標を決めて、そこを徹底的に破壊し、敵国の降伏を促すというのがいわゆる「戦争の正義」というものであり、「戦争の常道」なのであった。

だから、日本本土に対する戦略爆撃も、当然のごとく具体的な主要目標をまず選びだし、それに対する爆撃を実施することになった。その第一は航空機工場であり、次いで陸海軍工廠、電機製品工場、その他の兵器組立工場だった。米軍はそれを「精密爆撃」と呼んだのだった。

第二十航空軍がマリアナのハンセル准将に与えた最初の主要目標が、次のように航空機製造工場に的が絞られていたのは、こういう基本戦略があったからである。

一、主要発動機製作所

三菱重工業名古屋発動機製作所

中島飛行機武蔵野製作所

中島飛行機多摩製作所

（中島飛行機の二つの工場はいずれも現在の東京都武蔵野市にあり、当時は合併されて武蔵製作所となっていた）

川崎航空機工業明石発動機工場

二、主要飛行機部品および組立工場

中島飛行機太田製作所、高崎地区

川崎航空機各務原工場、名古屋地区

中島飛行機小泉製作所、高崎地区

三菱重工業、名古屋地区

愛知航空機永徳工場、名古屋地区

そして、これらの〝主要目標〟が天候などの都合で爆撃できなかった場合は、次の目標を爆撃するように計画された。

◎第一群　港湾地区（東京、大阪、名古屋、川崎、横浜、下関、呉、広島、神戸、長崎、佐世保、横須賀）

◎第二群　都市地区（広島、呉、新潟、八幡、戸畑、若松、小倉、福岡、長崎、大牟田、門

司、久留米、延岡）

第一群は港湾施設を狙い撃ちする「精密爆撃」である。このうち、東京・大阪・名古屋・川崎・横浜・神戸は日本の代表的な工業都市ともいうべきものであり、呉・広島・長崎・佐世保・横須賀には海軍工廠とともに日本の代表的な造船所があった。下関は本州と九州を連絡する要衝である。

それに対して、第二群は単に都市の名前が列記されているだけで、その都市にならどこに爆弾を落としてもいいという戦術だった。

八幡・戸畑・若松・小倉・門司は、現在は合併して北九州市になっているが、かつてここに日本製鉄の八幡製鉄所があり製鉄工業の中心地であったことは前述のとおりである。

彼らはこれを「地域爆撃」と呼んだ。結果的には無差別空襲になるこの爆撃方法は、最後の手段として発動されることになっていたが、「戦略爆撃」の名のもとに無差別空襲を最初から必ずしも否定していなかったという点は注目されていい。

昭和19年（1944）11月24日、サイパンからの東京初空襲の出撃を前に、搭乗員に訓示をするオードンネル准将。

第一次サン・アントニオ作戦

この趣旨にそって、ハンセル准将がヘンリー・H・アーノルド陸空軍総司令官に提出した第一回の作戦計画は、昭和十九年十月三十日に提出された。これを暗号名で「第一次サン・アントニオ作戦」と呼んだ。この時点で、サイパンのイスリー飛行場にはB29は五十九機しか到着していなかったが、十一月に入ると毎月百機程度が到着するようになっていた。

サン・アントニオ作戦の最初の出撃は十一月十七日になっていたが、天候が悪く一週間延期となった。

十一月二十四日午前六時十五分、オードンネル准将が操縦するドーントレス・ドッティ号が先頭を切って離陸し、そのあとに百十機のB29が続いた。

この最初の本格的な戦略爆撃の目標は東京の中島飛行機武蔵製作所だった。それはかつて武蔵野製作所（陸軍機エンジン）とそれに隣接する多摩製作所（海軍機エンジン）に分かれていたもので、いずれも現在の武蔵野市にあった。

ところが百十一機という大編隊で東京上空までたどりついたものの、八千二百〜一万メートルの上空から見下ろす東京は雲がたれこめ、ほとんど目標は識別できなかった。このため、当初の目標の武蔵製作所を爆撃できたのは二十四機だけで、六十四機は東京湾のドックや市街に投弾したのだった。

こうして本格的な日本本土空襲が開始されたのだが、『ニューヨーク・タイムズ』はこの爆撃行について、次のような分析記事を掲載した。

「武蔵製作所が、われわれの目標になることは敵の目にも明らかだったにちがいない。日本の軍需産業から爆撃に手をつけることはドイツの場合と同様だった。これまでに得た情報をもとに敵の戦争遂行計画上の重要性を尺度に目標は選び出された。たとえば搭乗員たちは皇居の庭園を見下ろすことができたが、これを攻撃することはなかった。彼らは重要産業の息の根を止め、すでに衰弱した戦争産業の維持を困難にするのが目的だったからである」（十一月二十五日付）

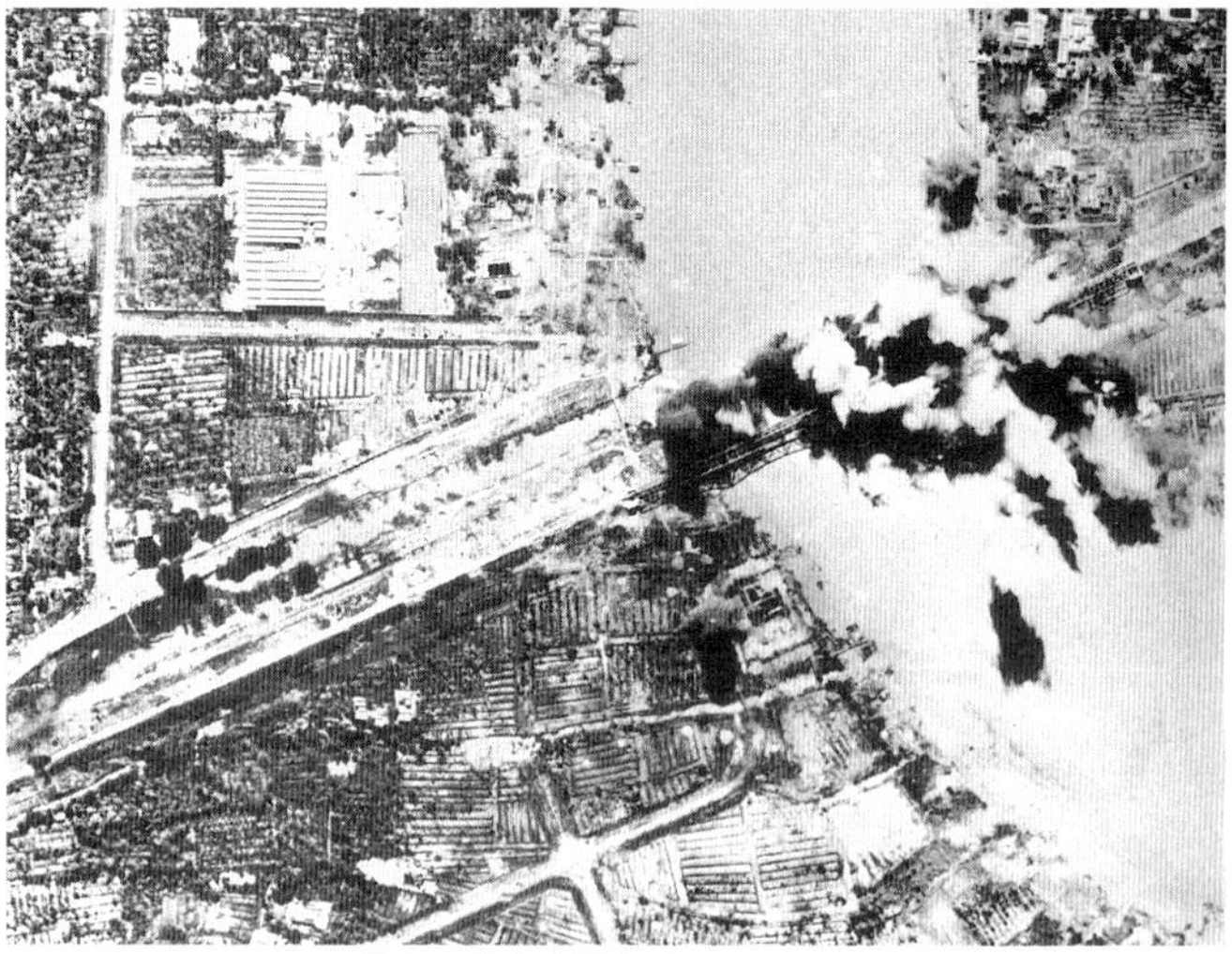
B29の集中空爆を受けるバンコク市内のラマ第６橋。

空襲を受ける日本軍の物資集積所であるビルマの首都
ラングーンのボタタウン埠頭（昭和19年11月３日）

「軍事評論家たちはヨーロッパの例をヒントに、組織的、長期的に日本の戦力を低下させるためにどんな方法が取られるか関心を寄せている。この種の爆撃の一つの目標は、航空機工場を破壊して敵の空軍力を弱体化させることにある。もう一つは、敵の地上戦力を担っている重工業の目標を叩きつぶすことだ。このようにしてヨーロッパではナチスが北アフリカやソビエトなどの東部を席捲している時、攻撃目標はタンクや銃砲を製造している重工業に向けられた。日本を爆撃したB29は、造船所に原料を供給している製鉄工場を攻撃した。造船所がまたはるかな前線に兵站を供給するからだ」(十一月二十六日付)

戦略爆撃を支持し、目標を選定してそれを破壊するということは、彼らにとって戦争の正しいやり方と映っていたのである。

これらを読んでいくと、米軍は明らかに日本本土空襲の意味を、当初は狭義の、あるいは正当的な「戦略爆撃」と位置づけていたことがわかる。

もちろん、視界不良で当初の目標を爆撃できなかった場合は適当な市街を選んで住宅を攻撃したとしても、動機としてはそれは当初からの目標ではなかったわけである。

じつは武蔵製作所を狙った最初の東京空襲と同じ日に、タイのバンコクも空襲している。バンコクは南方各戦線に対する大きな兵站基地だったからである。このB29空襲部隊はインド基地から飛来し、カーチス・E・ルメイ少将が指揮していた。

攻撃目標はやはり軍需工場や軍需施設で、バンスエ操車場一帯の修理工場や倉庫などを爆撃し、機関車約十五両、貨車約二百両を破壊した。バンコク西部のメルグイのドックや倉庫も同時に爆撃された。

中国の成都から発進したB29の編隊が北九州の八幡製鉄所を襲ったとき(昭和十九年六月十六日)、バンコクにも最初の空襲が実施されたが、その後も成都基地から発進したB29が、スマトラのパレンバン精油所(八月十日)、ラングーン(ビルマ)鉄道操車場(十一月三日)、シンガポールとパンカランーブランダン精油所(十一月五日)などを戦略爆撃したのである。

第二次サン・アントニオ作戦とその後の精密爆撃

最初の武蔵製作所に対する爆撃は失敗だったと判定された。実際は二百五十キロ爆弾四十八発が工場地区に命中し、死者五十七名、負傷者七十五名を出し、建物の一パーセントと機械の二・四パーセントが破壊されていたのだが、米軍はこのことを戦後の調査で知ったのである。

サイパン基地のハンセル准将は十一月二十七日、第二次サン・アントニオ作戦を実施した。しかしこのときも、肝心の武蔵製作所上空は厚い雲に覆われており、爆撃隊は東京の市街地(渋谷・城東・江戸川など)や東京湾ドックなどを爆撃した。東京だけで百四十三戸の家屋が焼失し、死者四十一名、罹災者四百八十六名を出したが、それは米軍からみれば戦果ともいえないものだった。

第21爆撃機集団作戦地域図(マリアナ基地)
1944年11月～1945年8月

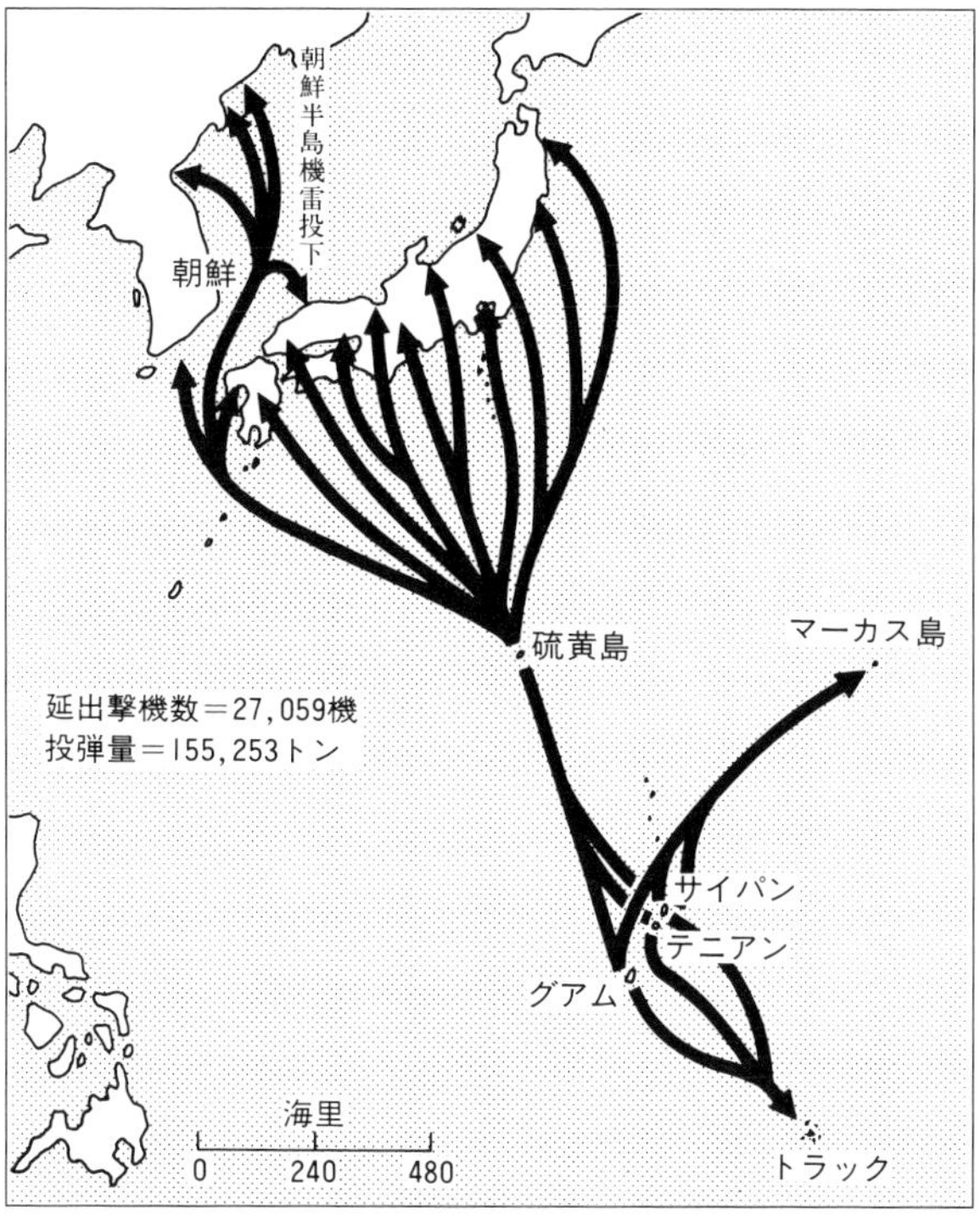

二十九日未明から三十日早朝にかけても、ハンセル准将は約三十機で東京のドックと工業地帯を爆撃させたが、「戦果はわずかなものだった」と、戦後の戦略爆撃調査団の報告書は述べている。しかし、実際にはこの空襲で神田・本所・城東・芝を中心に約三千戸の家が焼かれ、約一万名が罹災しているのである。これだけの被害を与えても、〝工場群、特に航空機製作所への精密爆撃〟の立場からすれば、「戦果はわずか」という評価でしかなかったのである。

その後もマリアナの第二十一爆撃軍は「戦略爆撃」という戦術の教理にのっとって、航空機製作所の爆撃破壊を執拗に追求したのである。

しかし、工場群に対する精密爆撃は気象条件に大きく左右された。雲が目標を覆っているかぎり命中はおぼつかなかったし、日本上空は強い風が吹いていることが多かった。ハンセル准将は毎夜気象観測機を飛ばして目視爆撃ができる条件が整うという場合にはじめて、最低六十機規模の爆撃隊を出撃させた。日本上空に到達して気象が変化した場合は、二手に分かれて第二の目標(ドックや市街など)を爆撃するという方式を採用し、ワシントンのアーノルド大将(陸軍航空隊総司令官)にも自らの意図をそのように説明していたという。

たとえば、群馬県の中島飛行機太田製作所(機体組立)に対する爆撃計画がたてられ、十二月三日昼間決行ということになった。しかし、その前日の気象報告では太田上空の風が強く、爆撃隊が近寄れないほどであったので中止された。かわって東京の武蔵製作所に目標が切り替えられ、八十六機が出撃し、七十六機が東京上空に達した。そのうち五十九機が約八千五百メートルから武蔵製作所を爆撃した。

この日の爆撃の戦果に関して、戦略爆撃調査団の報告書には次のように書かれている。

「武蔵製作所の記録によれば、爆弾二十六発が工場地区に命中したが、建物および装置の損害は貧弱であり、機械の破損はほとんどなかった。爆撃軍の唯一の情報源であった空襲戦果写真は与えた損害を前記よりも軽度に示していた。このような軽微な戦果に対し、爆撃軍はB29六機を失い、また六機に被害を受けるという高価な代償を払った」

じつはこの十二月三日の武蔵製作所の爆撃の際には、杉並・板橋・江戸川・中野の各地

オードンネル准将機を先頭にサイパン基地から東京空襲に向かう第1陣を見送る地上勤務員たち。

にも投弾され、百八十五名が死亡し、六百八十七名が罹災したと記録されている。それでも米軍からみれば、市街地への爆撃は第二目標であったとはいえ、ことのついでに行われた空爆で、この段階では戦果とは呼べないものだった。

航空機工場への空襲は東京の中島飛行機武蔵製作所だけでなく、当初の予定に従って名古屋の三菱重工業名古屋発動機製作所（東区大幸町）に対しても実施された。最初は十二月十三日であり、次いで十八日に行われた。

いずれも「精密爆撃」だったが、十三日の空襲では東区、千種区などの住宅街にも投弾され、約二百六十戸が焼け、三百三十名が死んだ。十八日の場合には港区、南区、瑞穂区などに投弾され、やはり死者約三百三十名を出し、焼失家屋も三百戸を超えた。

二回にわたる名古屋の航空機製作所に対する精密爆撃の戦果について、ハンセル准将は次のように語っていたという。

「爆撃の厳密な評価は偵察写真によって可能なのだが、名古屋の航空機工場に関してはいまだ写真を入手していない。だが攻撃中に撮影された写真では、組立工場や機械工場に爆撃が集中しているのがわかる。第二組立工場からの二つの火は、実際に工場が燃えているのを示している。工場地域に隣接している名古屋蒸気動力工場、造船所なども被害を受けた」

「発動機工場の場合は良質の偵察写真を入手できた。六十万平方フィートの工場地域は破壊されるか、工場内部はまったく焼け落ちていた。工場地域の四十パーセントがこうした状態なのである」

この談話は『ニューヨーク・タイムズ』の十二月二十七日付であるが、同じ記事中にハンセル准将は、一カ月におよぶ日本本土の空襲の戦果について、次のように概括している。

「三十日間にわれわれは一日平均約十万ポンド（約四十五トン）を航空機工場を含む日本の工業都市の中心地域に投下した。日本最大の発動機工場（名古屋の三菱発動機工場をさす）は、これまでに少なくとも四十パーセントの建物が焼失または破壊したため操業不能である。航空機工業は生産阻害をもたらす広範な打撃を被った」

米軍はこのように、日本空襲に払った代償と戦果を常に比較考量し、狙いどおりの戦果が上がっているかどうかを検証しつつ、空爆を続けた。

ハンセル准将は新聞記者の前でも数字をあげてその「精密爆撃」の効果を強調してはいたが、すでに述べたように気象条件に災いされたり、一万メートル前後の高高度からの爆撃のために命中精度が思わしくなかったりということがあって、必ずしも狙いどおりの戦果をあげていなかったのである。

ハンセル准将の爆撃方式は、戦略爆撃の本来の教理にのっとってはいたけれども、戦果が上がらないという現実の前に次第に非難の対象になりつつあった。

とくに第二十航空軍（日本への戦略爆撃を担当し、マリアナの第二十一爆撃軍を指揮していた）のノースタッド参謀長は、どちらかというと最初から、都市そのものを灰塵に帰すような無差別爆撃（米軍は地域焼夷弾爆撃と呼んだ）を実施すべきことを主張していた。日本の軍需産業には家内工業的要素が強く残っており、その意味からすれば大都市そのものが巨大な軍需工場とみてよいという意見であった。

この主張は後で述べるように、ノースタッド個人の独自の見解ではなかった。日本本土への戦略爆撃の基本戦術について大きな影響を与えた国家防衛調査委員会や作戦分析委員会などが早くから主張し、勧告していたことでもあった。第二十航空軍は基本的にはそれらの勧告を受け入れた形で戦術をたてていたのである。だから、ハンセル准将が忠実に実行しつつあった「精密爆撃」は、アメリカ陸軍航空隊の伝統的な基本戦術にのっとってはいたものの、最初からかなり揺らいだものだったのである。

精密爆撃に固執するハンセル准将の更迭が現実の問題となった。

成功した明石の精密爆撃

ワシントンの第二十航空軍の強い要請に譲歩する形で実施されたのが、昭和二十年一月三日の名古屋市街への空襲だったという。

約八十機のB29が焼夷弾百五十トンを市街地中心街や北部を中心に投弾した。実際には三千戸以上の家屋が焼失し、七十名の死者が出ていたが、米軍にしてみると失敗だったと判定された。これだけの焼夷弾を投弾すればもっと大規模な火災が起こるはずだったからである。

ハンセル准将はこの名古屋空襲の経験からみて、地域焼夷弾爆撃といえども必ずしも効果が高いわけではないと結論し、再び精密爆撃に復帰する。一月九日、十四日の中島飛行機（東京）、三菱重工業（名古屋）への爆撃がそれだが、いずれも強風により失敗した。

とりわけ十四日の名古屋への爆撃は、ノースタッド参謀長による「地域焼夷弾爆撃」の指示に逆らっての「精密爆撃」であり、しかもそれが失敗したとなると更迭は避けられなかった。

しかし、ハンセル准将はあくまでも「精密爆撃」に固執した。それが一月十九日の、兵庫県明石市の川崎航空機明石工場（従業員一万八千名。うち学徒動員五千名）に対する爆撃だった。皮肉にもそれはハンセルの狙いどおりの戦果をあげた。

八十機のB29の編隊は午後一時五十一分から二時十分にかけて、二百五十キロ爆弾五百三十六個を投弾し、このうち二百五十七個が工場を直撃した。約半数が目標に命中するということはかつてなかったことだった。

このため、明石工場は建物二棟全焼、九棟全壊、十棟大中破、飛行機三機全焼、六十三機大中破、破壊された重要施設としては電源七〇パーセント、送電線八〇パーセント、ガス関係二〇パーセント、被害を受けた製作機械は一千六百台のうち三百台だった。死者は三百二十四名（うち工場関係二百五十三名）という。こうした被害の数字については米軍は戦後になって知るのだが、工場への命中爆弾数からみて「精密爆撃」は大成功だったと判定されたのである。

もちろんこの時も、工場周辺地域に二百六十個の爆弾がばらまかれたほか、西明石駅にも十六個が命中した。このため死者七十一名のほか六百戸以上の家屋が破壊され、罹災者は三千名以上にのぼった。

このように「成功した精密爆撃」といえども、目標物周辺への爆撃は避けられないものだったようだ。現在の戦争で言われるようないわゆるピンポイント爆撃が「精密爆撃」ではなかったのである（そのような技術もまったくなかった）。この明石空襲の場合も、約半数が工場を外れて周辺地区に落下しているが、それは「外れた」のか「外された」のかを判定するには微妙な問題を含んでいる。少なくともそれは「焼夷弾爆撃」ではなかったというだけであって、工場周辺の住宅街への空襲がタブーである、ということにはなっていなかった。彼らの報告書には工場を外れた(あるいは外された)爆撃が失敗だったとは明言していない。それは次のような表現で、その成功を讃えているのである。

1945.3.1現在の超重爆部隊編成

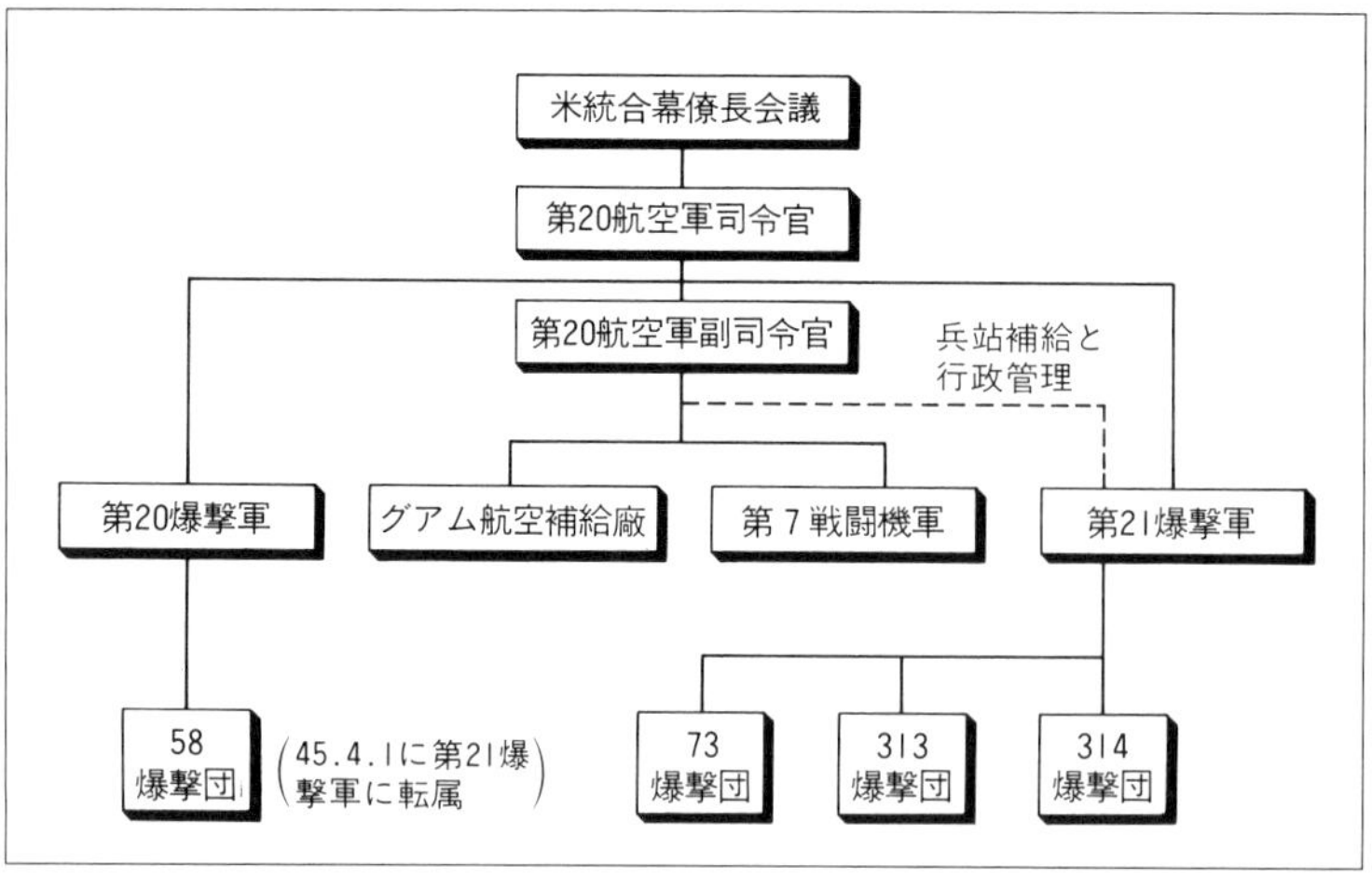

「ハンセル准将のB29攻撃が最初に完全な成功を収めた明石は、彼が護持した精密爆撃教義を具体的に示すものであったと思われるが、彼が本戦争において行った最後の空襲となったのである」(傍点引用者)

一月二十一日、ハンセル准将は、川崎航空機明石工場への精密爆撃成功にもかかわらず、第二十一爆撃軍司令官の職を解かれ、代わってカーチス・E・ルメイ少将が着任した。

ルメイ少将の精密爆撃

ルメイ少将に指揮官が代わったからといって、すぐ全面的に精密爆撃が放棄されたわけではなかった。

たとえば着任三日後の一月二十三日に実施された名古屋への空襲は、愛知時計電機、愛知航空機、愛知発動機などの各工場が目標となったが、気象条件が必ずしも悪くないわりには、名古屋市街地にも数多く投弾され、精密なのか無差別なのかわかりにくい空襲となった。その四日後の二十七日に実施された東京の中島飛行機武蔵製作所に対する爆撃は明らかに精密爆撃を意識したものであった。なぜなら、結果的には「銀座空襲」と言われるように五百四十名が死亡、四千名以上が罹災して大きな損害を与えたのだが、精密爆撃の立場からは「完全に失敗」だったとされたのだった。東京上空の厚い雲と風のためだったという。

だからといって第二十一爆撃軍があっさりと精密爆撃を放棄し地域焼夷弾爆撃に全面的に切り替えたかというとそうではない。彼らの余裕といえば言えるだろうが、三月十日の東京大空襲に至るまでの道程は、案外に複雑で慎重である。

たとえば二月十九日の硫黄島に対する上陸作戦に合わせて東京をめざして出撃した百五十機のB29には爆弾は積まれておらず、焼夷弾のみだった。爆弾はなかったが第一目標はあくまでも武蔵製作所だったのである。しかし、厚い雲に阻まれ、結局、東京湾のドックや市街地(神田・京橋・赤坂・四谷)などにレーダーで投弾し、約一千戸の家屋を焼失させるにとどまった。

とどまった、という表現はおかしいかもしれないが、百五十機で三百八十六トンの焼夷弾といえば、そう少ない量ではない。続く二月二十五日の東京空襲は二百三十機で四百十一トンの焼夷弾だったが、約二万戸を焼いている。三月十日の東京大空襲では三百三十機で来襲し、一千七百トンの焼夷弾で約二十九万戸を焼き尽くすという〝効率の良さ〟を示したが、それに較べると確かに二月十九日のレーダーによる市街地への焼夷弾空襲は効率が極端に悪かった。

1945. 8 .15現在の超重爆部隊編成

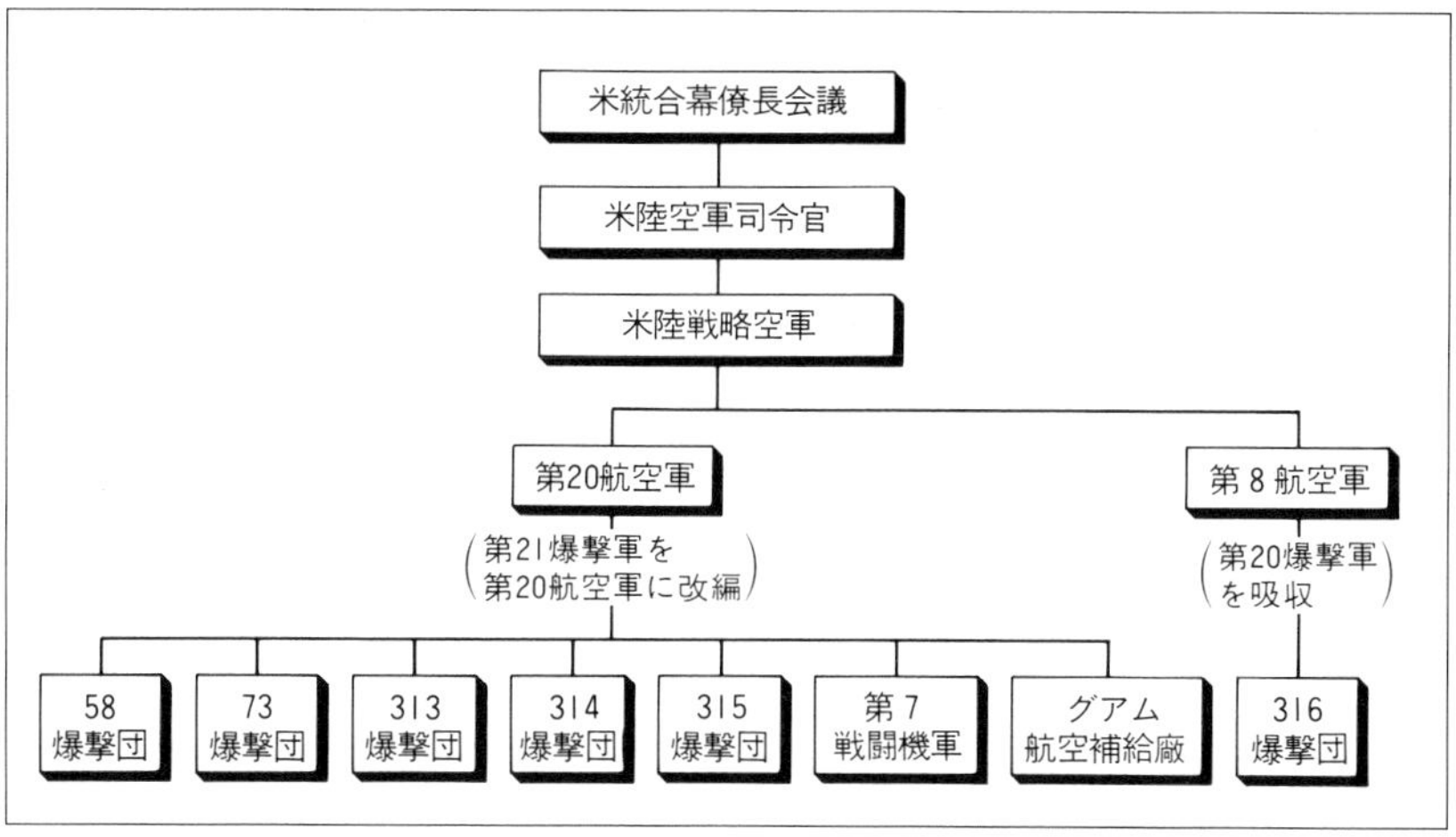

それはともかく、ルメイ少将の実施した精密爆撃に終止符が打たれた直接のきっかけは三月四日の〝武蔵製作所攻撃の失敗〟だったようだ。失敗の原因はやはり天候であり、その上空は厚い雲に覆われていたからである。百九十機のB29編隊は、豊島・滝野川・城東・向島などに焼夷弾を落としてサイパンに帰還したが、『米国陸軍航空部隊史』は明確に次のように述べている。

「（三月四日の）武蔵製作所に対するこの第八回目の大失敗は、第二十一爆撃軍の諸作戦に明確な一段階を画した。高高度をもって日本飛行機工業を撃滅せんとするこの試み、すなわち精密に選定した諸目標を昼間に精密爆撃することは失敗であった」と。

それに続いて、次のような分析を行っているのは興味深い。

「第二十一爆撃軍がマリアナに来た時には、その生産計画を大体達成していた日本の飛行機用発動機生産高は若干減少していた。しかしながらどちらの場合にもこの減少はB29の与えた破壊によるものではなかった。実際には……太田製作所のフランク型（彼らの独特の暗証で四式戦闘機「疾風」を指す）生産は第一回空襲以前に三百機から百機に減じていたのであった」

つまり、ここには日本の航空機産業に対する、いささか買いかぶりすぎていた自嘲がこめられている。

そして明石工場への〝成功〟や名古屋の三菱発動機などに対する空爆の戦果に対しては一定の評価を与えてはいるものの、「高い優先度を与えられた九目標（編集部注・三十四頁の各航空機、発動機工場を指す）のうち破壊されたものは一つもなかった」とし、彼らが初空襲以来、破壊を狙ってきた武蔵製作所は「延べ八百三十五機のB29による攻撃を受けた後、四パーセントの損傷を受けたに過ぎなかった」と結論したのだった。

米軍はなぜ精密爆撃にこだわったか

戦後の米国戦略爆撃調査団は、第二十一爆撃軍の当初（昭和十九年十一月二十四日から）の不満足な活動を分析して、失敗の一部の原因は、「戦術的失敗すなわち精密爆撃という慣例的原則を固執し続けた点にある」と結論した。

なぜ、ハンセル准将は「慣例的原則」に固執し続けたのか。なぜルメイ少将に代わってからも、なお精密爆撃の可能性をさぐり続けたのか。そして、最初から地域焼夷弾爆撃（都市の無差別空襲）を想定していた第二十航空軍は、なぜそれを許していたのか？

こういう疑問に正確に答えるのは今のアメリカ人でも難しいかもしれない。なぜなら、アメリカの政府も軍部も、自由と民主主義を標榜していた国家らしく、戦争の形態という問題には、非常に神経質になっていたことは事実だからである。

最近邦訳が出たE・バートレット・カーの『FLAMES OVER TOKYO』がその解明を試みている。しばらくそれ（大谷勲訳『戦略・東京大空爆』）に拠って見てみよう。

まず、日本が支那事変を戦っていたころの日本軍の戦争のやりかたに対してアメリカは無差別空爆に対して非常に厳しい非難を繰り返していた。

昭和十五年、日本海軍航空隊は当時開発されたばかりの零戦を護衛機として、前年に開始した重慶爆撃（敵としていた蒋介石政権の根拠地が四川省の重慶にあった）を一段と強化したが、アメリカ政府はこれも含めて日本軍による中国各都市に対する爆撃に強硬に抗議していた。それは第二次大戦勃発直後にソ連がフィンランドを侵略して都市への無差別爆撃を実施したときに、ルーズベルト大統領が「卑劣きわまる戦争行為」と糾弾した思想と軌を同じくしている。

アーノルド大将率いるアメリカ陸軍航空隊は、当時はまだアメリカ陸軍航空団と呼ばれていたが、そのアーノルドも「わが航空団は軍事目標への高高度精密爆撃をその任務とし、……都市部への焼夷弾使用は軍事目標への限定爆撃という伝統的国家理念に反する」と言明していたのである。

ヘンリー・H・アーノルド大将

戦略爆撃を主な任務とするアメリカ航空団の創設は第一次大戦が終わってまもなくだが、「高性能爆弾によって限定目標を破壊する」という伝統的爆撃理念を貫徹させるために、当時開発されたばかりの新兵器・焼夷弾の保有を拒絶していたほどである。

それが大きな転換を示したのはいつごろなのか。

それは、国家防衛調査委員会の新型焼夷弾の研究開発部門のチーフだったR・ラッセル（スタンダード石油副社長）が、アメリカ陸軍航空隊（一九四一年六月、アメリカ陸軍航空団が改称）に焼夷弾爆撃を戦術として採用することを進言して以来のことだったという。一九四二年末のことで、ラッセルはこの進言を、イギリス空軍のドイツ各都市に対する夜間焼夷弾空襲の大きな戦果に対して深い感銘を受けたからだという。ラッセルは要旨次のように断言したという。

カーチス・E・ルメイ少将

「高性能爆弾による工場などの限定目標を破壊するよりも、軍需工場に勤務する労働者の住宅や日常のサービス機関を破壊する方が、結果的にみて敵側に大きな打撃を与える。だから、今後はこれらを焼夷弾爆撃の主要目標とすべきである。それが起こす大規模な火災は軍需工業をも延焼させるだろう」

これを受けてアーノルド司令官は、指揮下の情報部がリストアップした日本の主要爆撃目標を、焼夷弾で爆撃した場合の効果の推定を作戦分析委員会に依頼した。

一方、国家防衛調査委員会は自ら典型的な日本家屋を建設して、新型焼夷弾M69による試爆を実施した。

それは畳やちゃぶ台、座布団、箸、炭火鉢、タライまで用意され、檜と杉に似た木材（ダグラスモミとロシアトウヒ）で建設された二階建て十二棟の長屋だったという。こうした日本式長屋に対するM69型の焼夷弾は予想通りの大きな破壊力と燃焼力を示した。

アーノルド大将が従来の伝統的戦術を修正

して、日本に対する戦略爆撃に焼夷弾を使用する決意を固めるうえで、もっとも大きな影響力を与えたのがこの実験爆撃のレポート（一九四三年十月）だったといわれる。それはアメリカ陸軍航空隊の「情報部焼夷弾レポート」という形をとってはいたが、直接にはラッセルなど民間人で構成された国家防衛調査委員会の力が最も大きかった。

このレポートの一カ月後、作戦分析委員会（この委員会も顧問には民間人を起用していた）が「極東（主として日本本土を指す）における空爆目標とすべき産業地域」を提出した。このレポートも、焼夷弾の威力を認めて、「一般軍需産業地域は焼夷弾爆撃に対して無防備であり、下請けの零細企業や家内工業は住宅の中で行われているから」非常に有効だと指摘し、十二月から五月の風の強い時期に大空襲を実施すれば、「日本は抗しがたい苦難に陥り、もはやいかなるものの再建をも許さないだろう」と結論していた。

しかし、その一方では航空機生産工場やベアリング工場、発電所などを具体的にいくつもあげてこれらの限定空爆（精密爆撃）をも実施すべきであるとも主張していた。そして、どちらかといえば精密爆撃の考え方が強かったと、E・バートレット・カーは推測している。

最終的にはこれらの各種レポートを基礎にして、一九四四年四月、統合参謀本部は都市産業地域への焼夷弾爆撃をも含む空爆リストを、第二十航空軍に提示したのである。

つまり、限定された目標物に対する精密爆撃という伝統的な戦略爆撃の思想は、放棄されたわけではなかったが、それは作戦の最初から「焼夷弾爆撃」を前提としていたために、地域焼夷弾爆撃（つまり無差別爆撃）との境界がぼやけていたのである。

ハンセル准将はきわめて厳格に精密爆撃に固執したが、それはアーノルド大将やノースタッド准将（第二十航空軍参謀長）の基本理念に真っ向から対立したわけではなかったにしろ、必要に応じて（効果が上がらなかったら）地域焼夷弾爆撃に移行するという融通さを欠いていたということであろう。

ただ、ハンセルにしても工場など目標物に対する焼夷弾爆撃までも拒否するということはなかったのである。

昭和十九年十一月、二度にわたる東京の中

米軍の焼夷弾攻撃は、予想通り木造家屋の一般都市部を焼き尽くした。写真は壊滅した東京の浅草一帯。

グアム島の基地で日本空襲の出撃を待つB29。

島飛行機武蔵製作所に対する最初の精密爆撃が失敗と判明した直後、ノースタッドは〝屈辱の十二月八日(真珠湾奇襲)〟を記念して、皇居大爆撃をやったらどうかと提案した。アーノルドはこの提案を作戦分析委員会に諮問したが、その回答は、そんなことをすれば怒り狂った日本人がアメリカ人捕虜を処刑するに違いない、というものだった。そこで、アーノルドはノースタッドに対して手紙でこう返事したという。

「今回はダメだ。筋道としてまずやることは工場や港湾施設の爆撃だ。だが、いずれ東京そのものを破壊する」

アメリカ国民は精密爆撃を支持したか

前出の『戦略・東京大空爆』でE・バートレット・カーは、日本の都市そのものを焼夷弾で焼き払うという戦術を採用することは、「多くの理由からアーノルドには勇気が必要だったにちがいない」と指摘し、次のように書いている。

「ヨーロッパ戦線に赴いている部隊は高高度精密爆撃の威力を十分に発揮していたし、地域爆撃の訓練は未体験だった。焼夷弾の生産量はまだ低かったし、この都市爆撃案を支持しているのは軍人ではなく、国家防衛調査委員会の科学者や作戦分析委員会の顧問ら民間人であった。しかも、M69は一度も実戦に用いられたことはなかった。そしてこの自分が認めた新戦術はアメリカ国民を伝統的に支配している感情とは相反するものであった」

この「国民を伝統的に支配している感情」とはどういうものだったのか。その一端を日本に対する毒ガス使用を認めるか否かをめぐる論議の中から探ってみよう。毒ガス使用の問題も、市民の無差別殺傷につながる都市への無差別爆撃と同様、〝戦争のモラル〟を根底から問うテーマだからである。

機数および搭乗員数の増強状況

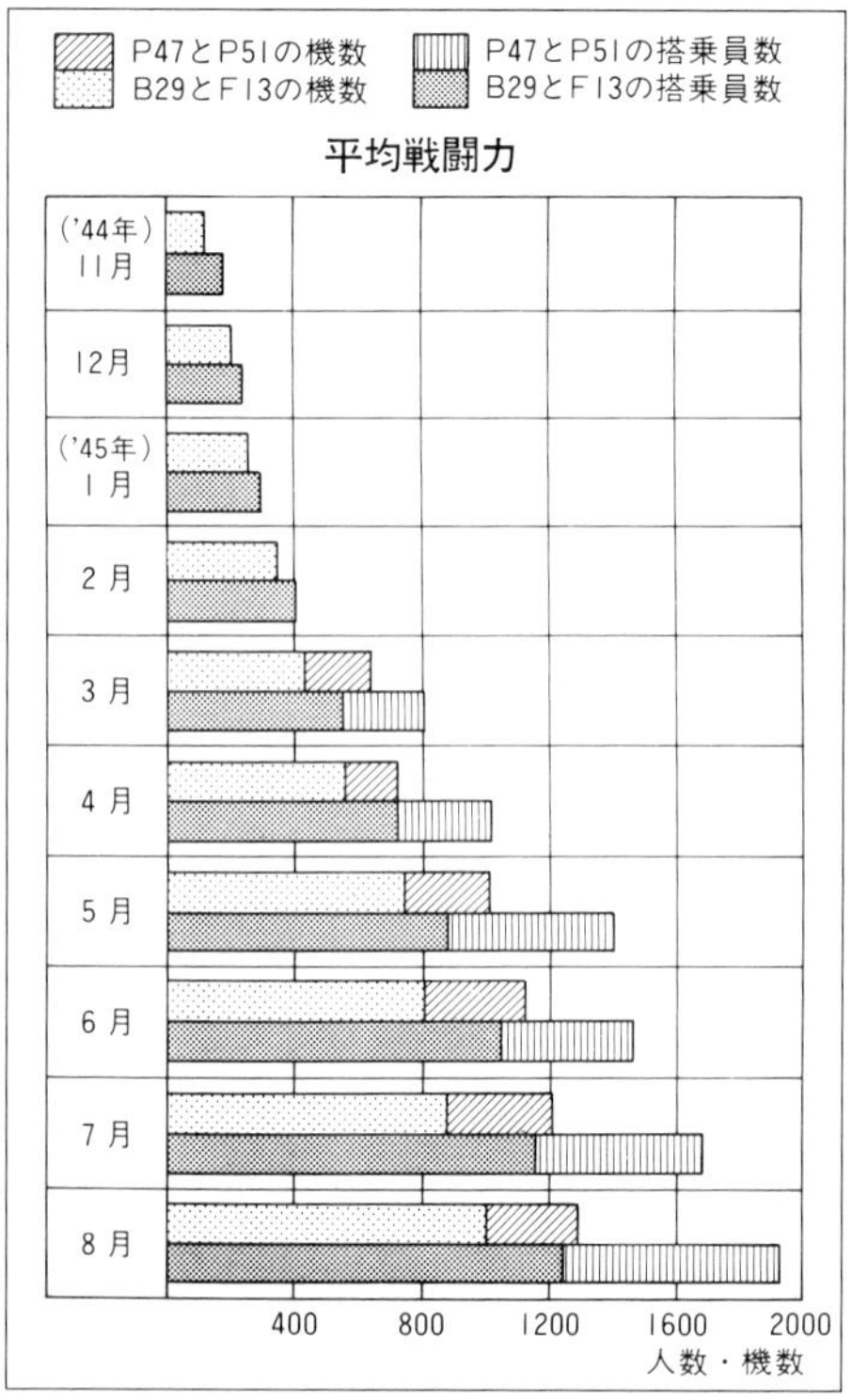

日本本土への無差別空爆がごくふつうの〝戦略爆撃〟となっていたころ、間近に迫った米軍上陸(それは当然の前提だった)に際して毒ガスを使用すべきかどうかをめぐって、アメリカの新聞はその是非を論じていた。それを受けて雑誌『タイム』は次のように論評した。

「軍事評論家たちの間では、もし毒ガスを敵の本土にある防衛用のほら穴に注ぎこめばそれは連合国側の命を救うことになるだろうというのが一致した見解だった。しかしながら毒ガス使用に対する最終的決定は、軍事評論家たちによってはなされず、むしろ政治的かつ公共的モラルの領域の問題とされた。合衆国は文化の開けたヒューマンな国家であるという偉大な、そして貴重な名声を世界中で得ているのだ。国民はこの最後の分析で、自分たちが道徳的立場に身をゆだねるかどうかを決心しなければならないだろう」(一九四五年六月十八日付)

いわゆるこうした国民の声「文化の開けたヒューマンな国家であるという偉大な、そして貴重な名声」に違反することは、戦争といえどもできることならやりたくない、という国民的世論が、アーノルド司令官をして伝統的な精密爆撃からスタートさせた源泉だったといえるのではなかろうか。

しかし、そういう矜持はまた、次のような

日本空襲のB29に搭載される各種爆弾を点検する隊員たち。

日本人や日本という国家に対する感じ方、あるいは観念によって、いつ方向転換されてもいい非常に弱い基盤に立脚していたことも事実である。

つまり、精密爆撃はいつでも放棄してもよいという論理と感情の回路が大きく開かれていた。ある時期の雑誌『ライフ』は次のようにあからさまに書きなぐっている。

「アメリカ人は、ドイツ人を憎むことを学ばなければならないが、ジャップに対しては憎しみが自然と湧いてくる——これはかつてインディアンたちと戦った時と同様に自然なものだ。

その上、復讐は快いものだ——われわれは真珠湾（への不意討ち）とバターン（死の行進）以来、報復することが山とある。そして国家としては、われわれはすでに報復の犠牲も味わわされたが、楽しみも味わった。

われわれはすでにマニラを取り戻し、西太平洋の支配権を獲得し、日本の船舶の半数近くを沈め、空軍と海軍の戦闘力を失わせ、日本とアメリカがぶつかるところではどの戦場においても、われわれが彼らの軍隊の支配者であることを示してきた。

では何故、もう一歩進んで、日本そのものの支配者であることを示そうとしないのか。何故あえて協定などするのか」（一九四五年五月二十一日付）

戦略爆撃における精密爆撃という思想はあくまでも戦争を早く終結に導き、敵国を早期に降伏させる手段であった。降伏は、一般には敵国そのものに対する全面的な支配権を確立する道とは考えられていなかった。

しかしこの論説は、日本が降伏してもそれに関する協定を結んで日本の存続を許すというような戦争終結の形すら望んでいない。そういう当時のアメリカ人の世論の一端をうかがわせる。

戦略爆撃における常道・精密爆撃という従来の戦争観に支えられた戦術は、その戦果がどうであれ、早晩、放棄される運命にあったのではないだろうか。

機数および搭乗員数の増強状況

平均割当機および搭乗員

		('44年) 11月	12月	('45年) 1月	2月	3月	4月	5月	6月	7月	8月
B29	機数	93.2	134.8	214.1	313.3	388.2	512.1	718.1	790.8	923.3	986.2
	搭乗員	124.6	200.1	292.1	394.8	516.3	659.2	842.9	953.8	1098.0	1172.2
F13		5.6	8.6	12.2	14.9	21.9	22.9	18.0	15.0	16.7	21.5
		7.1	14.0	15.8	15.7	18.2	22.4	32.4	27.4	28.7	27.4
P51 & P47						193.9	185.0	247.0	241.5	224.8	260.0
						267.9	305.6	503.0	486.5	500.7	655.4
B24					0.18	3.6	4.0	10.9	14.1	16.4	14.7
					0.18	3.7	4.0	11.0	17.0	22.5	19.5
F5									1.4	14.3	22.6
									1.4	14.1	24.4
C54									3.4	5.0	5.0
									3.0	8.0	8.0
合計		98.8	143.4	226.3	328.38	607.6	724.0	994.0	1066.2	1200.5	1310.0
		131.7	214.1	307.9	410.68	806.1	991.2	1389.3	1489.1	1672.0	1906.9

中島飛行機を潰せ!

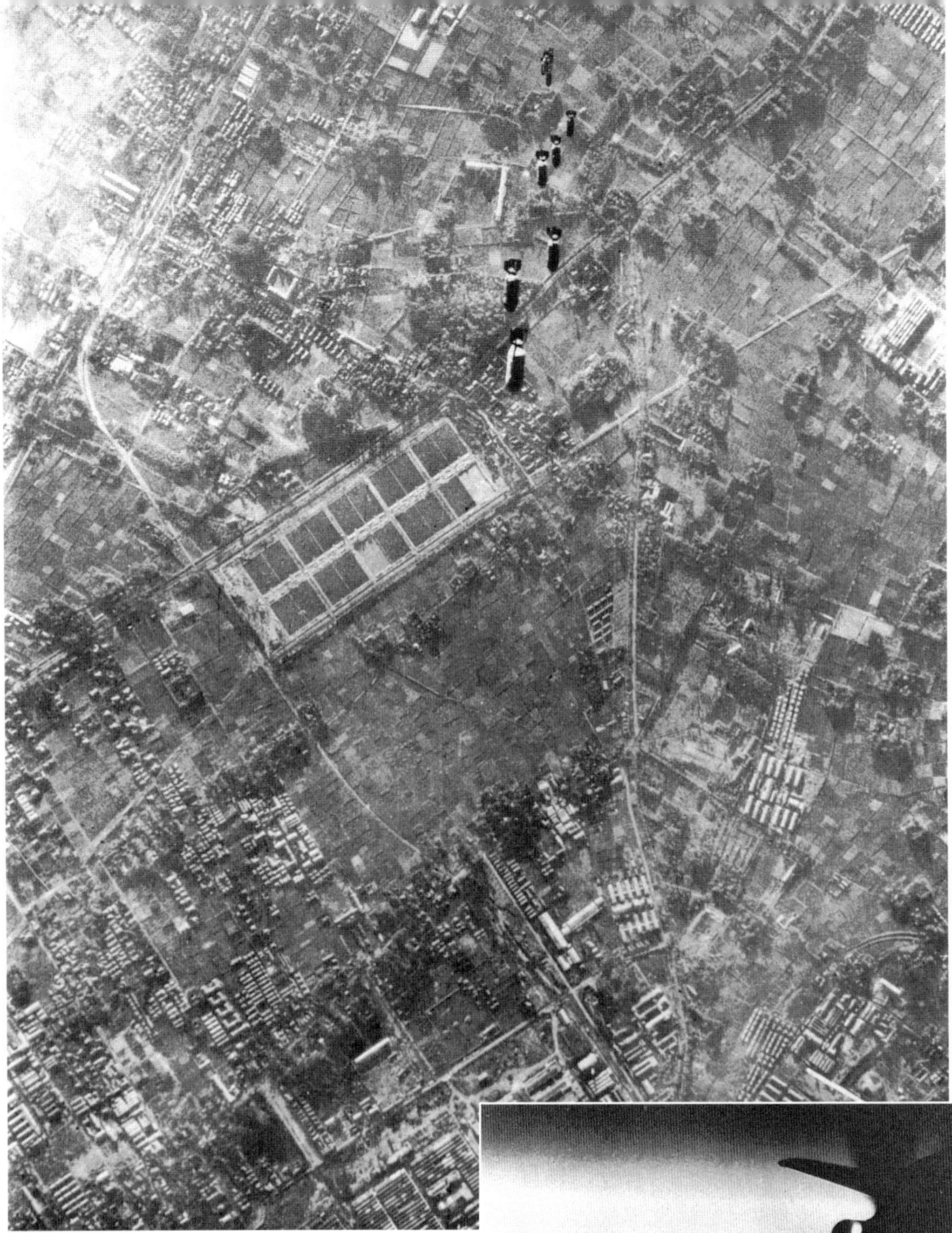

当日の天候は雲が多かったが、その晴れ間の一瞬をついて爆弾を投下、その状況の撮影にまで成功した。

東京初空襲のB29が富士山を右に見ながら帰路につく。

TOKYO ROSEとペンキで書かれたこのB29は、11月24日の東京初空襲に参加した。東京ローズとは、アメリカ向けの宣伝謀略放送でアメリカ軍人に“人気”のあった日系米人女性アナウンサーの愛称。

マリアナ基地からのB29による東京初空襲は中島飛行機武蔵製作所に対する爆撃だった。昭和十九年十一月二十四日午後零時過ぎのことである。

中島飛行機は当時の航空機製造会社の最右翼で、武蔵野町にあった。現在の武蔵野市の中央公園や市庁舎の一角が建っているところにあたる。

この日は百十一機が出撃し、八十八機が実際の爆撃に参加し、高性能爆弾四十・八トンのほか、普通爆弾、焼夷弾など二百十五トンを投下した。日本軍機八十四機が迎撃し、その空戦でB29一機が撃墜されたが、米側は七機撃墜、不確実だが撃墜に近いと思われる機数は十八機にのぼった。

以上が米側の記録だが、爆撃の成果は「一万六千五十八平方フィートに破壊あるいは損害を与えたが」「爆撃成果は貧弱」だったと記されている。

武蔵製作所内の事務所。戦後、中島飛行機の遺産は現在の富士重工業に引き継がれているが、同社でもこの建物が具体的には何に使用されたものであるか、すでにわからなくなっている。

武蔵製作所の工場外観。

出撃直前の陸軍三式戦闘機「飛燕」。　B29の昼間迎撃機として活躍を期待されたが、高高度飛行のB29を撃墜するのは難しかった。

ある日の武蔵製作所の国旗掲揚風景。約1千名以上の従業員が整列している。

初空襲のアメリカ報道

『ニューヨーク・タイムズ』はこのB29の東京初空襲を精力的に報道した。

クリントン・グリーン記者はある爆撃手(中尉)の談話を次のように伝えている。

「やつら(日本の戦闘機)は攻撃してこなかったが、高射砲は正確だった。……二機の敵戦闘機が編隊をなさずにB29に並んで飛び、明らかに速度や高度を地上の高射砲陣地に伝えているようだった。敵機は対空砲火の真上を飛んだ。高射砲弾の白煙が機首の真上で炸裂した。やつらはあの弾幕をどのように切り抜けたのだろうか」

また、ある記者は「B29の高度まで達しえた敵戦闘機はほとんどなかったし、対空砲火も点々として不正確だったといわれる」と書き、あるパイロット(少佐)の次のような話を伝えた。

「これまでで一番楽な任務だった。日本の戦闘機に少しは遇ったが、近づいてもこなかった。だから機関銃をぶっぱなしてやったんだ——ただ面白半分にね」

もっとも大本営は二十五日、「撃墜五機、内一機は体当たりに依る。損害を与へたるもの九機。我方自爆未帰還機七機(体当たり機を含む)」と、多めに〝戦果〟を発表し、「わが方の損害は軽微」と表現した。

爆撃前の東京。東京空襲の指揮官ハンセル准将は、10月中旬にはマリアナに進出し、B29も逐次機数を増やしていったが、訓練と日本本土空撮に1カ月以上も費やした。同島の米兵は「飛ばない最優秀機」と揶揄していたという。

爆撃前の中島飛行機武蔵製作所。工場の一棟ごとが明瞭に写されている。

爆撃される武蔵製作所。米軍は可能な限り爆撃中と爆撃後の空撮を実施し、戦果を細かく確かめた。特に、ハンセル准将が主義として実施した精密爆撃にはその手続きが欠かせなかったようだ。写真はすでに無差別爆撃に移行した段階の4月7日の爆撃だが、下の写真にみるように符号をつけて、どこが実際に破壊されたかを検証した。A本部事務所、B機械工場、Cエンジン組立工場、D実験室、E事務所店、F鋳物工場（推定）とされていた。

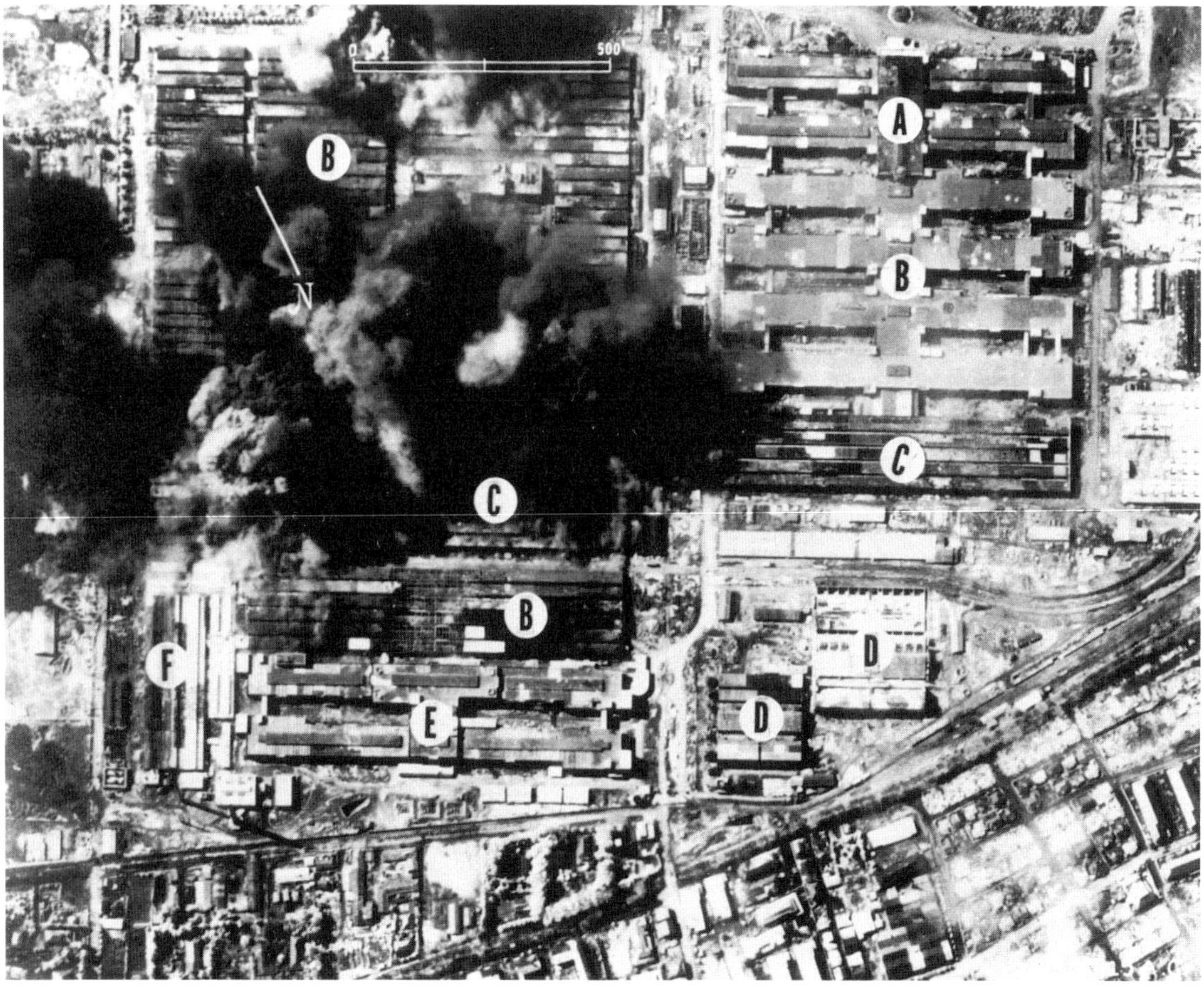

ついに壊滅させられた中島飛行機武蔵製作所

中島飛行機武蔵製作所を目標とした爆撃は十一回記録されている。その都度の戦果を米軍は次のように記録した。

・昭和十九年十一月二十四日　爆撃成果貧弱。一万六千五十八平方フィートに破壊または損害を与えた。

・同十一月二十七日　気象状況不良のため爆撃に失敗。

・同十二月三日　爆撃成果は不十分。

・昭和二十年一月九日　成果は貧弱。一%だけが目標の三百三十メートル以内に命中。

・同一月二十七日　爆撃成果は雲量と強風のため観測できず。

・同二月十九日　雲量大のため攻撃は中止された。第二義目標の都市地域八十万九百平方フィートに破壊または損害を与えた。

・同三月四日　爆撃の効果は不明。

・同四月一日　写真判定によれば効果なし。

・同四月七日　成果優秀。全屋根面積に破壊または損傷を与えた。目標は事実上壊滅した。

そして四月十二日を最後に、武蔵製作所を目標にした爆撃は終了した。十一回も第一目標にあげて爆撃を繰り返したが、そのうち後半の五回はいずれも百機以上のB29が爆撃に参加するという大がかりな壊滅作戦だった。

屋根部分は鉄骨を残してすべて燃え尽くした。

爆撃で破壊された工場内部の惨状。戦後米軍が撮影したもの。

爆弾によるコンクリート壁の破壊が示されている。戦後、米軍が撮影。

ハンセル准将のマリアナ「B29」基地

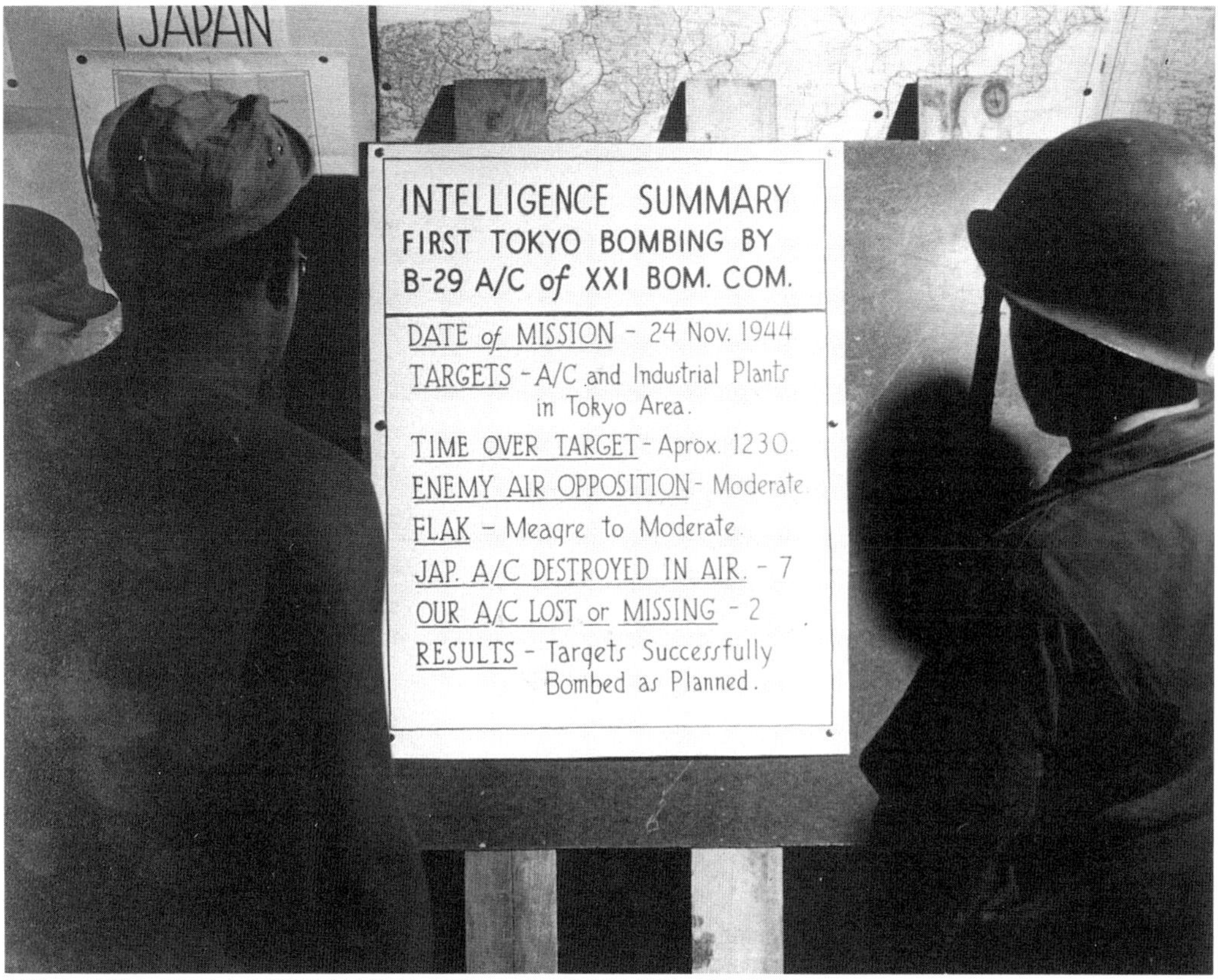
JAPAN
INTELLIGENCE SUMMARY
FIRST TOKYO BOMBING BY
B-29 A/C of XXI BOM. COM.
DATE of MISSION - 24 Nov. 1944
TARGETS - A/C and Industrial Plants
in Tokyo Area.
TIME OVER TARGET - Aprox. 1230
ENEMY AIR OPPOSITION - Moderate
FLAK - Meagre to Moderate
JAP. A/C DESTROYED IN AIR - 7
OUR A/C LOST or MISSING - 2
RESULTS - Targets Successfully
Bombed as Planned.

マリアナ基地に掲示された1944年11月24日の東京初空襲を伝える概要。飛行機製作工場が目標だったこと、日本の戦闘機の反撃は緩慢で、対空砲火も貧弱だったとある。しかし、「目標への爆撃は成功だった」とあるのは、はたしてどうだったか？

雲上を東京へ向けて飛行するB29の編隊。初期の爆撃行は護衛戦闘機なしの飛行だった。

東京空襲の任務を持つ第二十一爆撃軍は、マリアナ諸島のサイパン、グアム、テニアンなどに基地を造成し、そこから連日のように日本へ向けてB29を送りだしていた。

指揮官はハンセル准将。戦略爆撃は軍需工場や港湾など、戦争に直接関係ある施設や生産拠点にかぎって爆撃するのが本来のあり方だとして、いわゆる精密爆撃を遵守《じゅんしゅ》しつづけた軍人だった。そのために、昭和二十年一月半ば過ぎには更迭される。

慎重な軍人であった。自らもB29を操縦できたこの将軍は、精密爆撃の効果をあげるために日本本土の工場地帯の写真を何万枚も撮らせ、一方では二、三十機編隊でトラック島の日本軍潜水艦格納庫を的に精密爆撃の演習を繰り返させた。それは三十回以上におよんだ。

「爆弾をすべて目標に命中させたわけではない。――われわれが学ばなければならないことは山ほどある。作戦上、技術上、解決しなければならない問題もある。われわれの実験は満足のゆくものでなくとも、まずまずのところだろう。B29は自ら戦争の素晴らしい兵器であることを証明した」

これは、東京初空襲から約一カ月たったころのハンセル准将の新聞記者に対するコメントである。

ヘイウッド・S・ハンセル准将。新聞記者に対しては率直な語り口が好評だった。

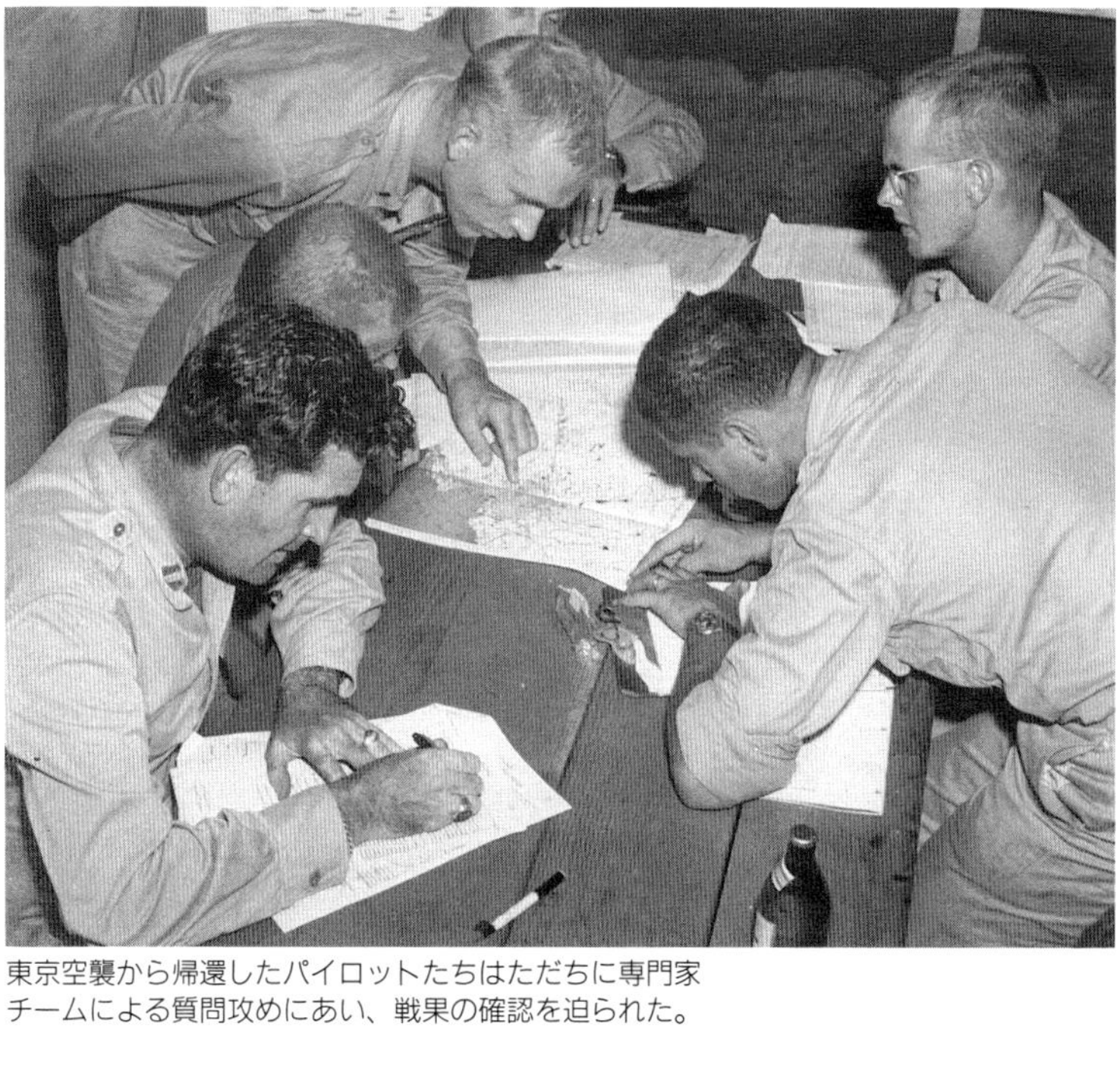
東京空襲から帰還したパイロットたちはただちに専門家チームによる質問攻めにあい、戦果の確認を迫られた。

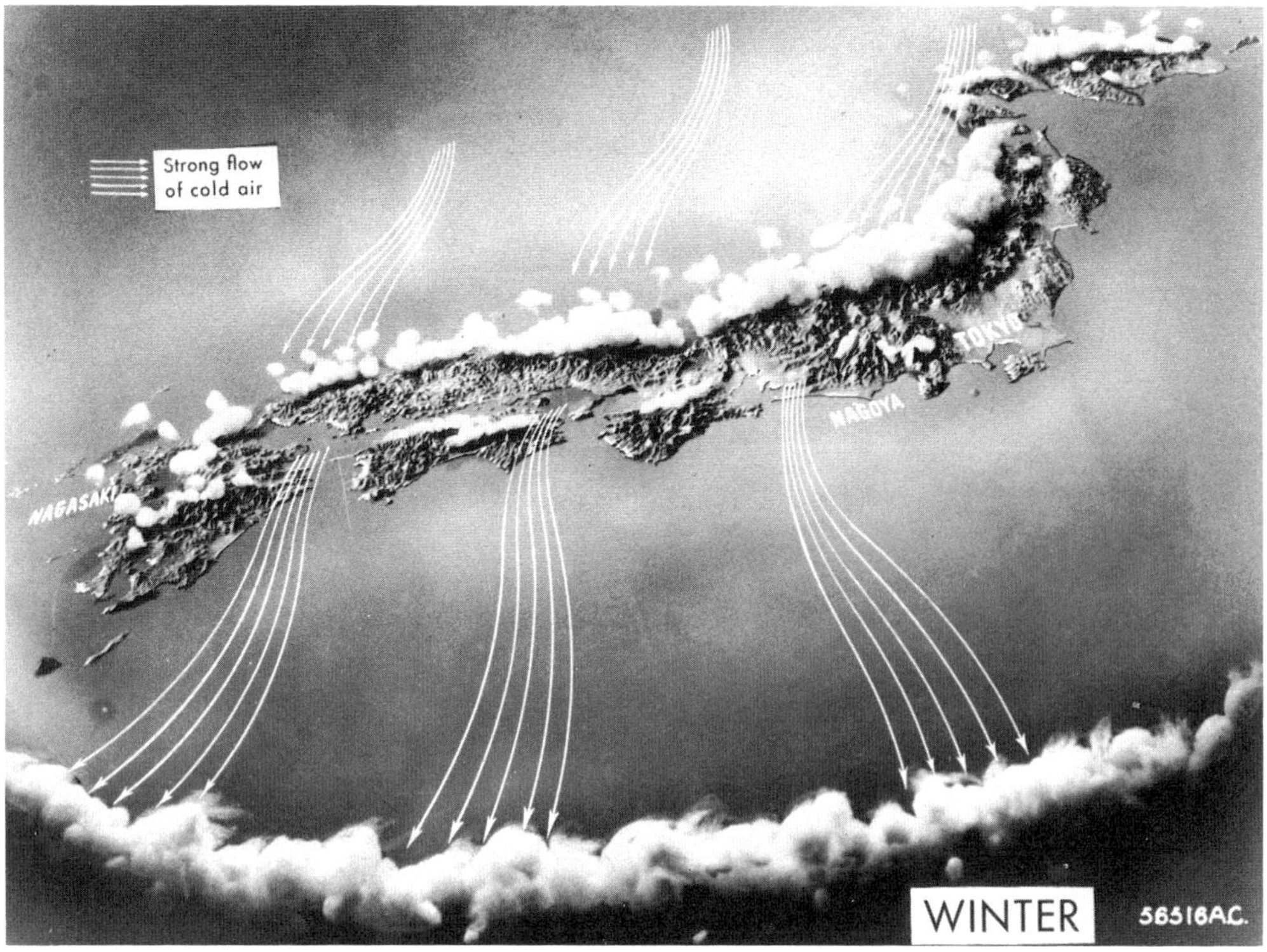

冬は強くて冷たい北西の風が吹き（上の写真）、夏は太平洋岸は温かくて強い風、日本海側は弱いが冷たい北西風が吹く（下の写真）という気象状況を示した図。「爆撃成功の最大の障害は気象」と『米国陸軍航空隊史』は述べ、つぎのように記録している。
「マリアナ北方でたびたび出会った猛烈な低気圧によって、燃料消費量はふえ、編隊はばらばらになり、飛行は困難となり陸地が発見できないようなことがよく起こった」
「爆撃を妨害する雲はまだいいとして、日本上空の強風は新しい当惑のたねであった。200ノット（編集部注・時速370キロ、秒速約100メートル）以上の強風がしばしば爆撃を不可能にしたからだ。風下に向かう場合、B29の対地速度は時速500マイル（編集部注・800キロ）以上にも達した」

東京空襲行は富士山が目印だった。強風で悩まされた爆撃隊も富士山の美しい姿が視界に飛び込むとホッとしたという。

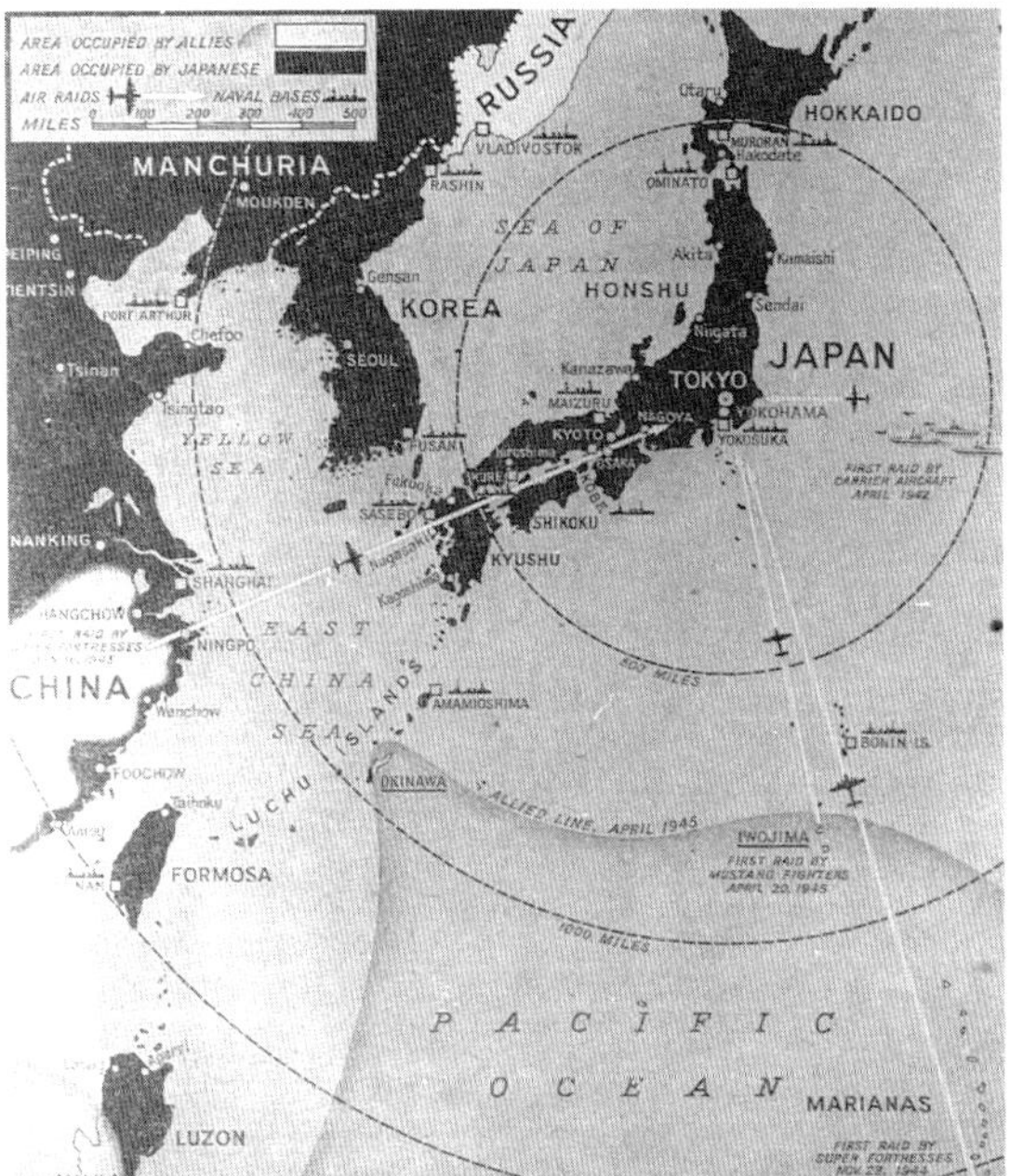

東京を中心にした距離の表示。最初の内円が半径500マイル(800キロ)、次の円が1000マイル（1600キロ)、三つ目の円が1500マイル（2400キロ）の半径を示す。1500マイルになってやっとマリアナのB29基地が入ることになる。

基地に戻り、破損したプロペラをみるパイロット。

「飛龍」爆撃機、グアム島基地を反撃！

本土空襲を受けるころの日本の軍事力は巨視的にいえばほぼ壊滅してはいたが、それでも残された兵力で精一杯の抵抗を試みた。戦闘機や高射砲による迎撃は当然として、東京初空襲の三日後（昭和十九年十一月二十七日）の夜には、浜松教導飛行師団から重爆撃機「飛龍」三機がサイパン島第七十三飛行団の基地を奇襲した。

「飛龍」は日本最長の三千八百キロという航続距離を誇ったが、マリアナまでは届かず、いったん硫黄島で給油しての長距離爆撃行だった。わずか三機とはいえ、低空夜間奇襲の利を生かしてB29十二機以上を破壊した。

翌月の十二月六日にも八機編成の「飛龍」が浜松基地を出発、同じような経路でグアム島に達し、B29三機を粉々にし、二十三機に損傷を与えた。

一方、「飛龍」は二回にわたる出撃で、十一機のうち半数を超える六機が対空砲火で撃墜された。

マリアナ諸島のB29基地を爆撃した「飛龍」

「飛龍」の奇襲で破壊されて燃えるB29。

日本軍機の爆撃で粉々にされたB29の残骸。

群馬県太田市

中島の飛行機組立工場を狙え

2月10日の太田製作所への爆撃。陸軍第10飛行師団は330機（米側記録）の総力で応戦、5機が撃墜（他の理由による損失7機）された（日本側撃墜機数12機）。これは1月27日の9機に次ぐ大損害だった。しかし、太田製作所はこの日の爆撃で実質的に機能を停止させられた。

B29は東京の武蔵野にある航空機エンジン製作所に次いで群馬県太田市にあった飛行機組立工場の太田製作所を執拗に狙った。ともに中島飛行機の工場である。

最初の爆撃行は十二月三日の予定だったが、気象報告が太田上空の風速が時速百八十マイル（二百八十八キロ　秒速八十メートル）を示したため、中止となり、東京の武蔵工場を爆撃した。

太田製作所への最初の爆撃は昭和二十年二月十日午後三時から四十分間ほどで、九十八機が高性能爆弾と焼夷弾を投下、米側は建物面積の三一・五パーセントに破壊または損傷を与えたと記録した。日本側の記録ではこの一回の空襲で「中島飛行機太田製作所は……全焼した」となっている。

事実、その後の太田市は八月十四日までに九回の空襲に見舞われているが、太田製作所のみを目標にした爆撃行はなかった。四月三日、太田工場の十数キロ東にある小泉製作所がターゲットにされたが、これについて米側は屋根面積の九・六パーセントを破壊または損傷と推定した。

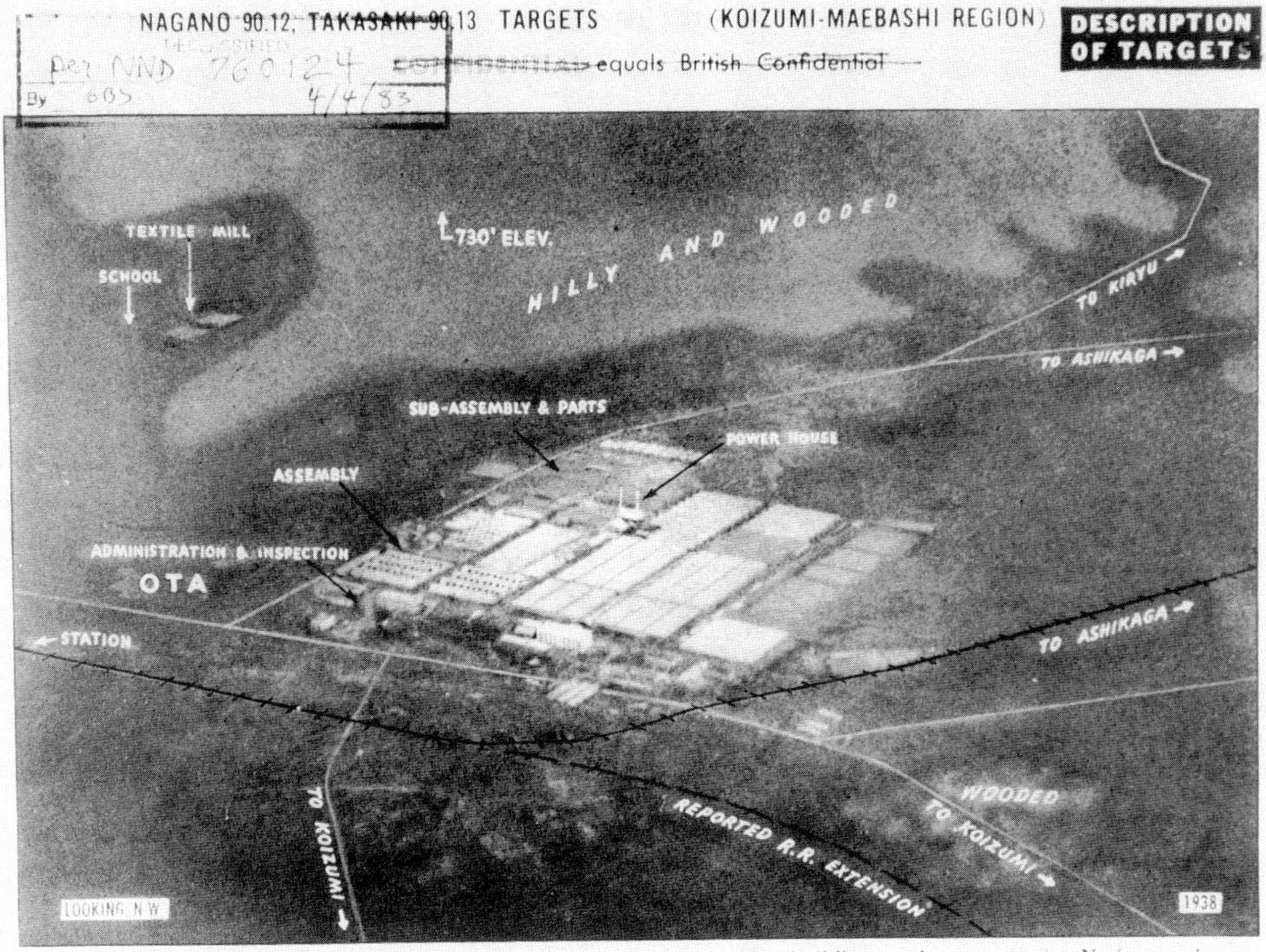

PHOTO 1—Ota—TARGET Nakajima Aircraft Co., New Ota Plant. New buildings under construction N of power house. Additional units believed added subsequently to N and E.

昭和９年に建設された中島飛行機太田製作所のあった太田市は、創業者・中島知久平の故郷でもあった。1938年に上空から撮影されたこの中島の本拠地ともいえる工場の全景写真をアメリカ軍は手に入れていた。駐在武官や旅行者、あるいは長年日本に居住していて開戦と同時にアメリカに帰った者などから、米軍は精力的に日本の軍需産業の細かな情報を得ることに全力を傾けた。この写真には動力室、組立工場、管理事務所などの位置が示され、鉄道や道路、近くの学校や紡績工場の存在までわかっていた。

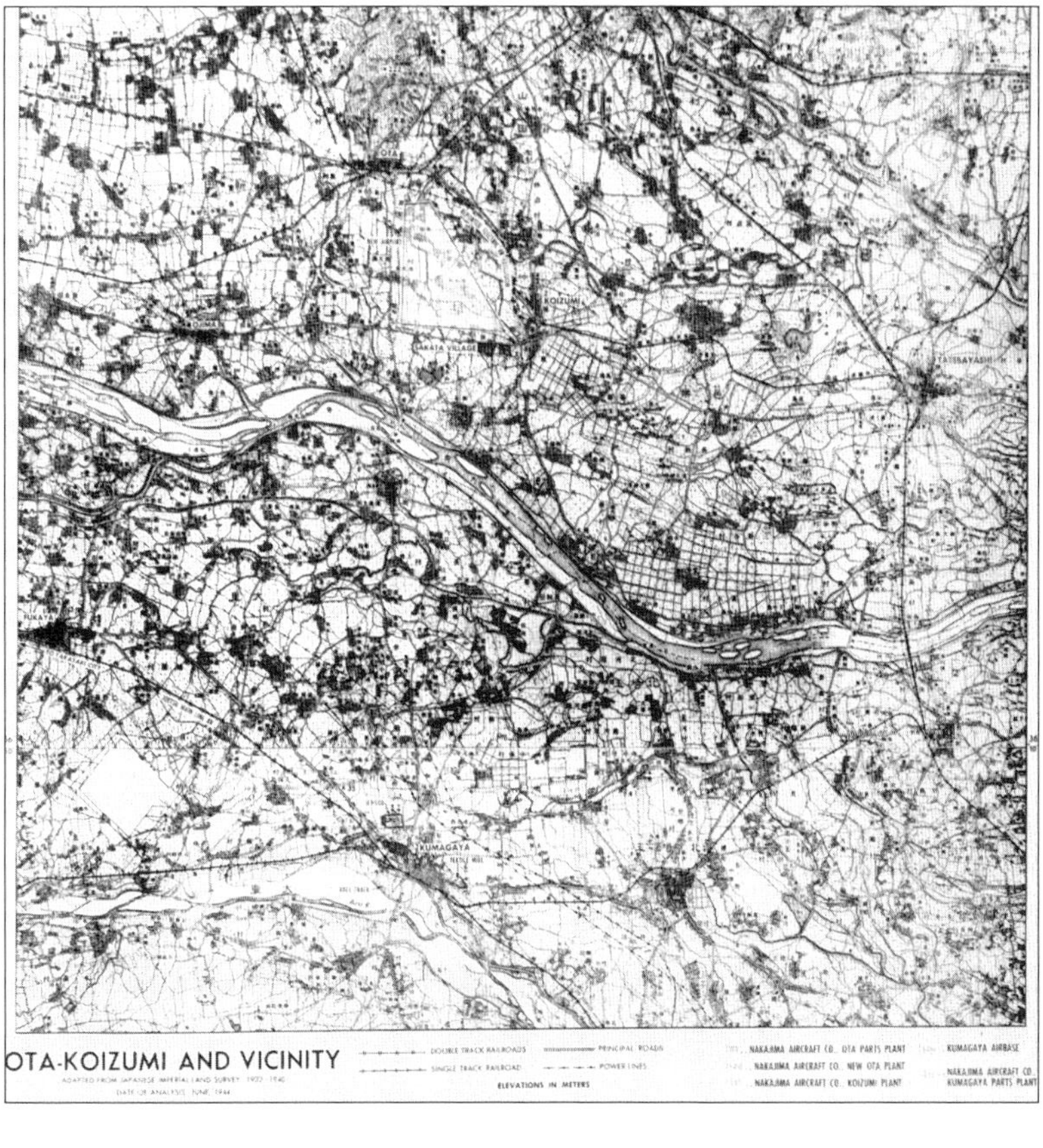

OTA-KOIZUMI AND VICINITY

「太田、小泉とその付近」とある詳細な地図。小泉にも中島飛行機の工場があった。太田と小泉の中間に飛行場が作られ、戦闘機「隼」「疾風」、97式重爆、100式「呑龍」などが次々に飛び立っていった。

戦争末期には資材不足と空襲による工場破壊などで、日本の航空機生産ラインは停止状態だった。

弾込め最中の陸軍高射砲部隊。8千～1万メートルの上空から爆撃するB29にはほとんど届かなかったという現実はあったにしろ、防衛陣も手をこまねいていたわけではない。

偵察のB29によって撮影された太田製作所。

太田製作所の敷地を白枠で囲み、⊗が照準ポイントであるということを示した写真。

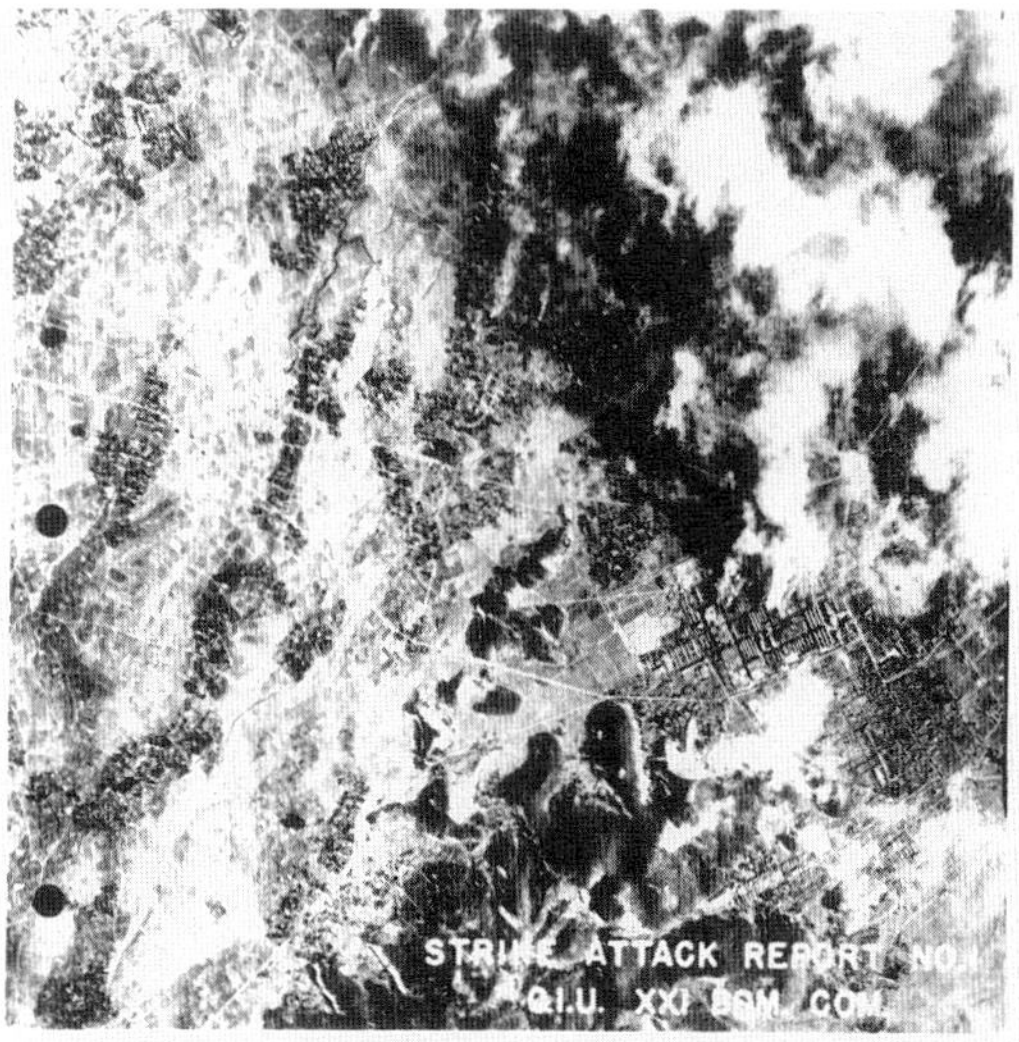

MISSION Nº 29 10 FEBRUARY 1945

NEW OTA PLANT
NAKAJIMA AIRCRAFT COMPANY

TOTAL AIRCRAFT DROPPING on PRIMARY-84

VISUAL BOMBING			RADAR BOMBING	
AIRCRAFT SIGHTING FOR		A/C DROPPING ON LEAD A/C	A/C BOMBING BY RADAR	A/C DROPPING ON LEAD A/C
R and D	RANGE			
9	5	70	NONE	NONE

いずれも昭和20年 2 月10日の空襲で爆撃される太田製作所。この日の爆撃で、同製作所は事実上壊滅した。左の写真の下のデータは、この爆撃がすべて「目視爆撃」に成功したことを示している。

爆撃後の戦果判定を示した写真。「破壊」「焼失」「屋根損傷」などを区別し、さらに爆撃前に移転してあった屋根やビルも区別してある。

地下に移転していた機体製作所

タイヤ様の型をしたものは戦闘機「疾風」の
星型エンジンのケース。戸室山の部品工場で。

地下の飛行機製作所への入口には
櫓（監視塔）が建てられていた。

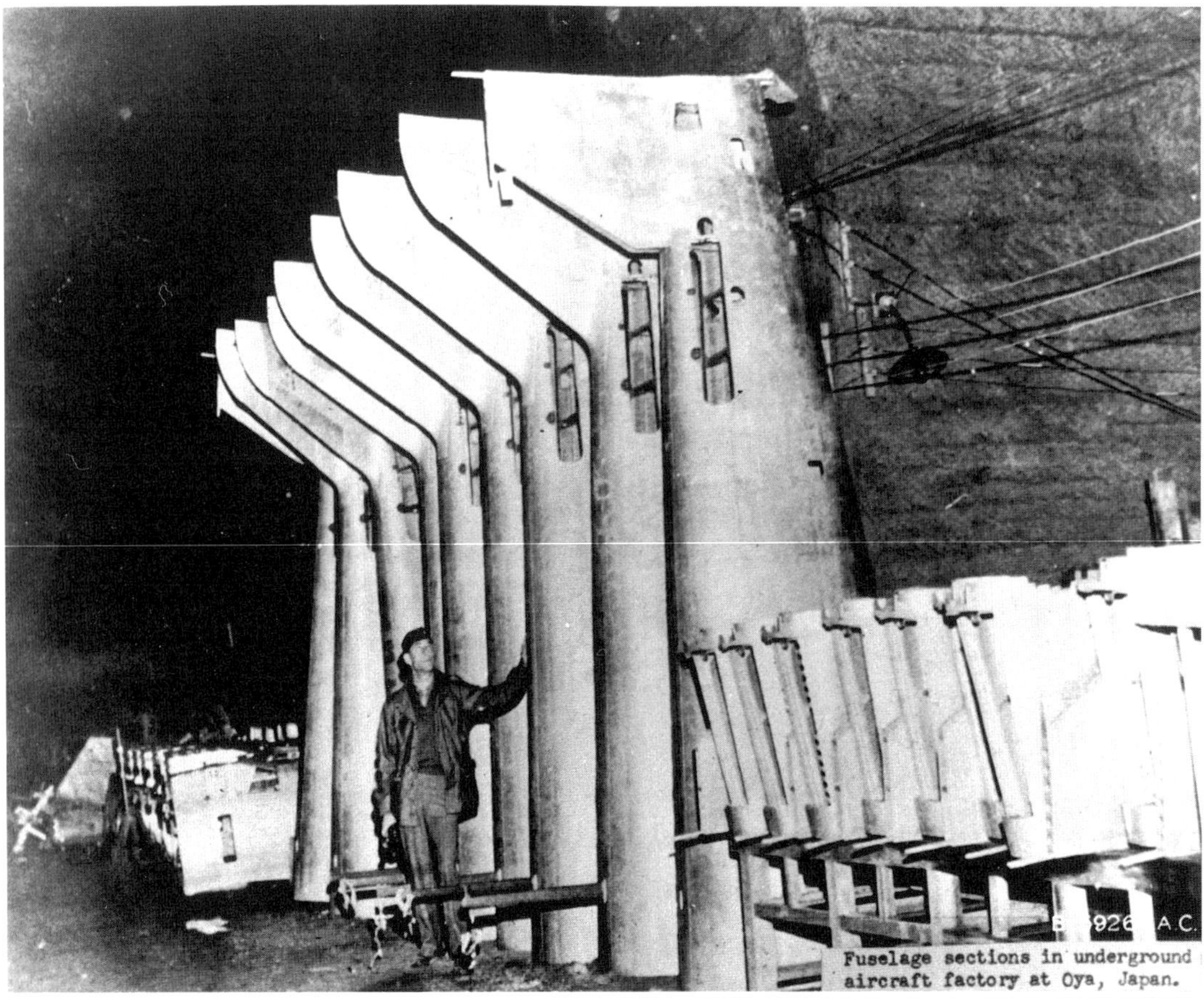

これも「疾風」の胴体と推定されている。立っているのは米軍関係者。

59265
Cavern in underground
craft factory, Oya, Jap

戦後、米国の戦略爆撃調査団がこの地下飛行機工場を調査したときの風景。当時の工場関係者から説明を聞いている。

軍需工場が空襲を受ける恐れがあり、反撃の手段がないと悟ったとしたら、どこの国でもその工場を地下に移すか、爆撃しにくい山間の地に移転させるだろう。ちょうど、重慶(蒋介石政府の根拠地)を爆撃した日本軍に対して反撃できなかった中国が、その施設をことごとく地下に潜らせたように。

日本ではあまりそういう例は多くはないが、栃木県宇都宮市の西北約十キロにある戸室山、乙女山、稲荷山にまたがる地下洞窟に建設された中島飛行機製作所は数少ない地下工場の例である。

付近は大谷石の採掘場で、採掘されたあとの洞窟を利用して、昭和十八年十月から一年半がかりで作り上げたという。

工場は地下三十メートルから五十メートルにあり、百平方メートル程度の小部屋が無数に作られていた。その地下秘密工場では勤労動員された中学生や女子挺身隊もふくめて常時一万から一万五千名の労働者が、黙々と飛行機づくりに精を出していた。

開戦後の建設だったから、さすがの米軍も日本を占領したあとではじめてその存在に気づいたという。

地下建造物としては長野県松代の大本営と天皇御座所（いずれも未完成）があるが、この地下飛行機工場は中島飛行機製作所独自の判断で建造された。

精密爆撃の標的にされた三菱の航空機工場

４月７日、三菱重工業発動機製作所に対する７回目の爆撃。「成績優秀、屋根面積の94パーセントに破壊または損傷を与えた。目標は事実上壊滅した。これは数回繰り返された爆撃の累積効果である」と、『日本本土爆撃概報』は記録している。

ハンセル准将の精密爆撃は一に東京の中島飛行機、二に名古屋の三菱・航空機工場だったと言っても過言ではない。

名古屋最大の標的は三菱重工業発動機製作所であり、三菱重工業航空機製作所であった。前者は零戦や一式陸上攻撃機のエンジン工場であり、後者はそれらの機体組立工場だった。その他にも兵器工場が数多くあったが、最初の精密爆撃のターゲットになったのはこれら航空機関係の工場だったのである。

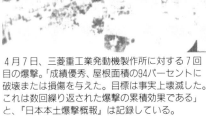

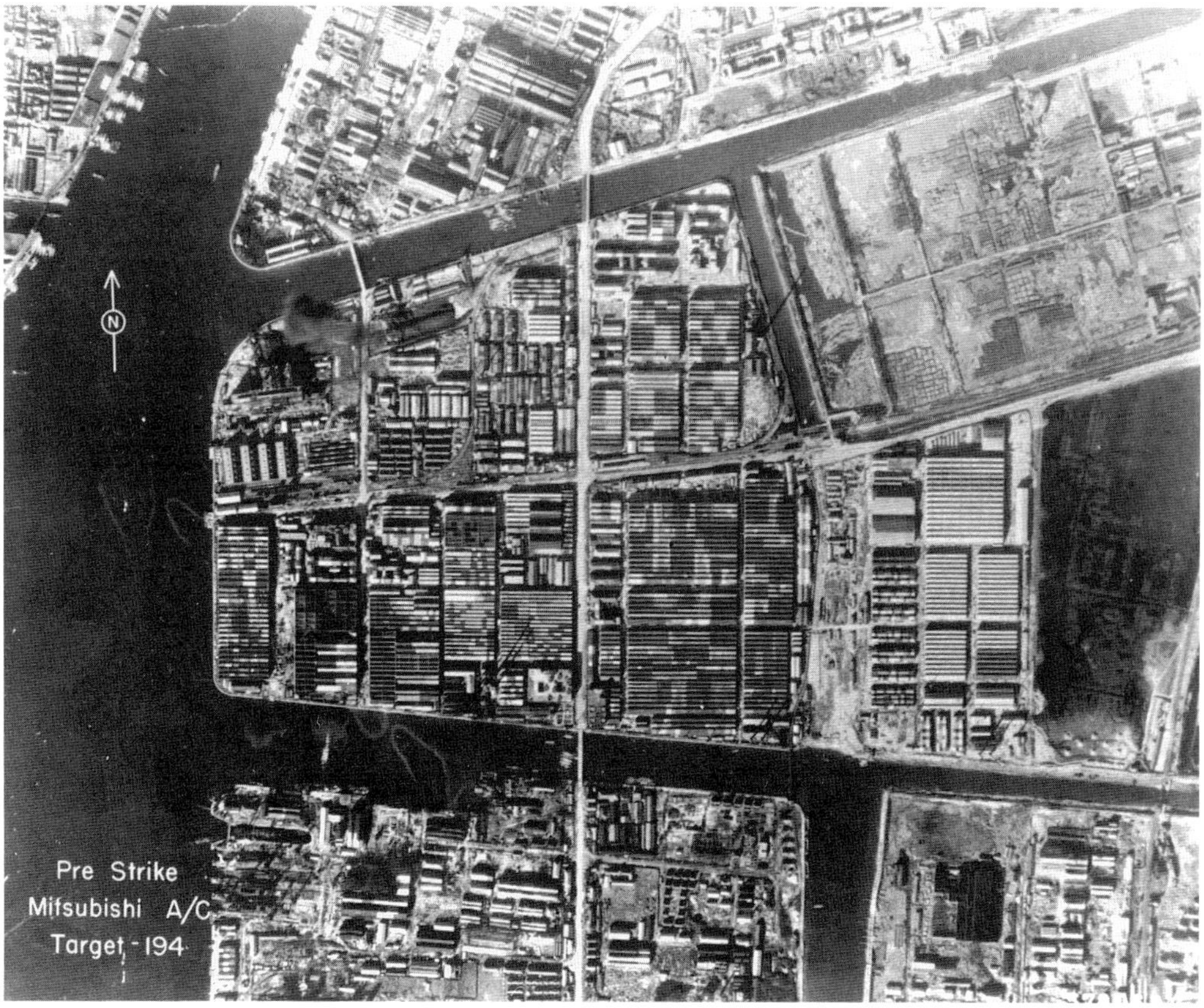

三菱重工業航空機製作所。上は爆撃を受ける前の偵察写真。下は12月18日、73機によるB29の爆撃。「成果は良好。屋根面積の17・8パーセント（250万平方フィート）を破壊」したという。

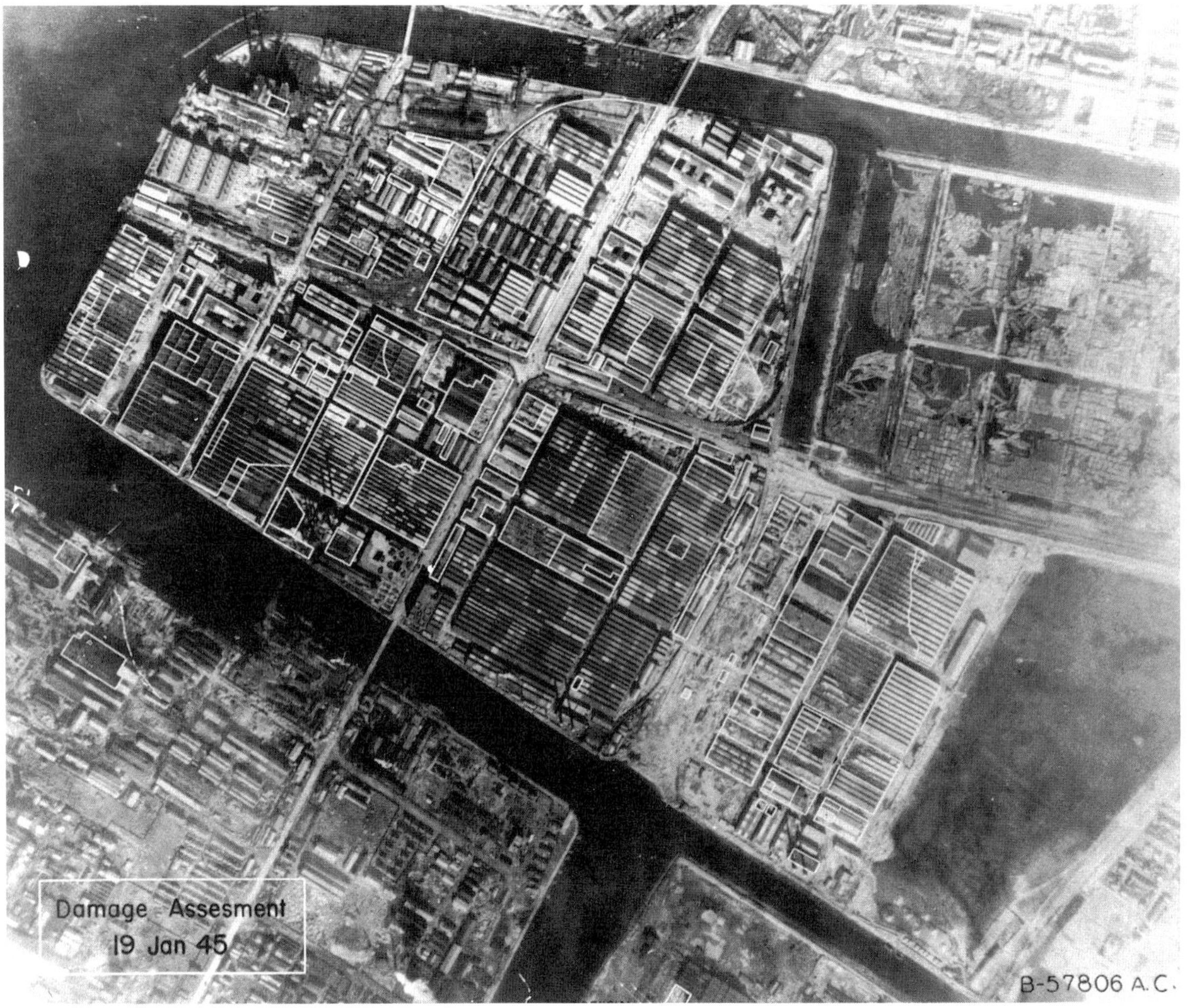

「Damage Assesment」（戦果評価。白線で囲まれた部分）は爆撃のあとに必ず実施された。とくに精密爆撃の場合はその評価を厳密にして、その後の爆撃の規模を決定するというやり方だった。写真は1月14日に実施された三菱重工業航空機製作所に対する爆撃の戦果評価。

目の仇にされた名古屋

名古屋はマリアナのB29爆撃隊に最初から目の仇にされていた。航空機工場や兵器工場が立ち並んでいたからである。

その最大のターゲットが三菱重工の航空機エンジン工場や機体組立工場であったことは述べたが、それ以外にも（米軍からすれば）壊滅させておく必要があると思われる軍需工場があった。

主なものを列記してみると、

- 愛知時計電機（海軍用魚雷などの製造）
- 愛知航空機（空母専用魚雷の製造）
- 陸軍造兵廠千種工場（機関銃の製造）
- 〃　熱田工場（速射砲弾や迫撃砲弾などの製造）
- 陸軍燃料部のガソリンタンク

などがあげられる。

三月十二日のいわゆる最初の本格的な名古屋市街地への無差別空襲の前に実施されたこれら工場群への米側記録を拾ってみよう。

（カッコ内は実際の爆撃に参加したB29の機数）

- 昭和十九年十二月十三日　三菱発動機（八十機）成果は良好。屋根面積の一七・八％（二百五十万平方フィート）を破壊。
- 同年十二月十八日　三菱航空機（七十三機）成果は良好。
- 同年十二月二十二日　三菱航空機（六十二

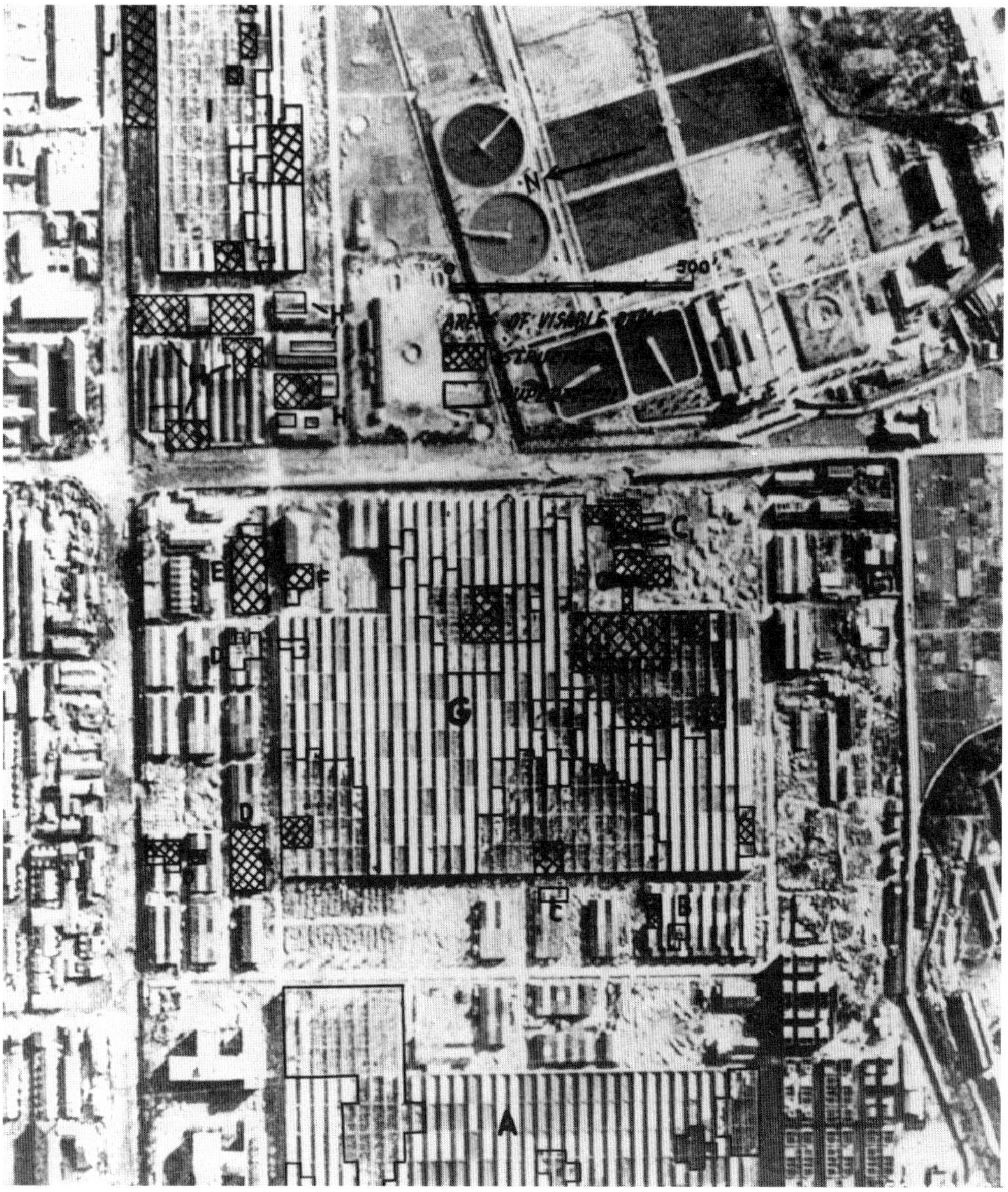

爆撃で破壊された部分に格子の印をつけ、さらにA、B、Cなどと符号をつけて爆撃が効果的に行われたかどうかを判定した。写真は三菱重工業発動機製作所。Aは胴体工場、Bは道具?　Cは倉庫、E、Fは不明で中央のGは機械、エンジン、シリンダー組立現場と判定している。

機)レーダー爆撃。雲のため偵察写真は入手できず。

・昭和二十年一月三日　名古屋桟橋地帯および都市地域(七十八機)〇・九平方マイルに破壊または損傷を与えた。

・同年一月十四日　三菱航空機(六十二機)成果はやや良好。屋根面積の二・七一%を破壊。

・同年一月二十三日　三菱発動機(六十機)雲量大のため成果は不十分。

・同年二月十五日　三菱発動機(百一機)全建物面積の五・三四%を破壊。

　このうち、一月三日の爆撃は焼夷弾空襲で精密爆撃に代わる都市無差別爆撃を実験的に試みたケースである。

　二月十五日以後の大規模爆撃は、東京大空襲の翌々日(三月十二日)に敢行した名古屋大空襲であり、この日を境に名古屋も街そのものが爆弾と焼夷弾の中で、壊滅のテンポを早めていった。

　その爆撃の様相は、たとえば同じ軍需工場とはいえ、愛知時計電機や陸軍造兵廠をターゲットとした爆撃がそれぞれ六月九日、同二十六日と遅れた(言い方はおかしいが)のは興味深い。あえて軍需工場を狙わずとも、日本の戦争遂行能力は格段に低下したという評価の現れに他ならない。

４月７日は三菱重工業発動機製作所がトドメを刺された日である。その"戦果" がこの写真で、焼夷弾による火災で、無惨にも（米軍にとっては"見事に"）鉄骨だけが残り丸裸にされた工場が写されている。

43機のB29が6月9日午前9時過ぎ、愛知時計電機名古屋工場を爆撃した。海軍用の魚雷、機雷、爆雷の専門工場だった。わずか10分ほどの爆撃だったが、ほとんど高性能爆弾だけ278トンを落とし、29パーセントが330メートル以内に命中した。死者2、068名、負傷者1、944名で、名古屋地区への一回の空襲では最大の犠牲者を出した。

戦後、米軍が撮影した三菱重工業航空機製作所の内部。屋根はもちろん内部もすっかり焼失した現場が記録された。

６月26日午前８時半、空襲に見舞われた名古屋造兵廠千種工場。造兵廠とは軍が経営する兵器工場で、重機関銃、軽機関銃、戦闘機の機銃や機関砲を製造していた。この日はやはり造兵廠熱田工場も爆撃された。ここでは迫撃砲などの砲弾を製造していた。

手作業が多かった弾丸製造はもっぱら女子が動員されていた。昭和20年ともなるとすでに労働力も枯渇していたのである。

神戸・明石・姫路・宝塚

川崎・川西の両航空機工場への空襲

6月5日、神戸を爆撃中のB29。この日の空襲で神戸市の東半分が焼失し、写真偵察の結果、「もうこれ以上、神戸は爆撃の必要はない」とリストからはずした。

神戸とその付近の航空機工場としては陸軍用の川崎航空機、海軍用の川西航空機の大工場とその下請け工場が数多く集まっていた。

このうち、いわゆる〝精密爆撃時代〟の最大のターゲットは川崎航空機工業明石発動機工場だった。昭和二十年一月十九日のそれは、既述したようにハンセル准将指揮の精密爆撃としては最初にして最後の完璧な成功といわれるものである。

この大きな目標以外では、神戸とその周辺の軍需工場の爆撃は無差別爆撃の対象で、市街もろとも爆撃を受けたのである。

たとえば、五月十一日の大空襲の標的は米軍の記録を見ても東灘区青木にあった川西航空機工場(現在の新明和工業)であった。が、すでに神戸に対しては、三月十七日、最初の本格的な(二月四日に焼夷弾による都市無差別の試験空襲があった)無差別空襲を実施していたのである。五月十一日の空襲は一トン爆弾という通常の四倍ほどの大型爆弾を投下し、工場坪数の八割を破壊したのだった。

外れた一トン爆弾は付近の海技専門学校(現在の神戸商船大学)や灘区役所、警察署官舎などを吹き飛ばした。

神戸が文字通り壊滅するのは六月五日の第三回大空襲だが、もうそのころには米軍としてはどこそこの工場爆撃と的を絞る必要もなかったのである。

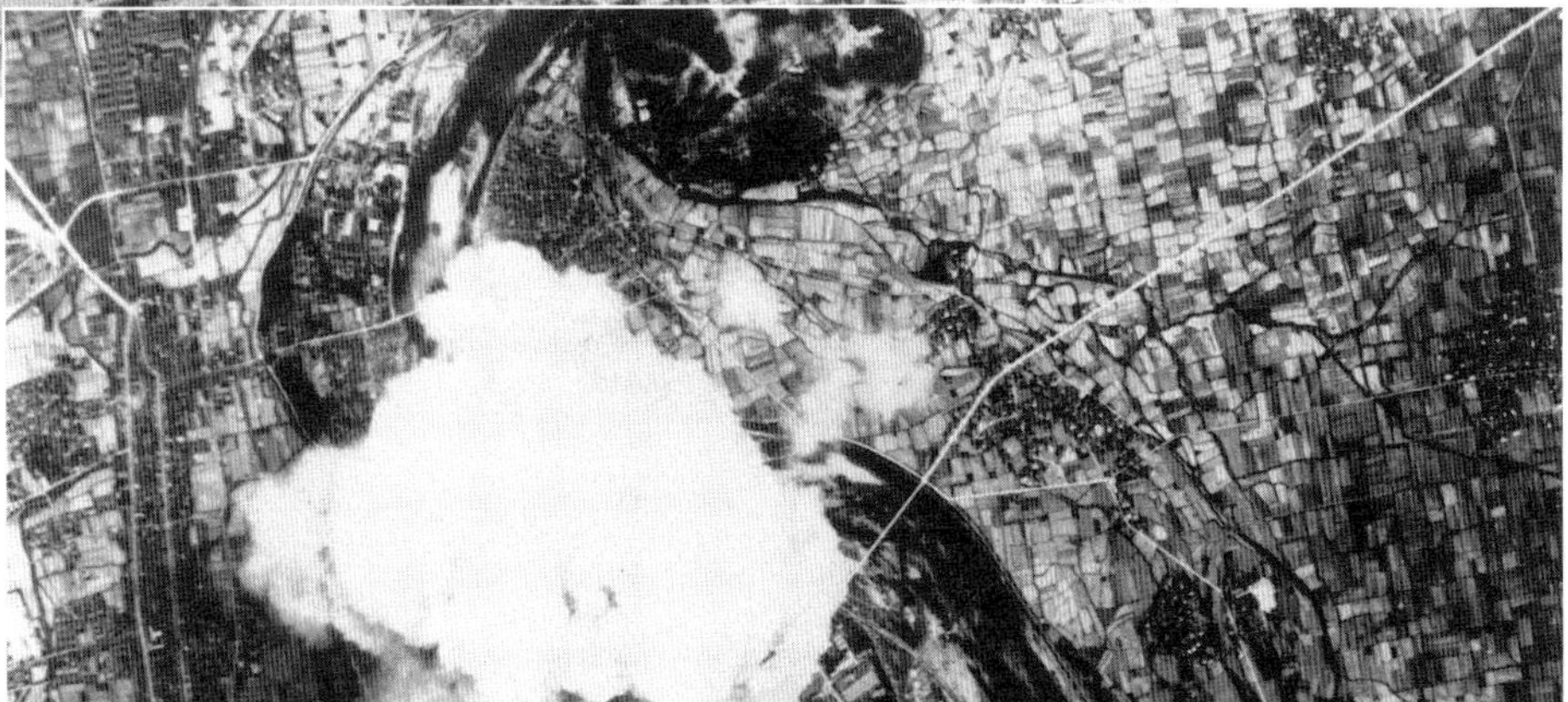

6月22日、姫路の川西航空機工場への爆撃。左端に姫路城が見える。上が爆撃前の偵察写真、下が爆撃中。米軍はこの航空機製作工場を爆撃する前に神戸を街ごと壊滅させていた。この程度の航空機工場よりも大都市神戸の壊滅のほうが日本の戦争遂行能力を低下させることができると米軍は計算したのだろう。

高性能爆弾で爆撃され、黒煙を噴き上げて燃える川崎航空機明石工場。

――成果は良好。建物面積の三八パーセントに大損害を与えた。投下爆弾の二三パーセントが目標の三百三十メートル以内に命中。

これが昭和二十年一月十九日の川崎航空機明石工場に対する精密爆撃の簡単な「爆撃の成果」として記録されているものである。その十日ほど前、B29戦略爆撃部隊は東京の中島飛行機武蔵製作所を襲ったが、そのときは「投下爆弾の三パーセントが目標の三百三十メートル以内に命中した」だけで、総合判定は「成果は貧弱」であった。

明石工場は双発夜間戦闘機「屠龍《とりゅう》」とともに「飛燕《ひえん》」を組み立てていた。「屠龍」はもっぱらB29に対する迎撃専用機として大口径の三七ミリ機関砲を備えていた。米軍がB29用迎撃機の工場であるということを知っていたという記録はないが、偶然にしても彼らにとっては大きな戦果であったことだろう。

この日の爆撃には日本の戦闘機百五十九機(米側記録)が迎撃したが、対空砲火も含めてB29は十二機が損傷しただけで一機も一人も失わなかった。前年(昭和十九年)十一月二十四日のマリアナ基地発進の戦略爆撃を始めてから損失ゼロは初めてのことだった。その後明石への空襲は六月九日から再開され、七月七日まで計四回の無差別空襲で、約千三百人が死亡し、市内は焦土と化した。

撃墜された日本軍戦闘機。

明石工場で製作されていたB29迎撃機「飛燕」。銃撃が効果なしと判断されたら体当たりさせ、パイロットは脱出するように命じられていたという。

爆撃のあと損壊部分を白線で囲んで戦果を確認した写真（明石工場）。

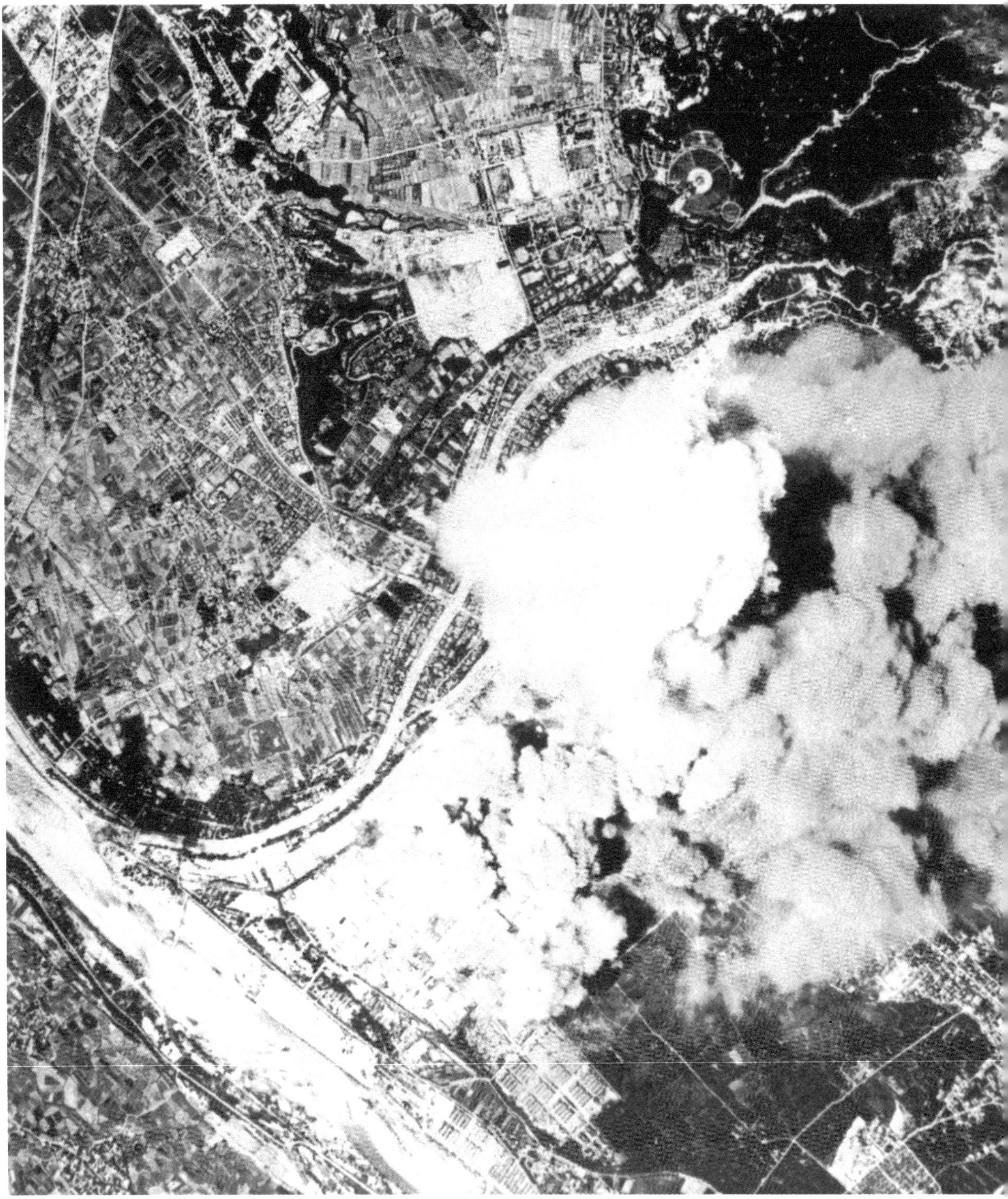

B29の爆撃を受ける川西航空機宝塚製作所。ここは主として大型飛行艇を製作していた工場で、航空機製作所とはいっても米軍からみれば緊急に潰さなければならないほどの工場ではなかった。そのためか、ここへの空襲は後回しにされ7月24日だった。84機のB29で空襲したにもかかわらず、日本の迎撃機は〔0〕と米側記録にあり、すでに日本軍には迎撃する能力はなかったことを示している。しかし、米軍の損傷機数は51機（損失はなし）にのぼり、日本軍の対空砲火は生きていたことがうかがわれる。その中で爆撃隊は同工場の77パーセントを破壊または損害を与えたと記録している。

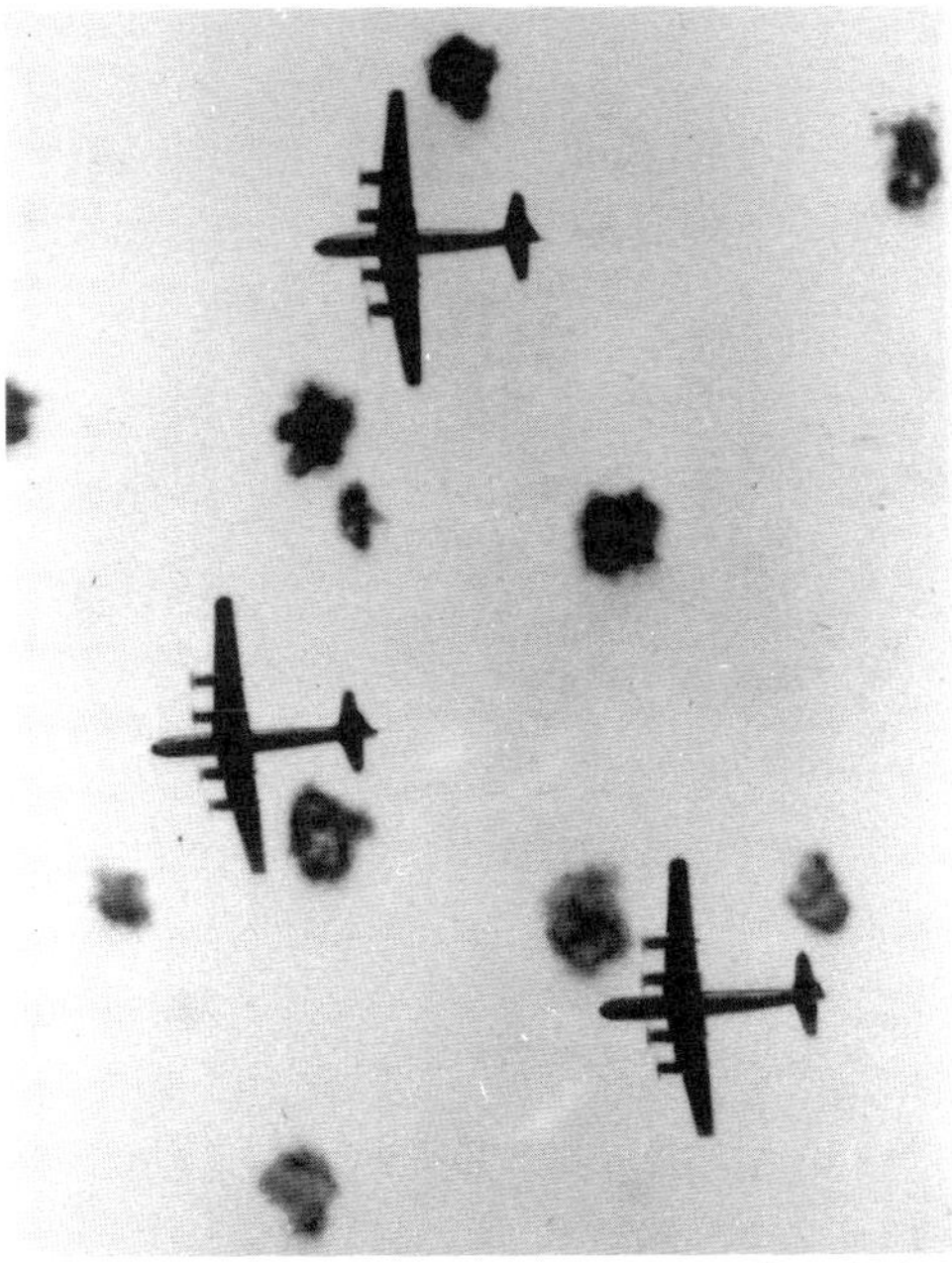

火を噴くB29。『日本本土爆撃概報』によると、「B29損失」という項目があり、「空戦」と「その他」に分けて機数が記録されている。昭和19年11月24日のサイパン基地からの初空襲以来、その総機数は300を超えるが、その9割近くが6月5日の神戸大空襲までの損失となっている。

爆撃されて残骸をさらしている日本軍機。神戸近郊の鶉野飛行場という。

この小さな街は〝爆弾のゴミため〟だった

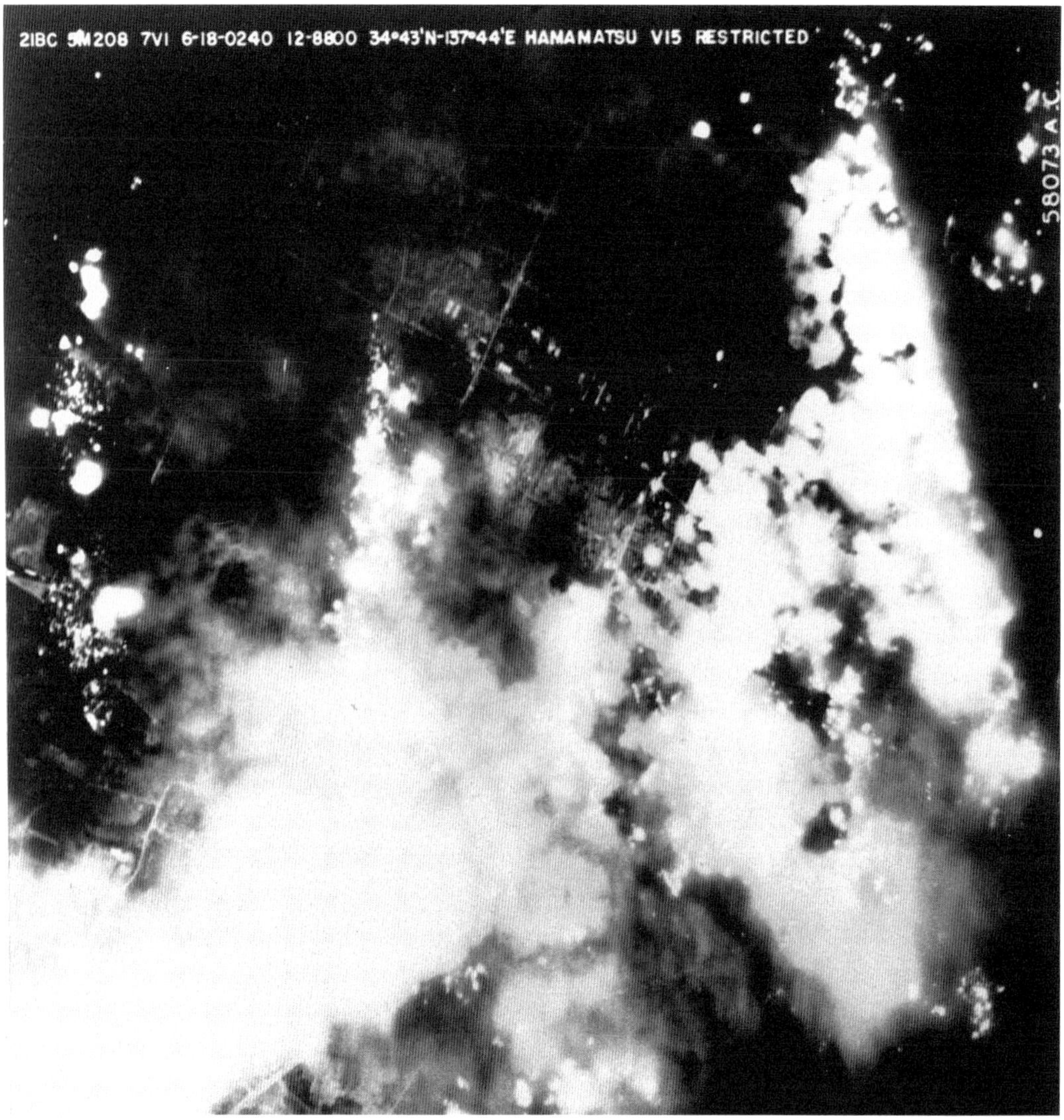

昭和20年6月18日未明の、大空襲としては3回目の市街地無差別爆撃。いわゆる浜松大空襲として記憶されているもので、市街地の70パーセントが破壊された。

浜松の空襲の記録ほど日本側の記録と米軍側の記録が食い違っているケースも珍しい。

大きな空襲として記憶されているのは昭和二十年四月三十日、同五月十九日、同六月十八日の三回で、その他七月二十九日の第三艦隊の軍艦八隻による艦砲射撃も大きな攻撃であった。

戦術的に見て浜松には爆撃に値するターゲットとしては、飛行機のプロペラを製造していた日本楽器製造、航空機エンジンの誉（ホマレ）、護（マモリ）を造っていた中島飛行機浜松工場、それに浜松教導飛行師団が駐屯していた飛行場ぐらいしかなかったはずである。

それが米側の公式記録だけで三十回、日本側記録では二十四回という空襲があった。

しかし、子細にみていくと前述の大空襲以外のものはいずれもB29数機という小規模のものである。

その理由は、『ルメイ自伝』が述べているように、B29の調子が悪く、目標まで到達できない場合など、「搭乗員は装備している爆弾を浜松に投下するよう」指示されていたからなのだった。そんな報告を聞いてもすべてを記録に残したわけではないといい、浜松は「爆弾を始末する〝ゴミため〟同然だった」という。記録では浜松には三千八十五トンの爆弾が投下されたが、これだけでも横浜を上回り、川崎を上回る投弾トン数だった。

国鉄浜松駅付近も焼き払われた。

荒涼たる焦土と化した浜松市中心街。市中心部の北側から国鉄浜松駅方向を望んだもの。爆撃前は18万7千の人口が、戦後の最初の統計では8万1千に激減したのもうなずけよう。

焼夷弾とはどんな爆弾だったのか

焼夷弾の本体はナパーム弾

日本の都市を火炎に包み込み、焼き尽くした正体が焼夷弾で、その大半がM69と呼ばれるものだった。

一個のM69は6ポンド(二・七キロ)で、正六角形をした鋼鉄製の筒の中の本体はナパームである。ナパームは一口でいえばゼリー状の油脂ガソリンで、ナフサネート(石油精製の際の副産物のひとつ)とパーム油(椰子油などの油脂に水素を添加したもの)を混合したもので、引火すると燃え上がる。M69はさらに亜鉛、鉛、燐、ガソリンなどを混入して、着火力と燃焼力を向上させたものだ。

このM69を十六個たばねて三段に積み上げ、合計四十八個を一つの爆弾としたのがM69集束焼夷弾と呼ばれる(注)。

投下されると集束していた帯が解かれ、M69がバラバラに空中に放り出される。すると布製の約一メートルのリボンが飛び出して、M69の揺れを防ぐ。リボンにも火がつくので火の雨が降るような光景となった。

屋根を突き破ったり着地すると五秒以内にまずTNT爆薬が炸裂、その中のマグネシウム粒子によってナパームに火がつく。その燃焼エネルギーで鋼鉄製の筒を吹き飛ばし、三十メートル四方に飛散させ、ナパームをまき散らして建物全体を火炎に包み込んだ。

【注】E. Bartlett Kerr『FLAMES OVER TOKYO』(邦訳は『戦略・東京大空爆』)は、M69集束焼夷弾は三十八個のM69を束ねたものであるとしている。訳者の大谷勲氏は三十八個集束のほうがきわめて合理的であるとして、従来の四十八個説に疑問を投げかけている。

焼夷弾をB29に積み込む作業はこのような手作業だった。

TOKYO BUSTERS(東京を破壊するもの)と整備員が落書きした2,000ポンド爆弾。1トン爆弾と呼ばれたものである。

不発弾も多かった高性能爆弾

飛行機製作工場などを精密爆撃するためには堅いコンクリートの壁を突き破って内部で爆発させられればより効果的である。高性能爆弾はそのための爆弾で、頭部が頑丈に造られており、コンクリートの屋根を貫通して内部で爆発した。内部に繰り込まれた信管は激突の衝撃で爆発するが、その分信管の感度は

M69集束焼夷弾を分解すると

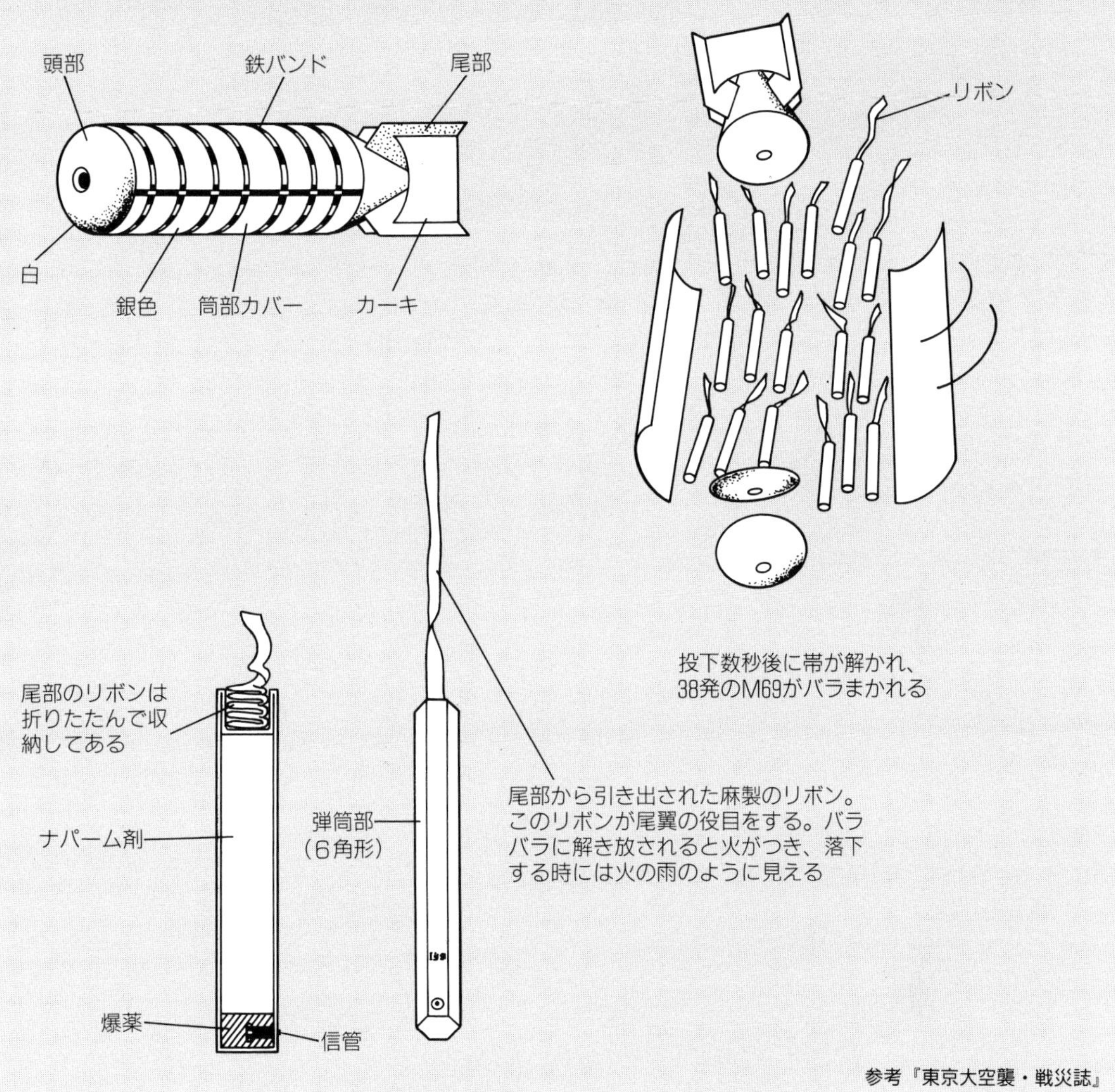
頭部
鉄バンド
尾部
白
銀色
筒部カバー
カーキ
リボン
投下数秒後に帯が解かれ、
38発のM69がバラまかれる
尾部のリボンは
折りたたんで収
納してある
ナパーム剤
爆薬
信管
弾筒部
（6角形）
尾部から引き出された麻製のリボン。
このリボンが尾翼の役目をする。バラ
バラに解き放されると火がつき、落下
する時には火の雨のように見える

参考『東京大空襲・戦災誌』

普通爆弾よりも鈍く造られているので、湿地など柔らかい地表に直接激突した場合には爆発せず、不発弾となることが少なくなかった。

戦後も最近までしばしば、土地造成中などに不発弾が発見されるのはこのためである。

ズラリ並んだ500ポンド爆弾（通称250キロ爆弾）。

B29の中継基地

本土空爆に硫黄島は欠かせなかった

硫黄島の日本軍機を爆撃する米軍。「水桶の中の魚のようだった」というパイロットの談話が伝えられている。日付は不明だが、昭和19年10〜11月ごろと思われる。

岩でできている摺鉢山が見える千鳥飛行場。米軍はこの飛行場を上陸翌日に占領した。これは整備もだいぶ進んだあとの光景。

米軍が硫黄島に上陸を開始したのは昭和二十年二月十九日だった。その直前、上陸作戦を支援する打ち合わせのためにマリアナ基地の第二十一爆撃軍司令官ルメイ少将は、戦艦「インディアナポリス」にスプルーアンス大将(第五艦隊長官。硫黄島作戦の指揮官)を訪ねた。スプルーアンスはルメイに質問した。

「硫黄島を取ることは、どれぐらい価値があるのか?」

ルメイは答えた。

「大変な価値がある。硫黄島は日本本土侵攻のための中間準備地域、傷ついたB29の緊急着陸地だけでなく、空海救助隊の基地、護衛戦闘機の基地として使えます。硫黄島がなければ、日本を効果的に爆撃できません」

後日、スプルーアンスはその時の心境を「これで心の重荷がとれた。ルメイの意見は、わたしにとって力強いよりどころとなった」と語ったという。硫黄島には前年八月以来、B24爆撃機による断続的な爆撃が加えられていたが、強固な防御陣地がその後の偵察写真から判断され、占領するには約二万名の死傷者が出ると予想されていたからである。事実、米軍死傷者はそれを大きく上回り、二万八千名だった(日本軍は二万名強で玉砕)。

日本空襲からの帰路、トラブルを起こしたB29が初めて硫黄島に着陸したのは、三月四日だった。

硫黄島の滑走路めがけて投下された55ガロン（約209リットル）入りドラム缶爆弾。

硫黄島の戦いもまさに死闘だった。日本軍の砲弾が命中し、燃える水陸両用戦車。

B29の爆撃目標となった中島飛行機主要工場一覧

年月日	時間	爆撃目標	来襲機数		死者	重軽傷	罹災戸数
19.11.24	12:05	武蔵製作所（東京）	B29	88	73	84	
19.11.27		武蔵製作所（東京）	B29	62			
19.12. 3	13:50	武蔵製作所（東京）	B29	75	185	24	206
19.12.27	12:10	武蔵製作所（東京）	B29	52	5	32	
20. 1. 9	14:00	武蔵製作所（東京）	B29	48			
20. 1.27		武蔵製作所（東京）	B29	62			
20. 2.10		太田製作所（群馬）	B29	98	363		952
20. 2.19		武蔵製作所（東京）	B29	131			
20. 3. 4		武蔵製作所（東京）	B29	177			
20. 4. 2	02:32	武蔵製作所（東京）	B29	115	160	10	148
20. 4. 3		小泉製作所（群馬）	B29	61	99	68	93
20. 4. 7	09:50	武蔵製作所（東京）	B29	103	44	15	
20. 4.12		武蔵製作所（東京）	B29	107			
20. 7.24	12:00	半田製作所（愛知）	B29	78	134	200	494
20. 8. 7	16:27	太田製作所（群馬）	B29	51			

名古屋市の主な空襲被害状況一覧

年月日	時間	被害地域	来襲機数		死者	重軽傷	罹災戸数
19.12.13	13:50	千種区、東区、北区、中村区、三菱発動機製作所	B29	80	330	256	487
19.12.18	13:00	港区、西区、瑞穂区、南区、三菱航空機製作所	B29	73	334	207	323
19.12.22	13:50	東区、熱田区、三菱発動機製作所	B29	62	0	3	3
20. 1. 3	14:46	名古屋市街（全市）	B29	78	70	346	3,588
20. 1.14	14:50	熱田区、中川区、港区、南区、三菱航空機製作所	B29	62	94	98	194
20. 1.23	14:50	名古屋市街、北部、三菱発動機製作所	B29	60	125	61	297
20. 2.15	14:00	千種区、東区、熱田区、南区、中村区、三菱発動機製作所	B29	101	61	52	709
20. 3.11-12	00:20	名古屋市街（全市）	B29	288	519	734	25,734
20. 3.19	02:00	名古屋市街（全市）	B29	290	826	2,728	39,893
20. 3.24-25	22:56	千種区、東区、三菱発動機製作所	B29	226	1,617	770	7,066
20. 3.30-31	22:17	千種区、東区、昭和区、三菱発動機製作所	B29	12	29	9	185
20. 4. 7	11:00	千種区、東区、北区、中川区、三菱発動機製作所	B29	182	302	133	5,191
20. 5.14	08:00	名古屋市街（全市）	B29	480	276	783	21,905
20. 5.17	02:10	名古屋市街（全市）	B29	468	505	1,300	23,695
20. 6. 9	09:18	熱田区、南区、港区、愛知時計電機工場	B29	43	2,068	1,944	1,843
20. 6.26	08:30	名古屋市街、造兵廠千種、熱田工場、愛知時計永徳工場、住友ジュラルミン工場	B29	157	426	327	4,016
20. 7.24	12:30	港区、愛知時計永徳工場	B29	71	167	208	262

神戸・明石・姫路・宝塚などの主な空襲被害状況一覧

年月日	時間	被害地域	来襲機数		死者	重軽傷	罹災戸数
20. 1. 3	14:00	神戸市生田区、兵庫区	B29	1			
20. 1.19	13:50-14:24	明石市、川崎航空機明石工場と周辺地域	B29	62	324	43	633
20. 2. 4	14:10-16:10	神戸川崎、三菱神戸造船所	B29	99	26		
20. 3.17	02:05-05:15	神戸市兵庫区、湊東区、長田区、湊区、須磨区、葺合区、灘区、三菱神戸造船所	B29	309	2,598	8,558	65,728
20. 4.22	朝・昼	神戸市兵庫区、長田区	B29	各1	37	147	289
20. 5.11	08:40-11:15	神戸市、川西航空機甲南工場と周辺地域	B29	92	1,093	924	3,728
20. 6. 5	07:30-10:30	神戸市灘区、葺合区、生田区、長田区、須磨区	B29	481	3,184	5,824	55,368
20. 6. 9	08:30-	明石市、西宮市、川西航空機鳴尾工場と周辺地域	B29	69	692	615	1,858
20. 6.22	09:50	明石市、川崎航空機明石工場、姫路市、川西航空機姫路工場	B29	78	369	371	1,899
20. 6.26	08:10-10:30	明石市、尼崎市	B29	131	死傷者約250		
20. 7. 3-4	23:50	姫路市	B29	106	173	160	10,287
20. 7. 7	00:15-01:25	明石市	B29	123	360	323	9,075
20. 7.24		西宮市、宝塚市、川西航空機宝塚工場と周辺地域	B29	78	133	107	704

浜松市と周辺の空襲（艦砲射撃を含む）における主な被害状況一覧

年月日	時間	被害地域	来襲機数		死者	重軽傷	罹災戸数
19.12.13	13:35	浜松市内	B29	1			45
20. 1. 3	14:33	浜松市内	B29	9	2	4	72
20. 1.19	13:50	浜松市内	B29	2	4	1	2
20. 2.15	13:45	浜松市、郡部	B29	11	146	120	913
20. 2.25	14:08	浜松市、郡部	B29	11	5	6	74
20. 3. 4	07:32	浜松市、郡部	B29	9	8	48	51
20. 4. 7		浜松市、郡部	B29	5	59	72	426
20. 4.30	10:22	浜松市、日本楽器製造（ヤマハ)、浜松飛行場、郡部	B29	79	965	597	6,483
20. 5.19	10:51	浜松市、郡部	B29	272	433	529	4,302
20. 5.24	02:35	浜松市内	B29	1	2	3	263
20. 5.25	23:15	浜松市、郡部	B29	3	4	8	116
20. 5.29	09:01	浜松市内	B29	2	1	1	120
20. 6.10	07:09	浜松市内	B29	2	6	27	123
20. 6.18	01:05	浜松市、郡部（浜松大空襲)	B29	130	1,720	1,510	15,504
20. 6.26	08:40	浜松市、浜松飛行場、郡部	B29	5	14	34	68
20. 7. 1		浜松市、郡部	P51	25	3	5	1
20. 7.24		浜松市、郡部	艦載機	230	24	37	10
20. 7.25		浜松市、郡部	艦載機	12	28	37	1
20. 7.26		浜松市、郡部	大型機	2	1	1	140
20. 7.29	夜間	浜松全市	艦砲射撃		170	95	576
20. 8. 1	22:06	浜松市内	B29	1			17

日本軍の防空兵器

B29の空爆が本格化すると、日本軍の防空兵器はほとんど役に立たなかった。それでも持てる技術と精神で精いっぱいの抵抗をした。米軍が戦後撮影したこれら防空兵器や施設を回顧しよう。

日本に向かいつつあるB29編隊などの音をキャッチする装置（対空90式聴音機）。

東京・小岩に設置されていた5型レーダーの八木式アンテナ。

3式受信アンテナ（東京・小岩）。

2式レーダー

東京・愛宕山にあった東部軍総司令部の電波送受信所。本土の最大の目であり耳であった。

東部軍レーダーのパラボラアンテナ。

レーダー回転板（32型）。

B29に対する秘密兵器、15センチ高射砲。最大射高2万メートル、楽にB29の飛行高度まで達した。だが、実際に配備された（東京・久我山）のは昭和20年5月でわずか2門、威力を発揮したのは8月2日の2機撃墜だけ。右はその50キロ砲弾。

最大射高１万４千メートルの12センチ高射砲。東京、大阪、八幡など主要都市に配備されたが、数が少なく、昭和20年４月以降と遅かったこと、雲上のB29に対しては電波標定器が不完全だったためあまり威力を発揮できなかった。

２式多連装20ミリ高射機関砲とその射撃指揮装置（右）。

7センチ半野戦高射砲（88式）最大射高9、100メートル

94式1メートル対空射程測定機。

東部軍防空総司令部の作戦室の情報地図盤。小笠原や伊豆七島、房総などの監視所から敵機来襲の情報が入ると赤、青、黄のランプがつく。

高射算定器（97式）。

航速測定器（2式1型）。

情報発令器と標示盤。

90式3メートル測距機。

情報盤指示のスイッチ。

12センチ高射砲の発電機。

陸軍省地下発電室前。ここは
完全防空体制下にあった。

照空燈（1式150センチ）。

第3部

本格化する焼夷弾の無差別爆撃

白昼、焼夷弾の雨で炎上する神戸市(昭和20年6月5日)。

◉第3部　総論

開始された無差別爆撃

日本の都市を焼き尽くせ！

太平洋戦争研究会
森山康平

焼夷弾による無差別爆撃

いわゆる東京大空襲（昭和二十年三月九日深夜から十日未明）は、米陸空軍による戦略爆撃の決定的な転換点だった。重要工業施設のみを選別して爆撃する方法（精密爆撃）に代えて、都市そのものを、工場といわず住宅といわず焼夷弾で焼き払う無差別爆撃を始めたからである。

アーノルド大将（米陸軍航空隊総指揮官）が精密爆撃の信奉者ハンセル准将に替えてルメイ少将を、第二十一爆撃軍司令官に据えたとき、アメリカの戦争指導者は日本の都市をことごとく焼き払う肚《はら》をかためたといえよう。ルメイ少将はドイツにおいて、B17爆撃機を一列縦隊で飛行させ、すきまなく爆弾を投下する、いわゆる絨毯《じゅうたん》爆撃を最初に実行した人物である。その成果は、特定の工場・施設を狙い撃ちするよりははるかに大きな成果が上がったと判定された。

ルメイ少将は日本に対する焦土作戦を忠実に実行した。東京大空襲を皮切りに、わずか十日間の間に名古屋、大阪、神戸（それは日本の主要四大都市であった）に対する夜間無差別爆撃が実施されたのだった。そして昭和二十年六月半ばまでに、右の都市に横浜、川崎を加えた六大工業都市をほとんど壊滅させてしまった。その後の都市に対する空襲は、単に人口が多いというだけの理由で、焼夷弾攻撃を実施した。彼らは第一位の東京から第百八十位の熱海まで人口の多い順に番号をつけ、大都市、中都市、小都市の順に焼夷弾で焼き払い、六十四都市を焼き払ったところで終戦となった。京都とともに奈良が大空襲を受けなかったのは、京都はもともと原爆投下都市として残されていたのであり、奈良は爆撃順位が第八十位だったので順番がくる前に戦争が終わったからである。

東京大空襲の夜、小磯首相はラジオを通じて「今晩の空襲は盲爆というより市街爆撃であり無差別爆撃であり、たとい戦争下においても断じて許さるべきものではない」と非難し、「敵米の国民性、道義性がいかに低劣野蛮」かを論じた。

ある放送は（海外向け放送か？）「東京の住宅街および商店街を包んだ火の海は、ネロ皇帝の行ったローマの破壊を思いおこさせるものであった」と述べたそうだ。これを紹介しながら戦後の『米国陸軍航空部隊史』は、「ルメイを近代的ネロとして描くことは旨い宣伝であった。もっともルメイは爆撃を待つ間バイオリンを弾《ひ》く代わりに葉巻をくゆらしてはいたが」と余裕たっぷりに書き、事実はローマの大破壊どころか、世界史上のどんな大火災よりも大きな災害をもたらし、「日本においても世界においても人命財産の損失がこのように大きかった一回の空襲はこの戦争にも他にも決してなかったのである」と誇らしげに記している。

アメリカはなぜ無差別爆撃を選んだか

戦略爆撃の基本理念（軍事目標を選別して精密爆撃すること）を捨ててまで都市に対する焦

土作戦に踏み切った米軍には、いったい何が起こっていたのだろうか。もちろん精密爆撃が気象条件に左右されて大きな戦果をもたらさなかったという現実を前にして、爆撃をエスカレートさせたに過ぎないという見方もあろう。あるいはまた、大工場ばかりを破壊しても日本の工業は家内工業に多くを頼っており、そのかぎりでは彼らの戦争能力を壊滅させることにはならないという分析も可能である。事実、そういう経済・社会構造に着目して、あの無差別爆撃が採用されたと実行者の側から強調されてもいる。

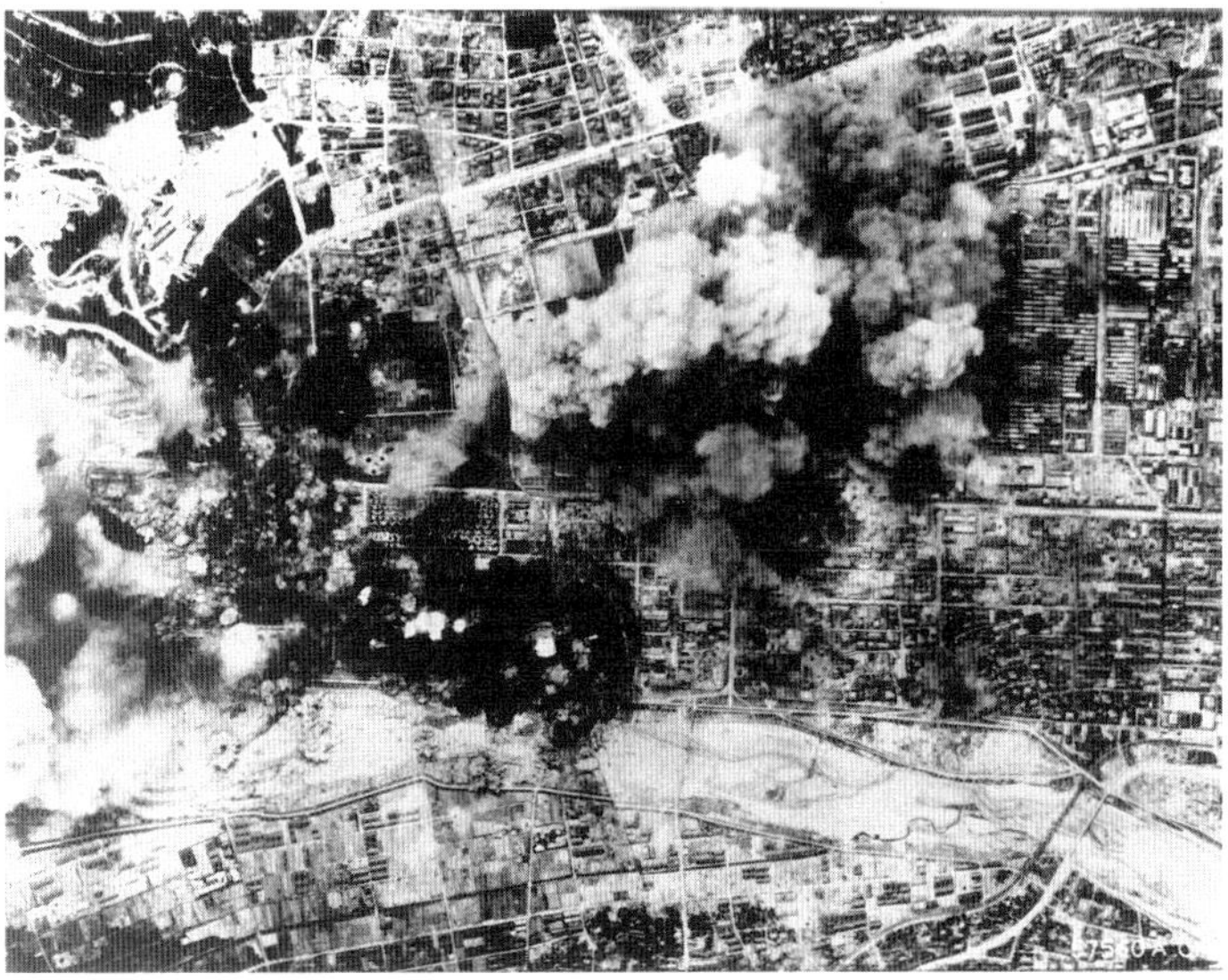
猛爆撃を受ける名古屋の三菱重工発動機製作所（昭和20年４月７日）。

しかし、はたしてそれだけだろうか。戦争遂行能力の破壊という点に絞れば、六大工業都市の焦土作戦だけで、効果としては十分過ぎる。それにもかかわらず、その後の、人口の多い順に中小都市まで焼け野原にする無差別爆撃を実施した彼らの狂乱ぶりは、何かに憑《つ》かれた者の、思い詰めたような異様ささえ感じさせる。

彼らにそういう行動をとらせたものは何か。それは、日本軍や日本人に対するえたいのしれない恐怖と不安に基づいているように思えてならない。実際に戦場で対峙して戦った米軍が肌で感じ取った何かが、〝日本まるごと焦土作戦〟をつき動かしていたとしか思えないほどの徹底的な無差別爆撃であった。そうしなければ決して自分たちが安心の境地に達することができないという漠然とした不安を表明していたものではなかったか。

米軍はその本格的反攻にでたガダルカナル島争奪戦を切り抜け、以後の戦いを絶対的有利のもとに押し進めていたが、それにしても日本軍の攻勢（あるいは守勢）が予想以上に激しいことにショックを受けた。その激しさは、彼らの基準からみて異常に近い抵抗と受け取られた。

実際、日本軍は寡勢であっても退くことなく陣地を死守した。そのあげくは例外なく玉砕という大量自殺に等しい最期を遂げたのである。それがいかに徹底しているかを、米軍はガダルカナルの戦いやそれに続くソロモン諸島やニューギニアのブナ、ギルワの戦いでいやというほど思い知らされたのである。

そこで、開戦後一年あたりの段階で米軍がとった戦法はオキュペーション（occupation）であった。いうまでもなくこれは「占領」を意味するが、具体的には「空き地を占領する」であり、より正確にいえば「空き地になってから占領する」ことを意味していた。日本兵が一人でもいるかぎり陣地に進出することなく、文字通り一兵もいなくなったことを確かめてから進出し、占領したのだった。なぜなら、日本兵は徒手空拳になっても立ち向かい、刺し違えて果てるという戦法を、どの戦場でも徹底させていたからだ。

だから彼らは、日本軍陣地が空き地になるまで（撤退するにしろ全員戦死するにしろ）執拗に日本軍陣地を爆撃し、砲撃した。日本軍はある時期からそれを逆用して、砲撃のわずかな合間にパーン、パーンと数発を射撃し、その存在を知らせるだけで、歩兵部隊の進出を阻止することができたという。それでも小さな陣地ではついに一兵もいなくなり、占領に成功することもあった。しかし、日本軍が島に立てこもる場合はそうはいかなかった。

マキン、タラワからクェゼリンを経て、サイパン、グアム、テニアン、さらにはペリリュー、硫黄島等々の孤島に見られる上陸前の連日にわたる激しい爆撃や艦砲射撃は常であったが、そういう驚くべき大量の弾丸を撃ち込んでも、いざ上陸してみると、完全制圧するまでにたいていは予想を上回る時間と人命の損失を余儀なくされたのである。

敵がそこにいるのにわざわざ突っ込んで白兵戦を行うような突撃戦は彼らの戦術にはなかったし(皆無とは言わないが)、いわんや徒手空拳になっても敵兵と命の交換を敢然とやりとりする戦い方は彼らの理解を越えていたのだった。航空機による特攻が開始されて(昭和十九年十月末)、その思いはほとんど頂点に達したようだ。

昭和二十年六月十一日号『ニューズウィーク』誌は、中国人やインド人、あるいはアラブ人も理解しにくいがとし、「ジャップたちの行動のほとんど一つ一つに熟練した通訳を必要とするほど、日本人の精神的、道徳的風土は世界中のどのような国民のそれとも異なっている」と戸惑い気味に解説した。

そして、日本問題の専門家を登場させて、「日本人の自殺的傾向の根源と、それが今日有名なカミカゼ攻撃にどのように利用されているか」を抉《えぐ》ろうとした。

その専門家は「忠臣蔵」に見られる浪人たちの旧藩主への忠誠心が、天皇への忠誠心へと転換させられた歴史的事情を述べ、「この天皇崇拝は、沖縄周辺で演じられているいわゆる玉砕戦術のおおもとを形成している」とし、「八紘一宇《はっこういちう》とは世界における天皇の主権をいい、これは神々の永遠の計画の一環とされている」と紹介している。そして、「(日本の軍人たちは)戦いに勝利を収めた場合でさえ、生存者たちには漠然とした恥辱感がつきまとっている。彼らは天からつかわされた『命を捧げる機会』をとらえそこなった者なのだ」としているのだった。

いま読んでみても、当時の日本人の精神のあり方をかなり的確に突いている。彼らにしてみれば、その思いはもっと深刻ではなかったか。近々予定されている日本上陸作戦で三百五十万規模の上陸軍がどの程度の犠牲を強要されるのか、現実の問題として慄然たるものがあったことだろう。

その思いが、大都市を壊滅させて一段落したあと、息もつかず中小都市への焼夷弾無差別攻撃をさも当然のごとく継続させたのであろう。ヒトラーが世界の征服者になる道が砕かれたと同様に、もはや〝天皇が世界の主権者になる道〟は閉ざされたと、彼らも確信したに違いない。それはさまざまな戦場で、日本軍が勝つということはなく、自分たちが敗れるということはないという客観的判断ができる状況と酷似していた。が、それぞれの戦場で日本の部隊が投降したことは極端にいえば皆無であった。つまり、各戦場の日本軍部隊が玉砕を予定していたと同様、日本そのものが玉砕を予定しているに違いない、と推測するに足る十分な経験を、米軍はサイパンやレイテ、硫黄島、そして沖縄にいたる各戦場で積んでいたのである。

彼らが降伏しないかぎり、攻撃は続けられなければならない。その最終局面は米軍の上陸による無人と化した日本のオキュペーション(占領)しかない。

さらに不幸なことに(と言えば語弊《ごへい》があるかもしれないが)、一九四三年一月のカサブランカ会談でルーズベルト大統領とチャーチル首相は「日独など枢軸国に無条件降伏を要求する」ことで一致していた。その事実を日本の軍部はもちろん知らなかったが、連合国側から「講和の条件」を提案することはありえないことであった。

無条件降伏以外、空爆中止はない

では、日本ではどうだったのか。

開戦時に日本海軍軍令部で作戦課長をつとめ、敗戦時に作戦部長の要職にあった富岡定俊中将は、太平洋戦争の基本認識の一つとして「制限戦争」(ある局面で条件を出し合って講和する)をあげている。これは富岡だけにかぎらず、陸海軍の指導者すべてが漠然とながら感じていたことでもあった。

しかし、そういう考え方が大本営や後の最高戦争指導会議などで確認されたことは一度もなかった。日本は、どこまでやったらこの戦争の幕引きをやるのかという検討を、土壇場に追い詰められるまで具体的にやったことはなかった。

太平洋戦線で本格的反攻作戦に出た米軍は、まず最初のタラワ島で日本軍の玉砕戦法に遭い、予想外の犠牲を強いられた。

富岡のような一部の指導者は頭の中では「制限戦争」を想定していたかも知れないが、それでも「敵が降参するまで戦う」という漠然とした観念に支配されていたことには変わりない。そして、敵が降参しない戦況に立ちいたれば、区々の戦場と同様「死ぬまで戦う」覚悟で戦争を指導していた。「制限戦争」という観念は、あくまでも敵が弱って、日本に有利な条件を飲ますことによって終結させるという机上の空論でしかなかった。

そもそも戦場では極端に不利になった場合でも自ら進んで降伏することは禁じられていたのであり、戦争指導者といえどもその呪縛《じゅばく》から解放されていたわけではなかった。

もっとも、サイパン失陥(昭和十九年七月)の後、〝和平への動き〟(降伏ではない)がないわけではなかった。

昭和十九年九月からのバッゲ工作（近衛文麿の意を受けて、朝日新聞・鈴木文史朗が駐日スウェーデン公使バッゲに和平条件を提示して英米との和平斡旋を依頼)、二十年四月のダレス工作（朝日新聞欧州特派員・笠信太郎や在スイス海軍武官藤村義一中佐らが米国戦略情報機関アレン・ダレスと交渉）などがそれである。これらは政府・軍部の正式な意図を受けたものではなかったことなどもあって、途中で挫折する。

昭和二十年五月七日、ドイツが無条件降伏し、トルーマン大統領は日本に対しても「陸海軍の無条件降伏」を初めて明確に要求したが、日本政府は戦争遂行の声明の形でこれを拒否した。

もっともトルーマンによる無条件降伏の要求と前後して、日本はソ連を介しての和平の道を模索しはじめた。それは、その年の四月、日ソ中立条約の破棄を通告したソ連の対日参戦を阻止するための日ソ友好の強化が第一の目的であり、そこから入っていっておもむろに、という段取りである。単刀直入に和平斡旋を依頼する、というものではない。

そして六月三日、マリク駐日ソ連大使と広田弘毅元首相との会談が開催されたが、これによって、連合国側は日本が戦争をやめたがっているという事情を知ることになった。しかし、無条件降伏に応じるという話ではないから、相手にしなかった。対日戦に参加することを米英に約束していたソ連もまた、以後の和平斡旋への日本の要求をのらりくらりとかわしつづけたのだった。

こういう経緯を経て、最高戦争指導会議は昭和二十年六月十八日、ようやく戦争終結をめざしてソ連を介しての和平交渉に入る旨を決定したのだった。といえば一本道のように聞こえるが、その十日前の御前会議は、「本土決戦による徹底抗戦」を決めていたのであり、今回の百八十度転回の決定も主として陸軍の

「敵に一大打撃を与えてのちの和平交渉」という強硬一点張りの主張を天皇自らが押しとどめての決定であった。

戦争を戦っている間には、そういうお互いの事情はわからなかったが、それまでB29による戦略爆撃の効果を強調してきたアーノルド大将にとって、「日本の無条件降伏」という政策を大統領が変更しないかぎり、自分の立場を守るためにも、無差別爆撃であれなんであれ、日本が降伏するまで空襲をつづけなければならなかった。

「真珠湾奇襲」への報復と日本人観

昭和二十年二月十六、十七日、ニミッツ大将指揮下の米機動部隊は、艦上機約二千機を発進させて京浜地区を空襲した。まだ無差別爆撃には転換しておらず、主に航空基地攻撃と迎撃した日本軍機との戦闘に終始したが、それでも東京では百戸以上の家屋が焼かれ、二百名以上の死者を出した。

この戦果を伝えた『ニューヨーク・タイムズ』は、ある識者の次のような文章を掲載した。

「海軍の巨大空母による日本攻撃は依然、日本に借りとなっている真珠湾の恥辱と悲哀をお返しする報復の一つである。

最近の日本への攻撃はあらゆる海軍の将兵、あらゆるアメリカ人にとって驚くほどの満足感で迎えられるにちがいない。米艦隊はいまや東京の門口で作戦行動を展開している。われわれは敵の鼻をあかしてやったのだ……」（傍点引用者）

真珠湾奇襲は、もちろん意図してやっただまし討ちではなかった。それは在ワシントン日本大使館の想像を絶する怠慢のせいだった。しかし、この記事に見られるように、米国民は日本を「卑劣なだまし討ち」を敢えて行う敵とみなしていたのである。戦争のルール違反者に対しては、どんなことをしても許されるというのが鉄則である。たとえば近現代の戦争にしばしば登場した武装市民の抵抗、つまりゲリラ戦に対する容赦のない報復を思えば、うなずけないことでもない。

このような「卑劣きわまりない日本国民」を大いに喧伝し、合衆国の戦意高揚を意図的に演出したのはもちろん米政府自身であったが、裏の事情がわからなかった当時としては、日本の都市を無差別に爆撃することには、米国首脳も国民もそれほど強い良心の呵責を感じなかったのであろう。

すでに述べたように、第二次大戦ではヨーロッパの戦場ですでに無差別爆撃が実施されていた。ドイツがロンドン市やコベントリー市に対する無差別爆撃をやり、イギリスもまたその報復として住宅地域を目標とする地域爆撃を敢行した。とりわけ一九四三年七月、約一週間にわたって夜間六回、昼間二回にわたり徹底的に空爆されたハンブルク市は市街の六割が破壊され七十五万名が家を失い、十万名が死亡した。このケースは東京大空襲とよく比較されるが、米軍はすでに無差別爆撃を実験済みだったともいえる。

このように報復という意図もこめて、少ない損害でできるだけ効果的に勝利を収めようとする効率重視の戦略では、かつての「戦闘員以外への攻撃はできるだけ避ける」という戦争法規の趣旨は必ずしも貫徹しない風潮が生じていたと思われる。

話はさかのぼるが、日本でいえば江戸時代の初期にあたるころ、いわゆる三十年戦争（一六一八～四八）というのがあった。ドイツの新旧両教徒の反目を発端として、北ドイツを舞台に、デンマーク、フランス、スペイン等々の王国の介入によって陰惨な戦いが三十年もつづいたのである。その間、各々の王国が派遣した傭兵部隊は、戦場付近の住民に対して略奪・暴行のかぎりをつくし、伝染病の蔓延とともに北ドイツの人口は三分の二（一説には三分の一）に減少したといわれるほどの惨憺たる地獄絵図を現出させた。

この戦いをきっかけにして、戦争が起こるのはやむを得ないとしても、戦争による殺戮は兵士相互のやむを得ない範囲にとどめ、兵士以外の非戦闘員にまで惨害を及ぼすことは

昭和16年12月8日早朝、日本軍の奇襲攻撃で炎上するハワイ真珠湾の米戦艦群。

できるだけ避けようという気運が高まった。それがヨーロッパの戦争のルールとなり、その趣旨を明記した戦争法規が定められるにいたった。近世・近代初期のヨーロッパで創られた戦略論も、これを暗黙の前提として書かれてきた。

この趣旨は、基本的には第二次大戦当時はもちろん、今日でも貫徹されてはいる。戦場付近の一般住民に対する殺戮や虐待は禁止され、占領軍は安全に重大な危険がないかぎり、現地の法制と行政権限を尊重することになっている。それは捕虜となった正規軍の将兵にも適用され、ルールに従っているかぎりは虐待されず、傷病者は治療を受ける権利があり、過酷な労働も禁止されているのである。一連のジュネーブ条約(赤十字条約)がそのことを細かく規定しているということは(大戦中の日本人はほとんど知らなかったが)、今では常識となっている。

だが、戦闘員と非武装の住民とを明確に区分し、非武装住民に対しては戦禍を及ぼさないというルールは、戦争の実際によって裏切られてきた。焼夷弾による焦土作戦がルール違反であることは誰の目にも明らかである。にもかかわらず、それが当然のように実施されたのは何故か。

そのきっかけをつくったのが、一つは住民武装を伴うゲリラ戦であったといわれる。本格的なゲリラ戦はすでにナポレオンのスペイン侵攻やロシア遠征に際して出現している。日本空襲に関してはゲリラ戦はまったく無縁であった。とはいえ、多くのゲリラ戦をくぐり抜けてきた欧米諸国が、その戦争観を変質させていた事情を念頭におくことは欠かせない。すでに見たように、〝国際法無視の真珠湾奇襲〟をやり、捕虜に対しても、〝バターン死の行進〟に関する宣伝を通じて、日本という国は一般にジュネーブ条約に基づくような扱いをしないという観念が一般化していたからである。

それを示す恰好の資料が残されている。東京大空襲に向かう搭乗員はその直前に「もしも君らが捕虜になったら……」で始まる〝縁起の悪い指示〟を与えられた。そこで語られた指示を読むと、日本軍や日本人というものはルール違反の戦争をする連中であり、始末におえないと考えていたことがよくわかる。

それは次のようなものであったという。

「(捕虜になった場合)君らは国際法によって、自分の氏名、階級、一貫番号のみを示せばいいことになっている。だが、日本人は国際法を尊重しない(だから知っていることを控えめに話せ。嘘をつくな。そうしないとひどい扱いを受ける、と指示している)」

「撃墜された時には、できるだけすみやかに日本軍につかまるように努めよ。日本の市民は君らを殺すだろう。彼らは君らをこん棒で殴ったり、石をぶつけたり、銃で撃つだろう。負傷した搭乗員のなかには、沸騰する湯をかけられ火傷のために死に、あるいはナイフでさし殺されたものがいる（日本軍も殺すかもしれないが、情報を欲しがるからそこまではしないかもしれないと言い、できれば海軍に捕まったほうが少し待遇がいいかもしれないなどと指示した）」

「これまで日本人は捕虜を殺した。彼らは今後も、そうすることをためらわないだろう。殺された捕虜の大部分は、戦争の初期に日本軍に捕らえられた剛直で頑固なウエスト・ポイント型（米陸軍士官学校出身者の意味―引用者）の者であった。日本人は彼らを銃殺するか首をはねた（だから、尋問する者を神のごとくあしらって、生き延びる機会をつかめ、と指示した）」（マーチン・カイディン『敵へのたいまつ』より。『東京大空襲・戦災誌・第4巻』（東京空襲を記録する会編）所収）

米軍は、日本人および日本軍を戦争ルールの違反者・ゲリラと同じ程度に見ていた。これが彼らをして焦土作戦にためらいを見せなかった一方の事情でもあった。

指揮官ルメイ少将の果たした役割

戦略があり、戦術があり、すべての指揮官はその枠の中で戦闘する。その限りにおいては誰が戦場の指揮官になろうとも、戦いの様相は大同小異になるはずである。そうでなければ組織としての軍隊は成り立たない。

それは真理の一面ではあるが、だれが指揮官になるかによってその戦いぶりは大きく変貌するということもまた、一面の真理である。

精密爆撃を戦略爆撃のありうる理念として徹底的に追求したハンセル准将と、すでにドイツにおいて都市への絨毯爆撃を指揮していたルメイ少将とでは、日本に対する爆撃の様相がガラリと変わった。ルメイ少将もなるほどごく初期には精密爆撃の実効性をあらためて試験するという慎重さを持ち合わせてはいたが、それが無効となったときの方針の転換の素早さと、それを徹底して実行するという果断さは、やはり強靭《きょうじん》な意志を持ち合わせたルメイという独特な人格に帰するものがあった。

指揮官としてのルメイの強さは、たとえば次のような言行録によってその一端を知ることができるだろう。これはドイツへの無差別爆撃に関して、自分がどんな気持ちを抱いて

第20航空軍の使用爆弾の増強状況

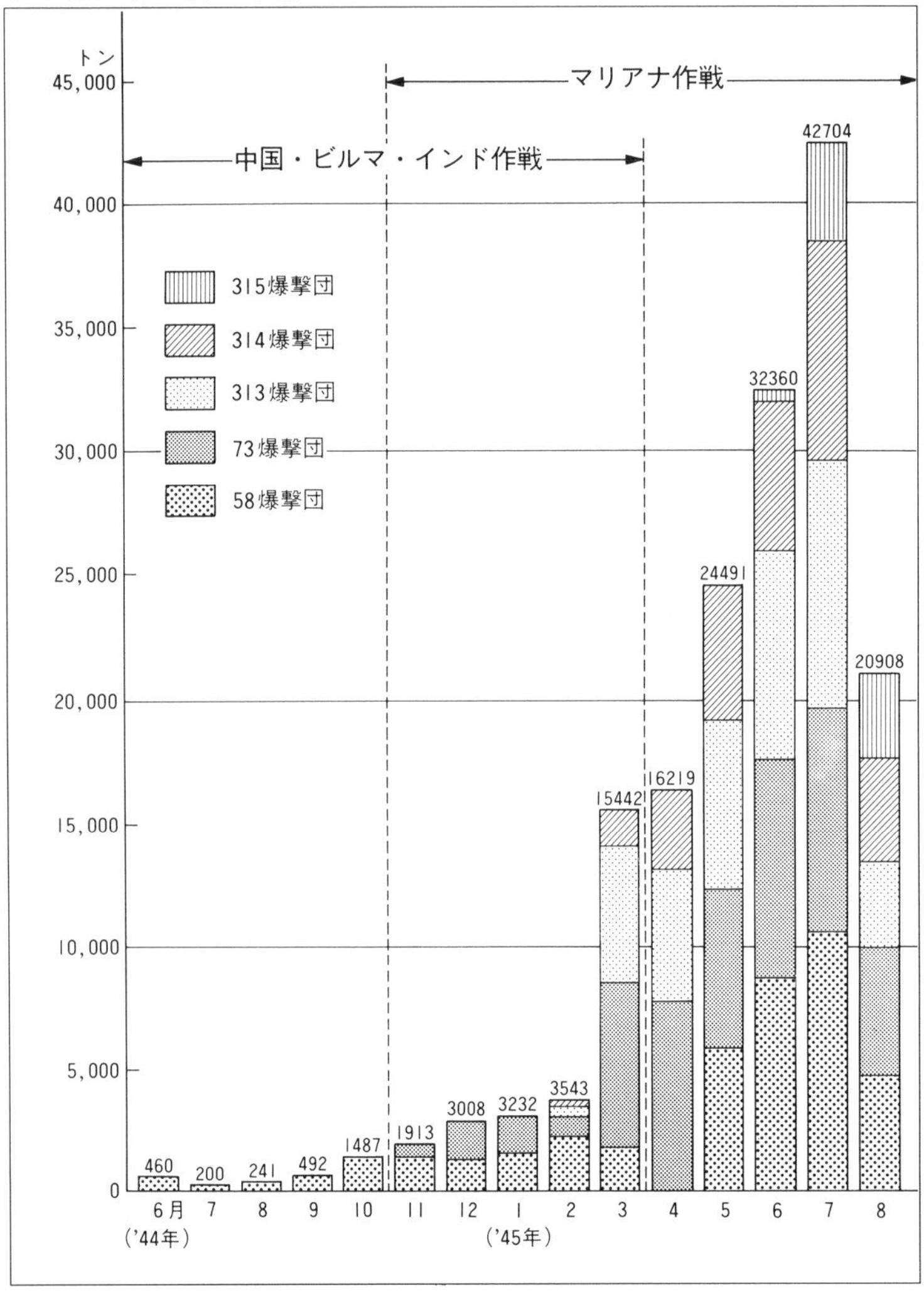

いたか、戦後に語ったことだという。

「君が爆弾を投下し、そのことでなにかの思いに責め苛《さいな》まれたとしよう。そんなときはきっと、何トンもの瓦礫がベッドに眠る子供のうえに崩れてきたとか、身体中を火に包まれ『ママ、ママ』と泣き叫ぶ三歳の少女の悲しい視線を、一瞬思い浮かべてしまっているにちがいない。正気を保ち、国家が君に希望する任務をまっとうしたいなら、そんなものは忘れることだ」(E・バートレット・カー著『戦略・東京大空爆』大谷勲訳)

裏を返していえば、部下からはタフ・ガイと呼ばれ、当時の日本の新聞からは〝鬼畜ルメイ〟と非難されたルメイ少将にも、焼夷弾による都市無差別爆撃が地上の市民にとってどんな惨禍をもたらしているか、その認識は十分あったということであろう。ネルソン提督の「England expects that every man will do his duty」(英国は各人がそれぞれの任務を遂行することを期待する)という言葉はよく知られているが、同盟国のかつての偉大なる提督の言葉を思い浮かべ、その感傷を乗り越えてルメイは〝任務遂行〟に部下を叱咤激励し、士気を鼓舞していたのだろう。

東京大空襲の爆撃隊を発進させた夜、ルメイ少将は一睡もできずに報告を待っていたという。当然のことながら、ルメイの脳裏に去来していたものは、爆撃に参加したパイロットやその他の搭乗員の安否であり、猛火に包まれ逃げまどう日本人の姿ではなかった。ルメイには転換点となった東京大空襲が、搭乗員にとってこれまでと大きく違った危険を負わせた命令であることをよくわかっていたからである。東京大空襲から本格的にスタートした無差別爆撃は、攻撃側にとっても危険な賭だったのだ。

それは、
①編隊を組まずに離陸した順に単独飛行、単独爆撃すること——これによって燃料を節約できるが、単独飛行は編隊飛行よりもコースを外れる危険が大きかった。
②高度七千~八千フィート(二千百三十五~二千四百四十メートル)の低高度から焼夷弾を投下——上空の強い風によって流されることなく焼夷弾がより狙いどおりの地点に落下する。その反面対空砲火や戦闘機の迎撃を受けやすい。
③機銃も弾薬もはずし、そのための搭乗員も減らして焼夷弾の搭載量を増やした。——したがって、日本の戦闘機に襲われても反撃の方法がなかった。
という内容が含まれていた。つまり、東京大空襲は従来の出撃よりもより大きな危険を伴うものだった。指揮官としてのルメイの焦慮と不安が敵国の市民の惨禍よりも、部下の安全に集中していたということは当然のことであった。

もちろん、米陸軍航空隊内部ではB29の戦術の変更に関して、異論がなかったわけではない。

たとえば、イギリスに駐在していたアメリカ航空部隊司令官I・イーカー将軍に対して、「クラリオン」と称されたドイツに対する爆撃作戦がワシントンから指示されたことがある。それは低高度から交通・輸送手段、つまり駅や物資集積所などをしらみ潰しに爆撃していく作戦だった。イーカー将軍は、当然その結果として対空砲火による被害の増大や、爆撃目標が一般住宅に隣接しすぎているという観点から、戦略空軍司令官スパーツ大将に対して次のような書簡を送ったという。

「重爆撃機をこのような危険にさらすのは得策ではない。そんなことをすれば、石油基地というわれわれの最重要目標に払った努力が無駄になりかねないし、また戦術目的としてその爆撃力を利用したいと狙っている者たちに、悪しき前例をあたえることになってしまうものだ」(前掲『戦略・東京大空爆』)

この作戦は、イギリス空軍によるハンブルク市に対する徹底した無差別爆撃やルメイによるドイツの都市に対する絨毯爆撃がすでに行われた後の話だが(作戦実施は東京大空襲の直前、一九四五年二月)、それでもまだ無差別爆撃に対する一種のこだわりが存在していたことを物語っている。

ルメイはどうやって最初から一般市民を猛火に包み込む都市無差別爆撃に対する倫理性を超越することができたのだろうか。

米陸軍航空隊の対日報告書の中で、ルメイ少将がマリアナ基地に着任した当時、如何に日本を攻略すべきかに関して、参謀たちと協議を進めていたころの状況が次のように描かれている。

――「われわれがナチを叩いたのとまったく事情がちがう。たとえば」

と東芝に関する記録をルメイは、パラパラとめくった。東京を中心にする九十の工場には七万人の従業員がいるが、それらの工場を工員二千人クラス、一千人クラス、最後に五百人未満の小工場と三つにわけて数字を上げ、その下に社長でさえ知らない家内工場が無数にちらばっていると説明した。

「要するに、日本の都会全部が軍需工場なのだ。これを破壊しなければ、日本の戦力をたたきのめすことはできない」――

この「対日報告書」というのは毎日新聞の記者・中正夫氏が終戦直後、大阪に進駐していた第六軍団の情報将校から譲られたものだそうである。中記者はその情報将校から、「(今公表すると)日本人の敵愾心《てきがいしん》をそそるから十年位したら発表したまえ」と言い渡されたという。(中氏は昭和四十三年七月発行の『丸』(臨時増刊エキストラ版第一集)に一部を公開した。引用はそれによる)

こうしてルメイ少将はまず、東京の夜間焼夷弾爆撃を命じるのだが、「対日報告書」はこれについて次のように言及している。

「(そのルメイの決断は)決して部下と機材によってより良い効果を収めようとするだけの思いつきでもなく、日本の民衆に恐怖心を与えようとする目的でもなかった。

日本の経済力は、主要な工場地帯に接近した民家の家内工業に負っているのだから、このような培養工場を壊滅させてしまえば、主要な生産の動脈は切断され、生産組織はくずれてしまうにちがいない。

従来のように、東京、名古屋の軍需工場を精密爆撃してゆく必要はなくなってしまうだろう。焼夷弾攻撃は古くからやっていた手段ではあるが、いままでの効果は爆弾攻撃と大差のない結果だった」

『ルメイ自伝』によると、アーノルド第二十航空隊司令官は電報で、「おめでとう。この爆撃行は、なにものにもまして、君の部下搭乗員の勇気を示している」と祝福した。ルメイはこう回想している。

「結構な電報だったが、私は、こんなことで満足できなかった。私は人間にできる早さで、仕事をすることを希望した。人間としてできることの私の考え方は、時々他人の意見と一致しなかった。

日本戦闘機の反撃状況

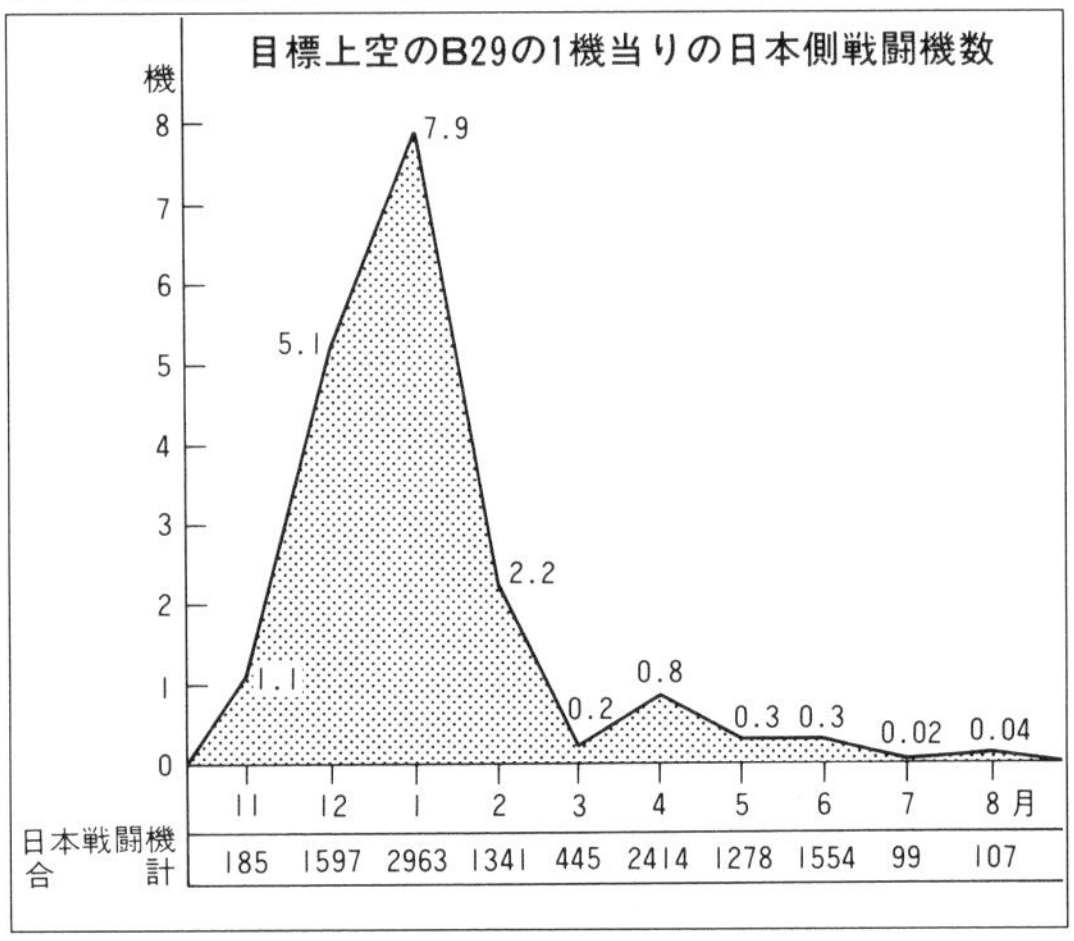

もしも、この攻撃によって、われわれが最大の成果を収めるべきであれば、敵の目標に対する第二次攻撃は、第一次攻撃後速やかに行う必要がある。次の十日(まで?)の間に日本の主な工業都市の全部を破壊できる、と私は考えた」
事実、ルメイ少将は日本の主要工業都市を一カ月後に壊滅させたのだった。

「原爆は不要だった」

ルメイ少将は東京大空襲の直前に次のように思ったそうだ。

「もしこの空爆が敢行されれば、戦争はまもなく終結する。なにしろ天皇が予想もできないことを始めたのだ。天皇がこのような空爆に応報できるとは思えないし、東京が焼滅し地図上から消失するのを止めることはもはやできまい」と。そして、ルメイは確信をもって書き残している。

「日本の戦時生産を混乱させ、その軍隊の士気をくじき、日本国民を動かして降伏の考え方を受けいれるような状態にしたのは猛威をふるった火炎であった。そうしたのは、高性能爆弾ではなく、焼夷弾による火炎であった。われわれは日本の降伏を促進する手段として、もはや火炎のほかに持っていなかった」

戦闘による損傷

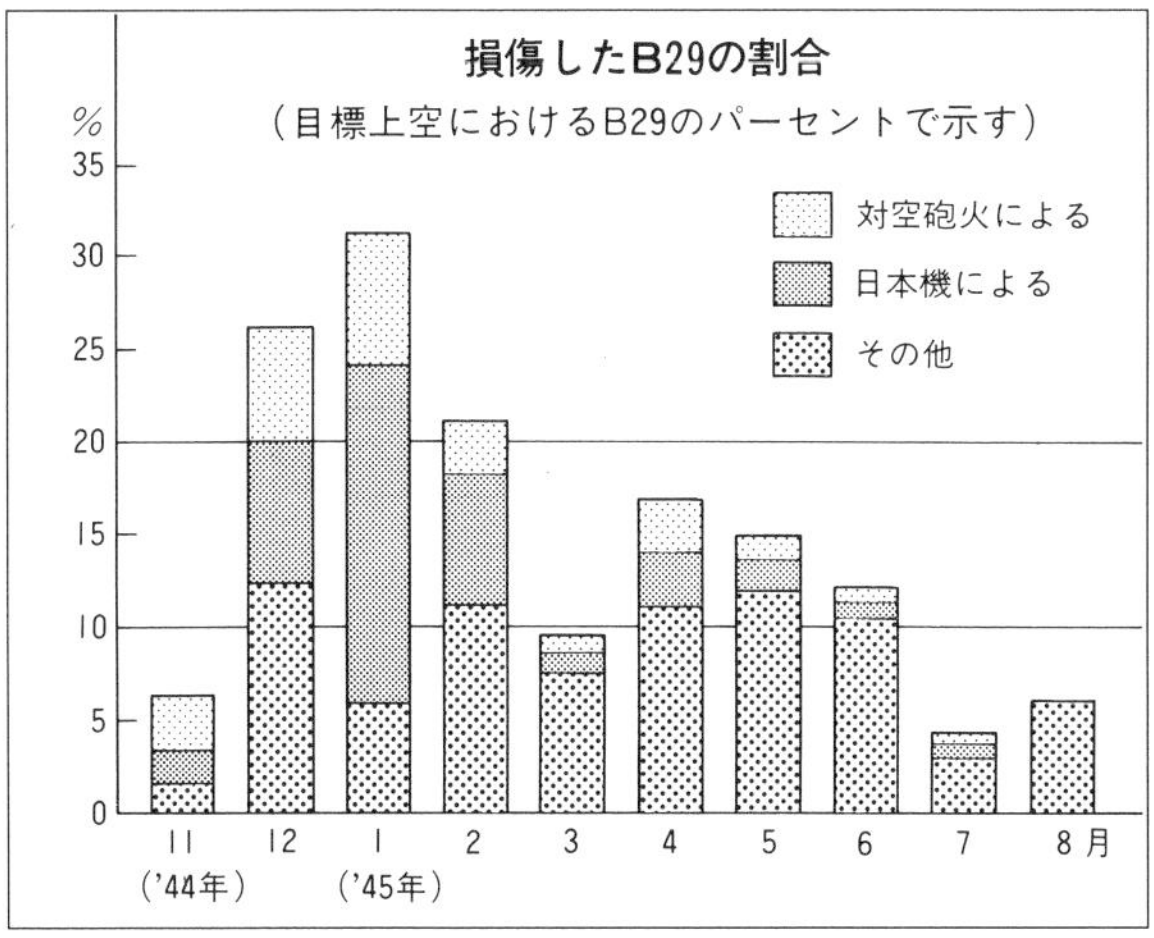

ルメイ少将は密かに原子爆弾の開発が進んでいることを知る立場にはなかった。日本に対する焼夷弾都市攻撃は、三月末に焼夷弾の不足と沖縄特攻に対する反撃としての九州各地に展開する航空基地に対する爆撃で一時中断させられる。その時の状況をルメイは、読者をインタビュアーとして、次のような想定問答を書き記している。

――「実際は要求した数量の焼夷弾が得られなかったが、それが得られていたとすれば、あなたはできるだけ速やかに、日本の目標に対して、より多くの焼夷弾を投下したか」

「イエス」

「これら攻撃は三月に始まった最初の一連の攻撃のときと同様に有効であったと考えるか」

「そう考える。恐らく、もっと効果があったろう。日本における破壊と、その戦意の低下は、にわかに促進されていたと思う。それは累乗的に増大していただろう」

「焼夷弾攻撃のみによって、あなたは、日本を敗戦に導くことができ、日本を降伏させるために日本本土に進攻する必要がなくなると思うか」

「そうなり得ると考える」

「では、実際に原爆を使用しないで、日本に終戦をやむなくさせ、戦争を終わらせることができたと思うか」

「恐らく可能であったと思う」

　私はあと知恵を欲しない。また私は、そうしたこともなかった。重ねて述べるが、私は、それは可能であったと考える――。

　どうやら、ルメイ司令官は日本への上陸作戦そのものを不要とするまで焼夷弾攻撃を続行する腹であり、焼夷弾以上の兵器の必要も考えていなかったようなのだ。

戦闘による損傷

損傷機の原因別機数

月	日本機	対空砲火	機および砲火	事故	合計
11	3	3	2	3	11
12	22	41	14	6	83
1	68	20	21	11	120
2	46	69	12	7	134
3	12	188	9	1	210
4	76	352	80	10	518
5	52	495	43	10	600
6	48	513	51	12	624
7	13	218	2	1	234
8	8	164		1	173
合　計	348	2063	234	62	2707

〈付記…本稿は近代戦争史研究家・桑田悦氏に多くの示唆、御教示を受けました。記して感謝の意を表します。記事中の図表は『東京大空襲・戦災誌』を参考にしました〉

東京

史上最大の東京大空襲

B29によるマリアナからの東京空襲に先だって、米軍は昭和19年11月1日、ラルフ・D・スチークレイ大尉操縦のF13（B29改装偵察機）によって東京地区をくまなく撮影した。写真は高度1万メートルから撮影された爆撃前の東京の写真だが、これらの偵察写真を元に、米軍は綿密な東京空襲の計画を立てた。

昭和20年3月10日の東京

たった一機の「超空の要塞・B29」が東京の空に初めて姿を見せたのは昭和十九年(一九四四)十一月一日であった。写真撮影を目的にした偵察だった。十一月五日と七日にも数機で姿を見せ、なにげなく立ち去った。

そしてマリアナ諸島に日本空襲の飛行場を獲得した米軍が、本格的に本土空襲を開始したのは昭和十九年十一月二十四日であった。すでに紹介したように、その第一弾は東京郊外の中島飛行機製作所に落とされ、以後、首都・東京は昭和二十年八月十五日の敗戦の日までつねにB29の空爆目標にされていた。東京はこの間の九カ月に約百三十回の空襲を受け、米軍が戦後の使用を目論んで空爆目標から外していた建物や施設を除き、ほとんどが灰燼《かいじん》に帰してしまった。

米軍の空爆戦略から東京空襲を大きく分けると、おおよそ次の三段階に分けられる。

○第一段階　昭和十九年十一月二十四日から二十年三月五日にいたる軍需工場などを中心とした〝精密爆撃〟。

○第二段階　昭和二十年三月十日に始まり、五月中旬まで続いた焼夷弾による都市部への無差別爆撃。

○第三段階　昭和二十年五月下旬から終戦の日まで続いた東京の山の手一帯から周辺都

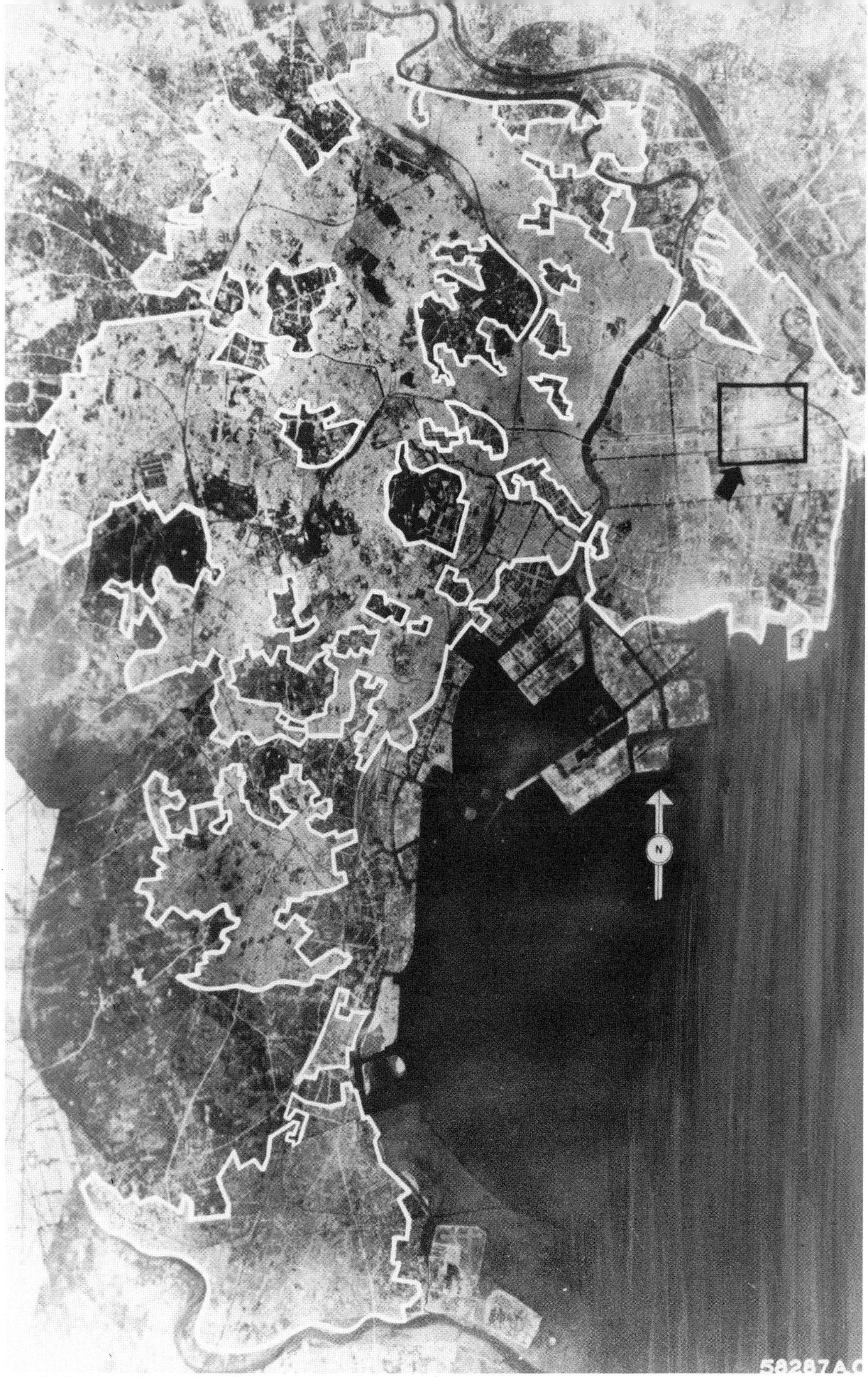

焼夷弾攻撃によって焼き払われた東京。太い白線内の白い部分は空襲済みの地区。

市への空襲。

いわゆる三月十日の東京大空襲の前にも、天候不良などで目標の軍需工場などが確認できずに都内へ投弾して行ったケースもかなり多かった。たとえば十一月二十九日には神田一帯は初の夜間焼夷弾攻撃に見舞われているし、二十年一月二十七日には七十二機のB29が午後二時すぎに銀座周辺を猛爆撃して〝花の銀座〟を瓦礫の街にしている。

昭和20年1月27日の午後、武蔵野の中島飛行機製作所を狙ったB29の編隊は、上空が厚い雲に覆われていたために銀座から有楽町一帯を空爆した。写真は瓦礫の街・銀座で破裂した水道管から水を飲む市民。

二月に入っても東京空襲は断続的に続き、次第に無差別爆撃の様相を濃くしてきた。十九日には百余機のB29が王子、深川、京橋、赤坂、葛飾、江戸川、渋谷を襲い、二十五日には空母搭載の艦上機延べ約六百、B29二百数十機の大群が神田、本郷、下谷、浅草、荒川などを襲い、それまでの空襲の中では最大の爆弾と焼夷弾を投下していった。

そして迎えたのが三月十日午前零時八分からの「東京大空襲」と呼ばれる首都壊滅作戦だった。この夜来襲したB29は、日本側資料では約百三十機、米側資料では三百三十四機で、超低空で侵入したB29は墨田、江東地区に焼夷弾の絨毯《じゅうたん》爆撃を行ったのである。

マリアナの第二十一爆撃軍司令官ルメイ少将によって練られたこの日の空襲にはいくつかの特徴があった。その第一は、より多くの焼夷弾を積み込むために機銃を取り外し、弾薬も積まず、搭乗員の数も減らされたことだ。そして各B29は爆弾搭載能力いっぱいの平均約六トンの焼夷弾を積み込んだ。

『米陸軍航空部隊史』は記している。

「先頭のB29大隊は〝準備火災〟を発生させることを目的としたナパーム充塡《じゅうてん》のM47焼夷弾(七十ポンド)百八十発を携行した。この〝準備火災〟は相手の消防自動車陣の注意を集めるための火災であった。これらの照明弾投下機の後から続いて爆撃する他の機は五百ポンドのM69集束弾二十四発を運んだ。照明機の投弾間隔は三十メートル、他の機のそれは十五メートルと決定された。後者の間隔によって一平方マイルあたり最小限二十五トンの密度を与えるものと想定された」

一機平均六トン、B29三百三十四機では合計二千トンの焼夷弾である。

第二は、それまでの編隊飛行をとりやめ、B29は単独で行動し、高度千五百から二千八百メートルの低空から進入して焼夷弾を投下、各機ただちに帰還するというものだった。

そして絨毯爆撃は予定通り深夜の午前二時

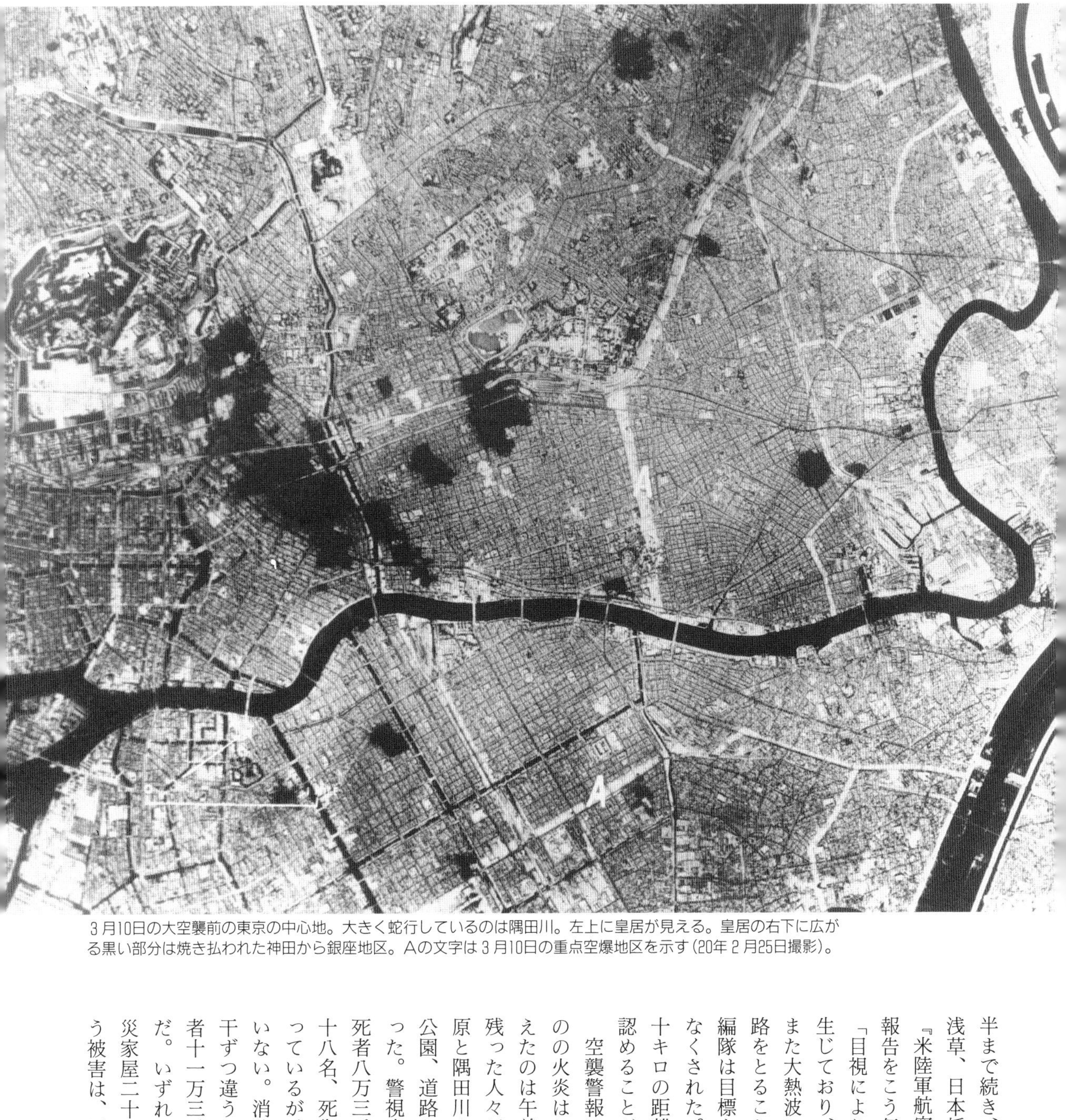

3月10日の大空襲前の東京の中心地。大きく蛇行しているのは隅田川。左上に皇居が見える。皇居の右下に広がる黒い部分は焼き払われた神田から銀座地区。Aの文字は3月10日の重点空爆地区を示す(20年2月25日撮影)。

半まで続き、隅田川をはさんだ本所、深川、浅草、日本橋地区は一面火の海につつまれた。『米陸軍航空部隊史』は爆撃直後のB29からの報告をこう伝えている。

「目視により目標を爆撃。全面的に大火災が生じており、煙により視界が非常に阻害され、また大熱波により生じた強風によって爆撃航路をとることが困難であったために、後続の編隊は目標を求めて広く探し回ることを余儀なくされた。帰還飛行中の尾部銃手は二百四十キロの距離からでもまだ火災の赤い輝きを認めることができたという」

空襲警報は午前三時二十分に解除されたものの火炎はおさまらず、ようやく火の手が衰えたのは午前六時すぎであった。そして生き残った人々が目にしたものは、一面の焼け野原と隅田川や下町を流れる運河、学校、寺院、公園、道路などに折り重なる黒こげの死体だった。警視庁の調べでは、この日の犠牲者は死者八万三千七百九十三名、負傷者四万九百十八名、死傷合計十二万四千七百十一名となっているが、正確な数字はいまだに分かっていない。消防庁の数字は死者、負傷者とも若干ずつ違うし、「帝都防空本部情報」には負傷者十一万三千六十二名という数字もあるからだ。いずれにしても膨大な死傷者に加え、戦災家屋二十六万八千戸、罹災人口百万余という被害は、原爆の広島に匹敵する数字である。

壊滅した東京 3月10日

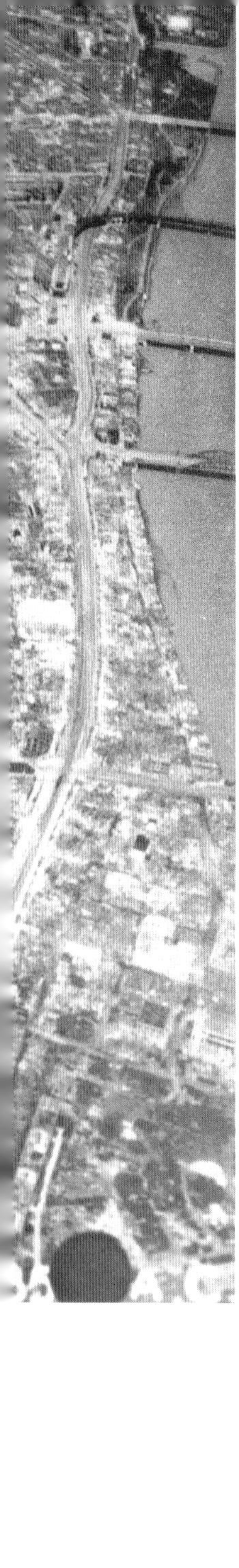

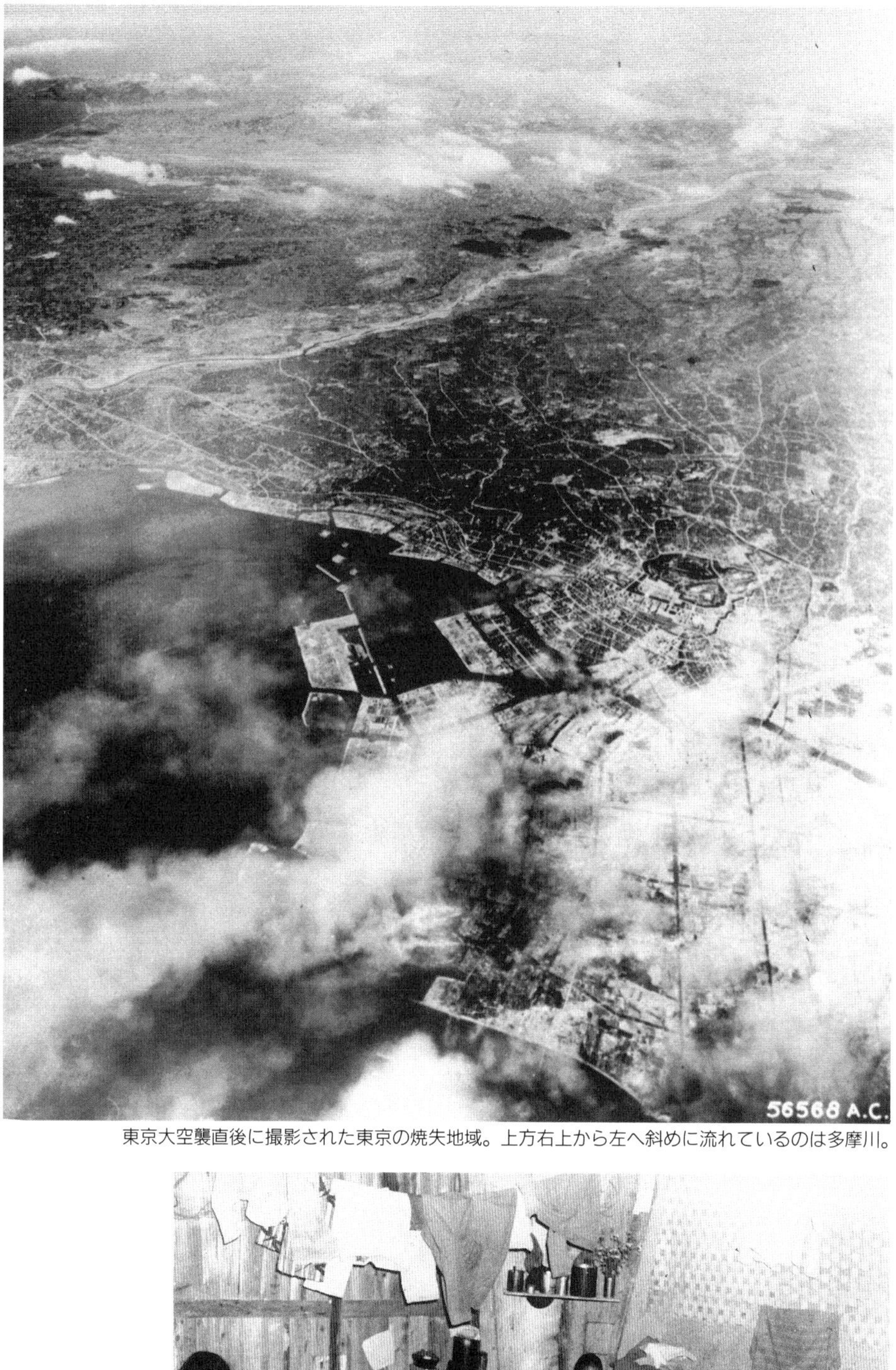

東京大空襲直後に撮影された東京の焼失地域。上方右上から左へ斜めに流れているのは多摩川。

空爆後の猛火に追われた人々は着の身着のままで逃げるのに精一杯だった。肉親と離ればなれになった子供たちも多かった。焼け残った浅草の東本願寺に避難した人々。

B29の焼夷弾攻撃で焼け野原と化した東京の下町。右上方の森は浅草寺、その左下に焼け残っているのが浅草の東本願寺。

3月10日の空襲の夜が明けると、東京の江東・墨田地区は運河も道路も公園も、逃げまどう最中に焼死した黒こげの遺体で埋めつくされていた。

焼け野原の中に東本願寺（中央）だけがポツンと残った浅草界隈。東本願寺の上方に残っている建物は金龍小学校。その右の建物は国際劇場。現在は高層のホテルになっている。写真は終戦直後の昭和20年9月28日に米戦略爆撃調査団が撮影したもの。

蔵前から鳥越方面(台東区)。写真下方が蔵前方面。奇跡的に焼け残っている一帯は、左方の浅草橋から鳥越1丁目(中央)、小島(右方)地区。焼け残った写真中央は蔵前橋通りと清洲橋通りの交差点。焼け残った一角の左下が鳥越神社（焼失）。

戦後、米軍が上空写真に書き込んだ東京の江東・墨田方面の焼失地帯。黒い線で囲まれた地域が焼きつくされた地域。米軍の写真説明では、総武線両国駅と錦糸町駅の間の②地域は中小工場が多く、電力施設、航空機、兵器類の部品、照準器を造るとある。③は発電施設。④は東京駅西側の丸ノ内地区で、⑤は東京駅東側の八重州地区。⑥は木場の貯木場地区。⑦は被害を受けた港湾施設帯。写真上方に見える英文の「AKASUKA WARD」は浅草地区の間違い。

文字通りの焼け野原となった両国一帯。からくも焼け残っているのは両国小学校（左）と旧国技館(右)。隅田川にかかる橋は新大橋（昭和20年９月28日）

空襲前は東京でも有数の人口密集地域で、町工場や飲食店が軒を並べていた浅草地区は建物の大半が木造家屋だったため、焼夷弾攻撃によってそれこそ薪のように燃え盛った。

終戦から1カ月余も過ぎた浅草界隈。人通りもまばらで、かつての盛り場の賑わいは偲ぶべくもない。

米記者が見下ろした東京大空襲

〔三月十日　東京上空にて。ボストン・グローブ紙特派員マーチン・シェリンダ〕

東京上空には巨大な煙の雲がうずまいていた。ものすごい火災だったので、記者の便乗したB29の弾倉のドア、胴体の下部、機銃座は煤煙のために黒くなった。

B29は、従来の編隊による攻撃とはまったく異なり、それぞれ単機で行動した。東京上空で、われわれの飛行機は高いくすんだ煙の中を突進した。飛行機の内部でも、煙の匂いがした。その匂いは燃え続けている建物の室内セットのようなものであった。

飛行機が雲のおおいから抜け出たとき、記者の眼下に東京が見えた。記者はこれまで、こうした破壊の見世物を見たこともなければ、こうした経験もなかった。

数個の広い区画から激しく炎上し、空は昼間のように明るかった。さらに川岸の地区で世界中でもっとも人口過密なところに、多くの火の手があがった。

われわれが目標の上空で出会った荒れ狂う空気の状態も、大火災の激しさを示すものだった。われわれの飛行機――パッチェズ（つぎはぎ）と呼ばれ、その機首に半裸体画をペンキで描いていた――は、こうした気流のため激しく上下動し、ほんの一瞬間に二千フィ

3月10日の大空襲で焦土と化した深川区（現江東区）を視察する昭和天皇。写真は焼け落ちた富岡八幡宮を訪れたとき。
（昭和20年3月18日）。

日本一の賑わいと豪華さを誇った銀座も、いまはただ瓦礫の街にすぎなかった。

ート（約六百メートル）も飛び上がったことがある。搭乗員たちは座席から放り出された。彼らは数回、飛行機の天井に頭をぶつけた。ヘルメットをかぶっていたので、怪我はしなくてすんだ。

作戦将校で機長のウォルター・F・トッド少佐は、

「高射砲弾が飛行機に命中したのだと思ったが、すばやく調べてみたら、すべてが満足に作動していることがわかった」

といった。

その直後、航法係のレオ・P・ジーミアンスキー少尉が、「スリー、ツー、ワン、マーク！」と大声で叫んだ。

その最後の言葉を聞くや、爆撃手トーマス・C・モス少尉は、目標地区にタマゴ（焼夷弾）を投下した。

非戦闘員の民間人である記者が寄与できたのは、茶色のビール瓶（むろん空の）を放り投げることだけであった。

数条の探照灯の光りが数分間、われわれの飛行機をとらえたが、敵の戦闘機は見えず、高射砲の二、三の弾片が飛んできたにすぎない。

われわれは、ものすごい火焔につつまれている東京を見たが、この火災を消すために敵は非常に効果的な消防隊を必要とするだろう。

（『東京大空襲・戦災誌』より要約）

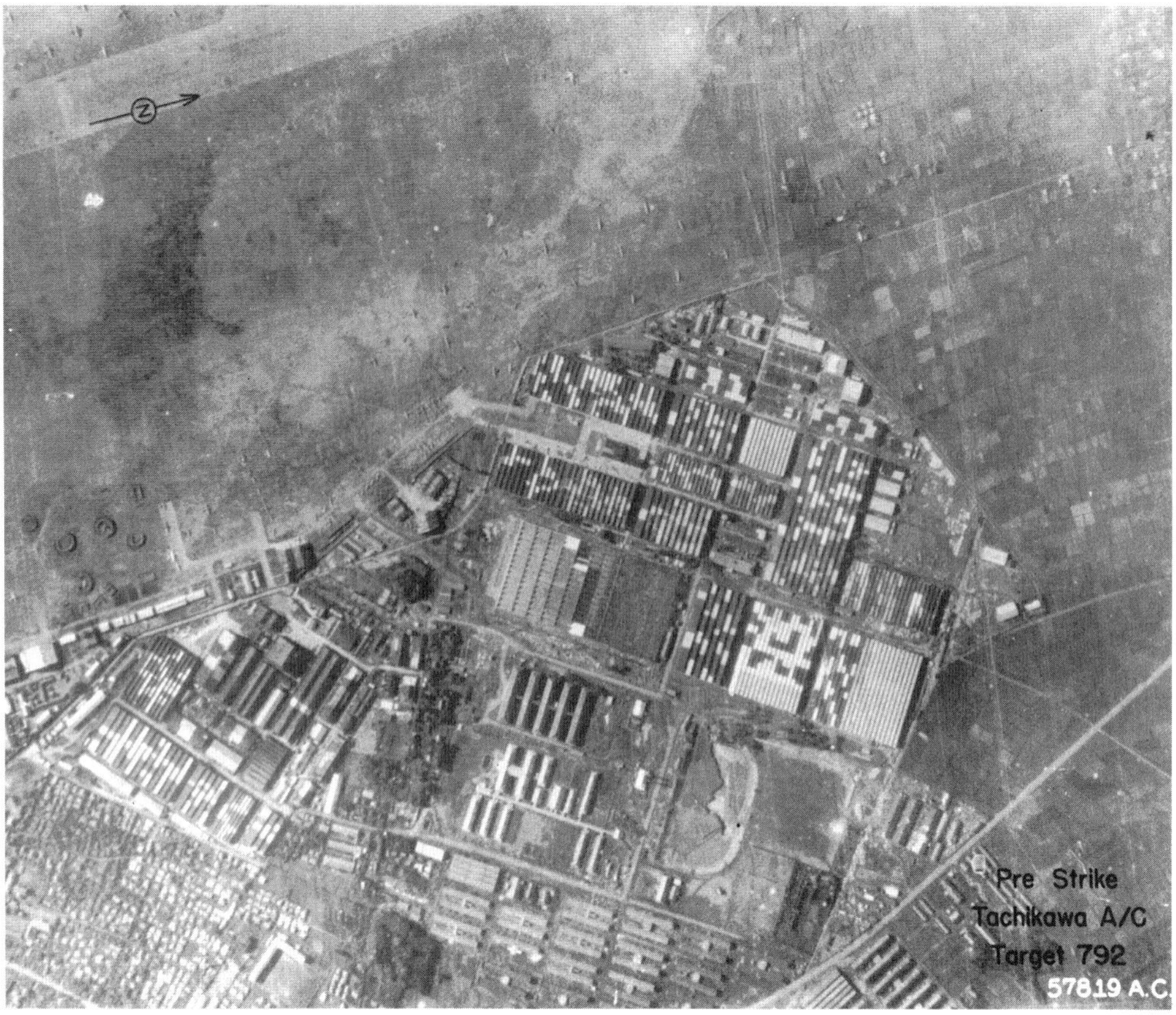

3月10日の大空襲で東京の下町から都心一帯を焼き払った米軍は、今度は、それまでの空爆から生き残っていた主要軍需工場や東京の山の手地区、周辺都市部の住宅地へと目標を移してきた。写真は無傷で残っていた日立航空機立川工場を爆撃に先だって撮影したもの。

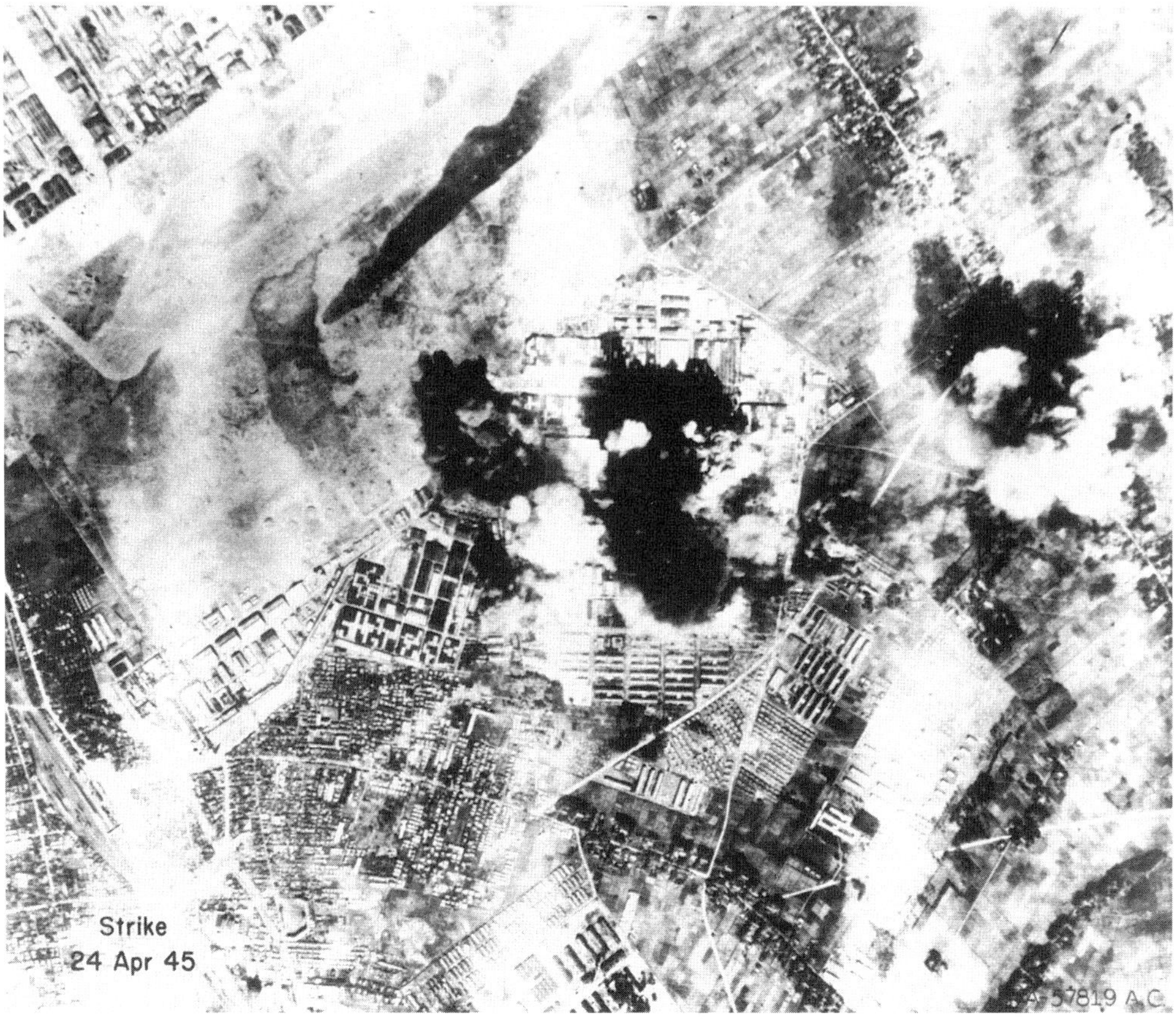

昭和20年4月24日、マリアナの基地を発進した133機のB29のうち、122機が日立航空機立川工場を襲った。743トンの爆弾を落としたこの空爆で、同工場は施設の59パーセントを破壊された。

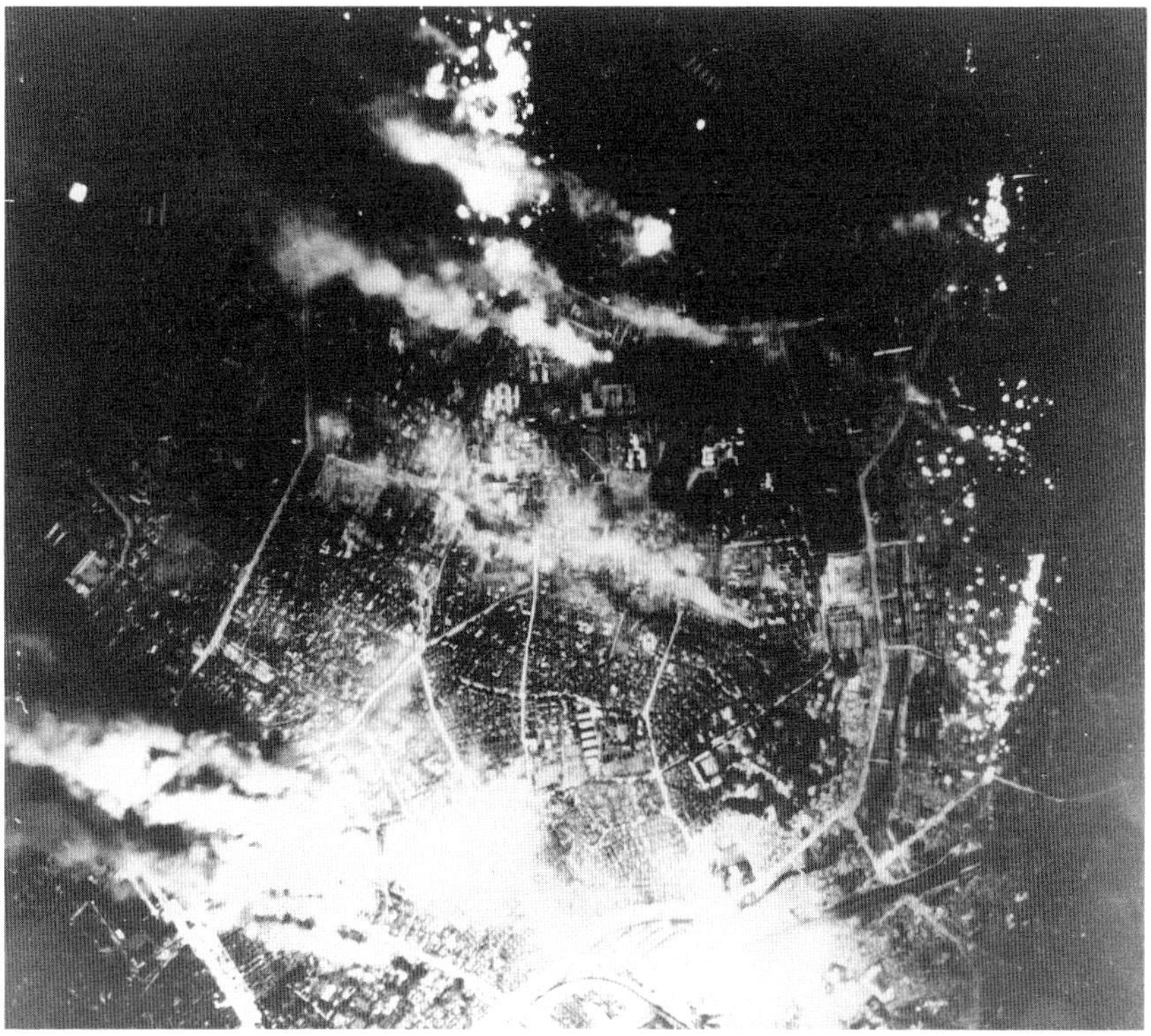

左の写真は夜間空襲で炎上する渋谷・広尾一帯。写真中央下に扇形に見えるのは山手線と東横線が交差している地点。そのすぐ上左側に燃え広がっているところには実践女子大、国学院大があり、さらにその上の中央部分で煙を上げているのは日赤本社。

下の写真はすっかり焼き払われた渋谷・中野方面。真ん中にポツンと生き残っているのは現在の東京大学付属中野高校。左上に広がっているのは代々木練兵場。現在の代々木公園。

上の写真は駒込・巣鴨・西ヶ原の焼失地帯。中央に残された森は都営染井墓地。すぐ右にあるのは本郷学園。右下を斜めに走っているのは山手線巣鴨駅付近で、左方向が池袋。

下の写真は王子・尾久地区。この一帯もほとんど焼失して、かろうじて生き残った建物がまばらに点在している。おおきくうねっているのは隅田川。中央やや下に見える白い建物はキリンビール、左下は尾久操車場。左上を斜めに走っているのが京浜東北線の王子駅（左）と東十条駅（右）のあたり。

写真の上方を斜めに走っているのは山手線。左端が巣鴨駅で、中央の陸橋の右に見えるのが駒込駅。写真中央の四角い森は六義園。この辺も六義園を取り囲むように焼け落ちた。

家を焼かれた人たちは、焼け残った建物や施設を求めてその日その日を生き延びる以外に方法がなかった。写真は浅草の東本願寺に身を寄せた父子一家。

米軍の東京空襲はいつ果てるともしれなかった。写真は昭和20年５月25日の午後10時22分から26日の午前１時頃まで続いた焼夷弾攻撃。東京は前日の24日夜も250機（米側発表は525機）のB29によって空襲され、この夜も250機（同470機）が皇居周辺の霞ヶ関、永田町一帯の日本政治の中枢地帯に焼夷弾の雨を降らせた。この空襲で目標を外れた焼夷弾の何発かが皇居内にも落下し、一部の建物に火災を起こさせた。

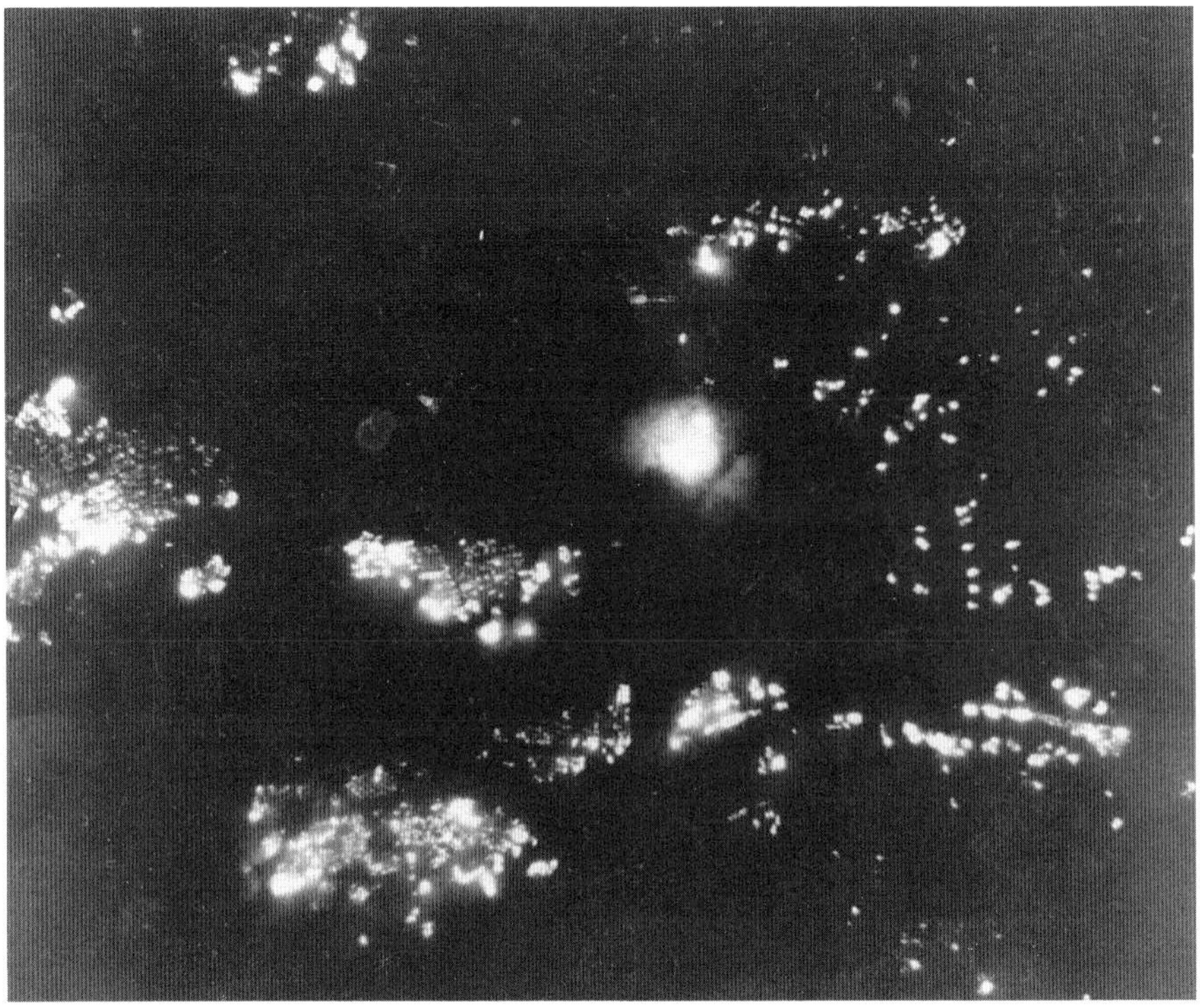

焼けただれた東京駅（写真中央）周辺。左側が丸ノ内で駅舎の丸屋根は消え失せている。上方が神田、秋葉原方面。

目標からはずされた捕虜収容所

米軍が対日空爆を開始した当初の、目標を限定した〝精密爆撃〟の時期はもちろんだったが、焼夷弾による無差別爆撃が始まってからも特定の地域や場所に対しては空爆が禁止されていた。その禁止地域の第一は皇居と連合国将兵が収容されている日本国内の俘虜（捕虜）収容所だった。広島、小倉、新潟、京都など原爆投下目標（都市）が内定されてからは、それらの都市も一般空爆の目標からは外されていた。

終戦時、日本国内（内地）には函館・仙台・東京・名古屋・大阪・広島・福岡の七カ所に俘虜収容所（本所）があり、それぞれの本所の傘下には分所と分遣所が各地に置かれていた。分所が八十一、分遣所が三カ所あった。

東京には大森（現大田区）の本所と、荒川区南千住の国鉄隅田川操車場に隣接する一角に第十分所があった。大森にあった本所の「東京俘虜収容所」には六百六人が、第十分所の隅田川には二百五十六人の連合国将兵が収容されていた。

捕虜たちは味方の空襲から〝誤爆〟されないよう収容所の屋根に大きく「P・W」と書き込み、なかには「WE-THANK-YOU」と書かれたものもあった。

東京・大森にあった東京俘虜収容所。屋根には戦争捕虜を現す「P.W.」の文字が書かれ、「パピーボーイントはここにいるぞ！」などの文字も見える。

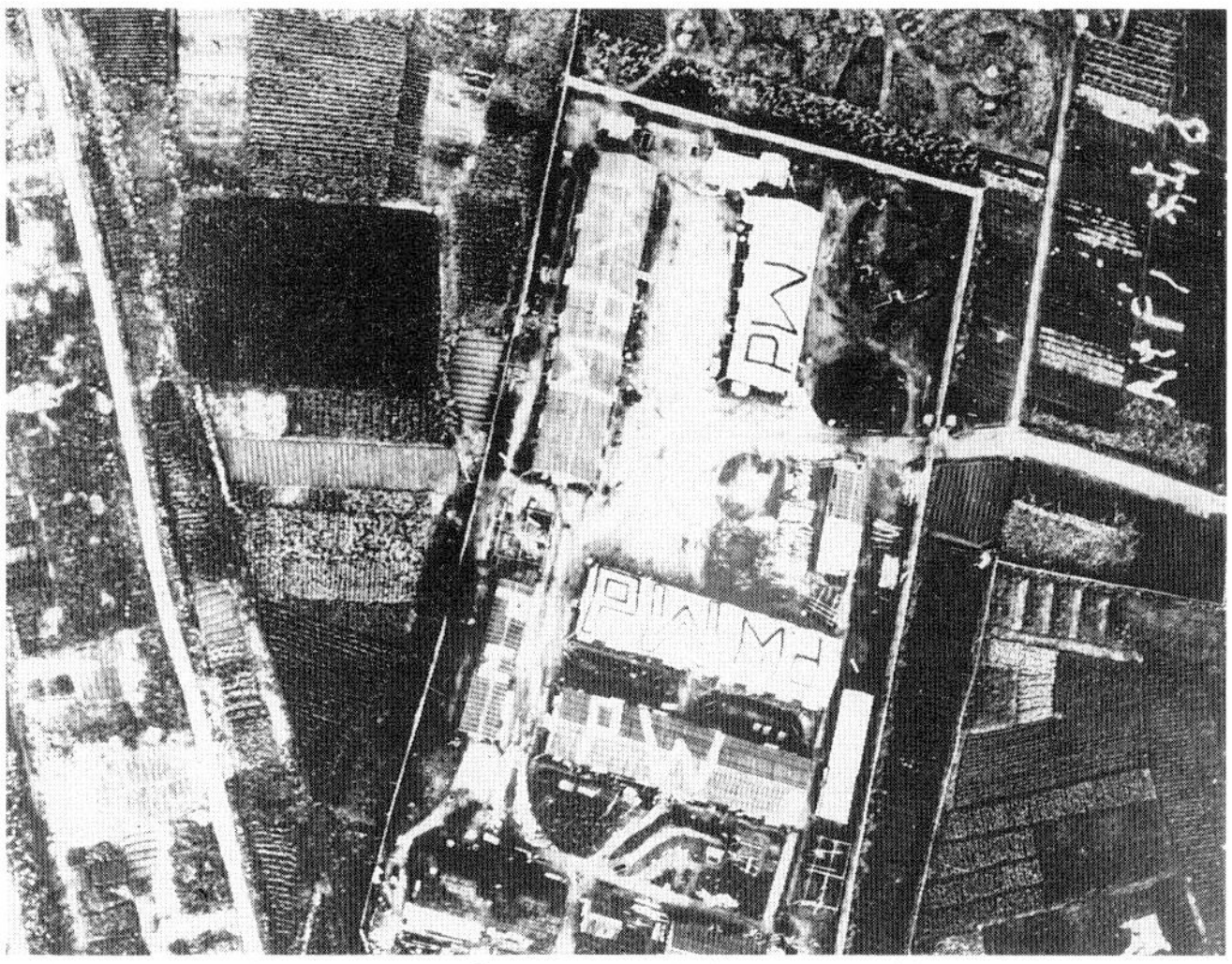
俘虜収容所の屋根に書かれた「P.W.」の文字は、B29が食糧や衣類を投下するのに発見しやすいように書かれていたともいわれる。

国鉄の隅田川操車場と軍需工場の間にあった東京俘虜収容所第10分所。（写真の右下）

炎上する皇居

昭和20年5月25日深夜の空襲で燃える皇居内。被害は少なかったが、政府関係者に与えたショックは大きかった。

上空から見た皇居周辺。アメリカ政府は日本空襲の第20爆撃軍に対し皇居への攻撃は厳しく禁止していた。

上空から見た東京の中枢地帯。左に皇居、中央のやや右には後楽園球場もはっきり見える。

皇居は爆撃するな！

沖縄上陸支援作戦のため、都市空爆を中断していたB29部隊がふたたび本格的な空爆を再開したのは五月二十四日だった。この夜午前一時三十六分から三時五十分まで続けられた焼夷弾攻撃は、東京に残された「皇居から東京湾の西岸に沿って南方に広がった工業居住地区」(『米戦略爆撃調査団報告書』)だった。だが、皇居への投爆は厳禁されていた。

『米陸軍航空部隊史』は書いている。

「操縦士たちはワシントンの命令によって皇居攻撃を避けるように命ぜられていた。その理由は『現在天皇は責任を有していないが、将来、米国にとり貴重な存在となるかもしれない』ということにあった」と。

二十四日深夜の空襲は五百二十五機(米側発表)という大群だった。そして大空襲は翌二十五日も続き、午後十時二十二分から二十六日の午前一時ごろまで四百七十機(同)の猛爆撃が続いた。目標は皇居を取り巻く日本の政治の中枢、霞ヶ関から永田町一帯だった。もちろん爆撃手たちが皇居に照準を合わせることは禁じられていたが、夜間爆撃は必ずしも正確ではなかった。首相官邸や重鎮たちの官舎を狙った数発の焼夷弾は、風の煽《あお》りも受けて皇居内に吸い込まれていった。そして宮内省主馬《しゅめ》寮、大宮御所側守衛所などが燃え上が

った。

このとき鈴木貫太郎内閣の国務大臣(情報局総裁兼務)だった下村宏（海南）氏は首相官邸の地下壕にいた。

「……首相官邸では地下壕に避難してゐたが、官邸をとりまく外務大臣官邸も法制局も綜合計画局も、翰長《かんちょう》(内閣書記官長)官舎も書記官たちの官舎も、邸内の首相の日本式邸宅も相次で焼け失せ、防空壕の中まで烟《けむり》が入つて来た。午前三時頃でもあつたらうか、首相翰長はじめ十数人と官邸の屋上に登つて見た。山王神社の森から麻布の連隊へかけ、又間近くはアメリカの大使館、大東亜省から日比谷一帯へかけ、一面に眼に見ゆるかぎり黒い焔である。

昔の参謀本部の建物も火の手をあげてゐたが、いつのまにか大内山(皇居)の茂みの中からは、大きな火焔が折々ひらひらと燃え上つてゐる。一面に火焔につつまれし帝都は凄絶ともなんとも言語に絶してゐる。此実景が映写にとられるものならば是非とも記念にというふやうな気もした。

大紅蓮《ぐれん》の真只中に立つてゐる私共は千万無量の感慨にあふれつつ、黒烟《こくえん》にむせびつつ幾度となく忘れんとしても忘られぬパノラマを見廻しながら、最後に大内山のあたりをふりかへり暗然と頭を垂れ、階を下つたのであつた……」(『終戦記』)

桜田門上空から見た国会議事堂周辺。右下の
皇居の緑と対照的に、議事堂の周辺一帯はす
っかり焼け野原と化している。左下は警視庁。

昭和20年５月25日深夜の空襲で焼け落ちた皇居豊明殿などの跡。

宮内省はアメリカ政府の計算通り戦禍をまぬがれた。

東京都市部への主要空襲一覧表

年月日	時間	地域	米軍機
昭和20.4/19	09:57	荏原、目黒、大森、他	B29 25
4/24	08:30	立川、三多摩	B29 133
4/30	08:00 10:00	立川、八王子、他(2回)	B29 111
5/19	09:55	浅草、荒川、向島、他	B29 30
5/24	01:36	麹町、麻布、牛込、本郷、他	B29 525
5/25	11:58	三多摩	P51 60
5/25	22:22	中野、四谷、牛込、麹町、赤坂、世田谷、他	B29 470
5/29	08:12	芝、大森、蒲田、品川、目黒	B29 40
6/11	11:35	北多摩、杉並、世田谷、八王子、立川、他	B29 60
7/6	12:00	八王子、村山村、南多摩	B29 100
7/8	12:10	板橋、立川、八王子、武蔵野	B29 51
7/9	12:15	北多摩	B29 170
7/10	05:17	下谷、板橋、立川、他	B29 226
7/27	05:10	新島	B29 40
7/28	09:47	板橋、三鷹、調布、五日市	B29 40
8/2	00:05	八王子、立川、砂川、昭和町、福生	B29 310
8/3	10:50	杉並、滝野川、王子、板橋	B29 64
8/8	15:55	足立、板橋、武蔵野、新島	B29 64
8/10	07:39	板橋、王子、滝野川、他	B29 150
8/13	07:55	京橋、品川、蒲田	B29 60
8/15	00:26	青梅	B29 8

年月日	時間	地域	米軍機
昭和19.11/24	12:15	江戸川、荏原、品川、杉並、他	B29 111
11/27	13:10	渋谷、城東、江戸川、他	B29 81
11/29	23:55	神田、本所、城東、芝、他	B29 27
12/3	13:50	杉並、板橋、江戸川、中野、他	B29 86
12/27	12:10	板橋、中野、杉並、王子、他	B29 72
昭和20. 1/9	14:15	麹町、芝、牛込、深川、大森、他	B29 72
1/27	13:03	麹町、日本橋、京橋、荒川、他	B29 76
2/16	07:09	大森、渋谷、中野、蒲田、杉並、他	B29 2 艦上機 290
2/17	07:20	赤坂、大森、淀橋、中野、他	B29 1 艦上機 600
2/19	14:40	神田、京橋、赤坂、四谷、他	B29 152
2/25	07:40	下谷	B29 231
2/25	14:58	神田、本所、四谷、赤坂、他	B29 231
3/4	08:35	豊島、滝野川、城東、向島、他	B29 194
3/10	00:08	下町大空襲	B29 334
4/2	02:32	三多摩、板橋、杉並	B29 124
4/4	01:12	淀橋、下谷、芝、向島、深川、品川、他	B29 160
4/7	09:20 09:50	調布、武蔵野、板橋、世田谷、他（2回）	B29 111 P51 97
4/12	09:20	杉並、板橋、荒川	B29 330
4/13	23:00	豊島、渋谷、向島、深川、他	B29 352
4/15	22:15	大森、荏原	B29 120

●機数は概数、日時は空襲開始日時

名古屋市

六大都市を焼き尽くせ!

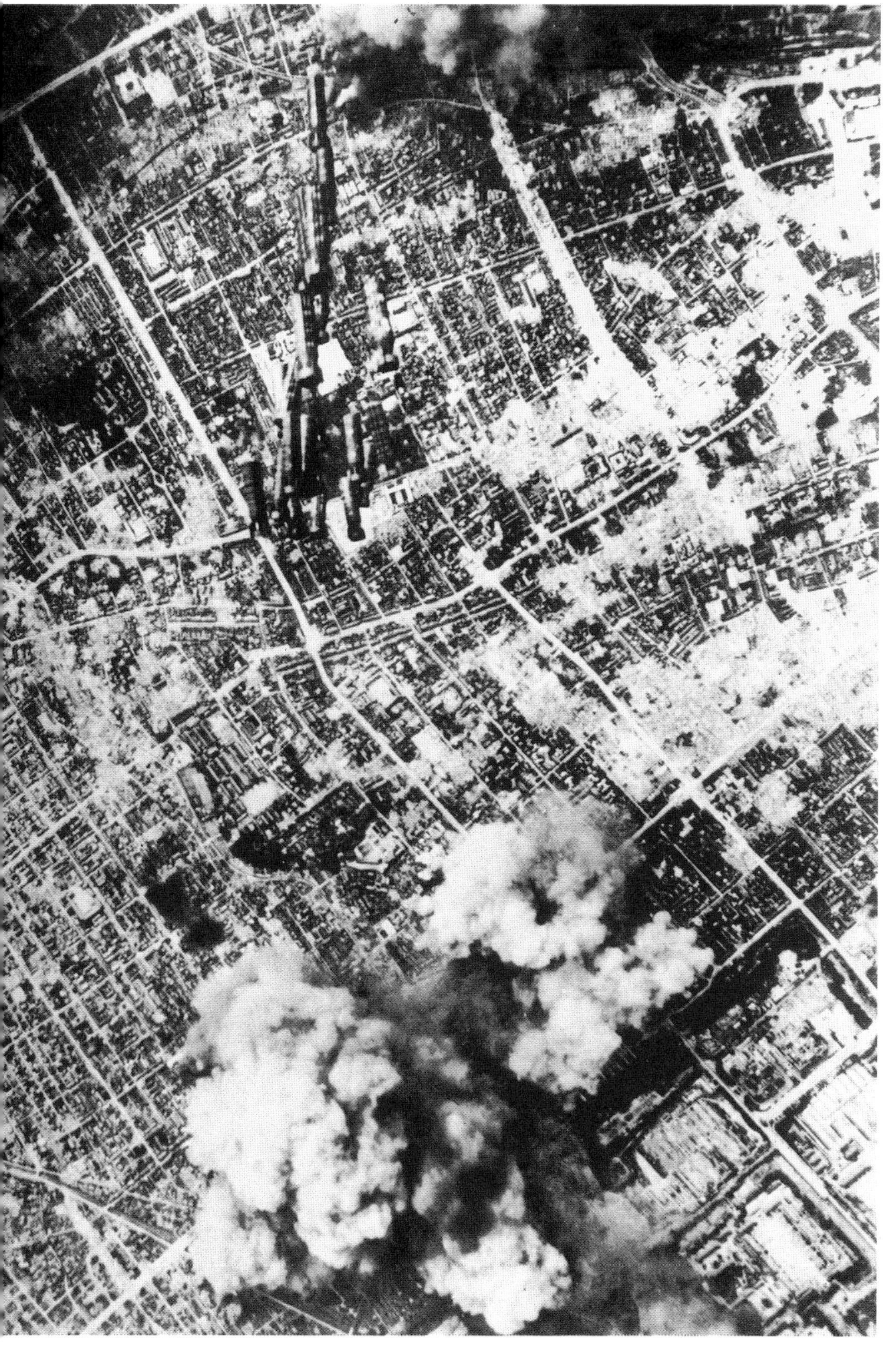

480機のB29に空襲された昭和20年5月14日の名古屋。米側の記録ではこの日、275機の日本軍機が迎撃し、そのうち23機を撃墜、不確実撃墜も16機を数えたという。

B29の爆撃で炎上する5月14日の名古屋市街。この日投下された焼夷弾は2,563トンにおよび、一部の兵器産業も含め、名古屋北部の市街地は壊滅状態にされた。

東京空襲の翌3月11日深夜から12日の早暁にかけて行われた空襲で、B29は2時間にわたって1,813トンの焼夷弾を投下した。写真はその結果確認のために後日撮影されたもの。Ⓐ陸軍兵器廠、Ⓑ兵器、航空機部品の愛知千種工場のひとつ、Ⓒ兵器庫、Ⓓ軽金属製造工場、Ⓔ三菱組立工場、Ⓕ名古屋城、陸軍司令部、Ⓖ商店街、Ⓗ鉄道・貨物駅、Ⓘ新設中の航空機エンジン工場。

徹底的に破壊された街

第二部でも記述したように、名古屋は航空機工場や兵器工場が密集していたから、米戦略空軍に目の仇にされた。名古屋への空襲は昭和十九年十二月十三日の空襲を皮切りに翌二十年七月末まで、大小合わせて五十六回が確認されている。このうち大規模な空襲は十八回を数え、東京に次ぐ回数といわれている。

もちろん空爆は航空機工場など兵器産業だけではなく、一般市民の頭上にも降り注いだから、被害は甚大だった。『名古屋空襲誌』(名古屋空襲を記録する会)によれば、これら大規模空襲による市民の死者は七千七百二十四名(名古屋市総数八千六百三十名)、負傷者一万五百三十三名(同一万一千百六十四名)で、罹災者は五十二万二千九百五十一名に達している。これは当時の名古屋市の人口(約百十六万人)の四六・七パーセントの人たちが、死傷したり家を焼かれたりしたことになるという。

名古屋では昭和十九年十二月十三日の初空襲以来、兵器工場とともに一般市街地にも空爆が行われており、かなりの被害を出していた。しかし本格的な市街地〝焦土作戦〟を受けたのは、昭和二十年三月十日の東京大空襲の翌十一日の真夜中から十二日の早暁にかけての大空襲だった。

この三月十一日の午後、M47型焼夷弾を積んだB29三百十三機がマリアナの基地を離陸した。そのうち二百八十八機が名古屋上空に達した。先頭のB29には腕のよい爆撃手が乗っており、まず小型焼夷弾を投下して火災を起こした。後続機はこの火を目標にしてノルデン式照準器をのぞき込み、高度は千六百八十〜二千八百メートルで投下ボタンを押したのである。中、栄、昭和、熱田、中川、中村区といった市の中心部の五平方キロ以上の地域がやられ、数百カ所に火災が起きた。

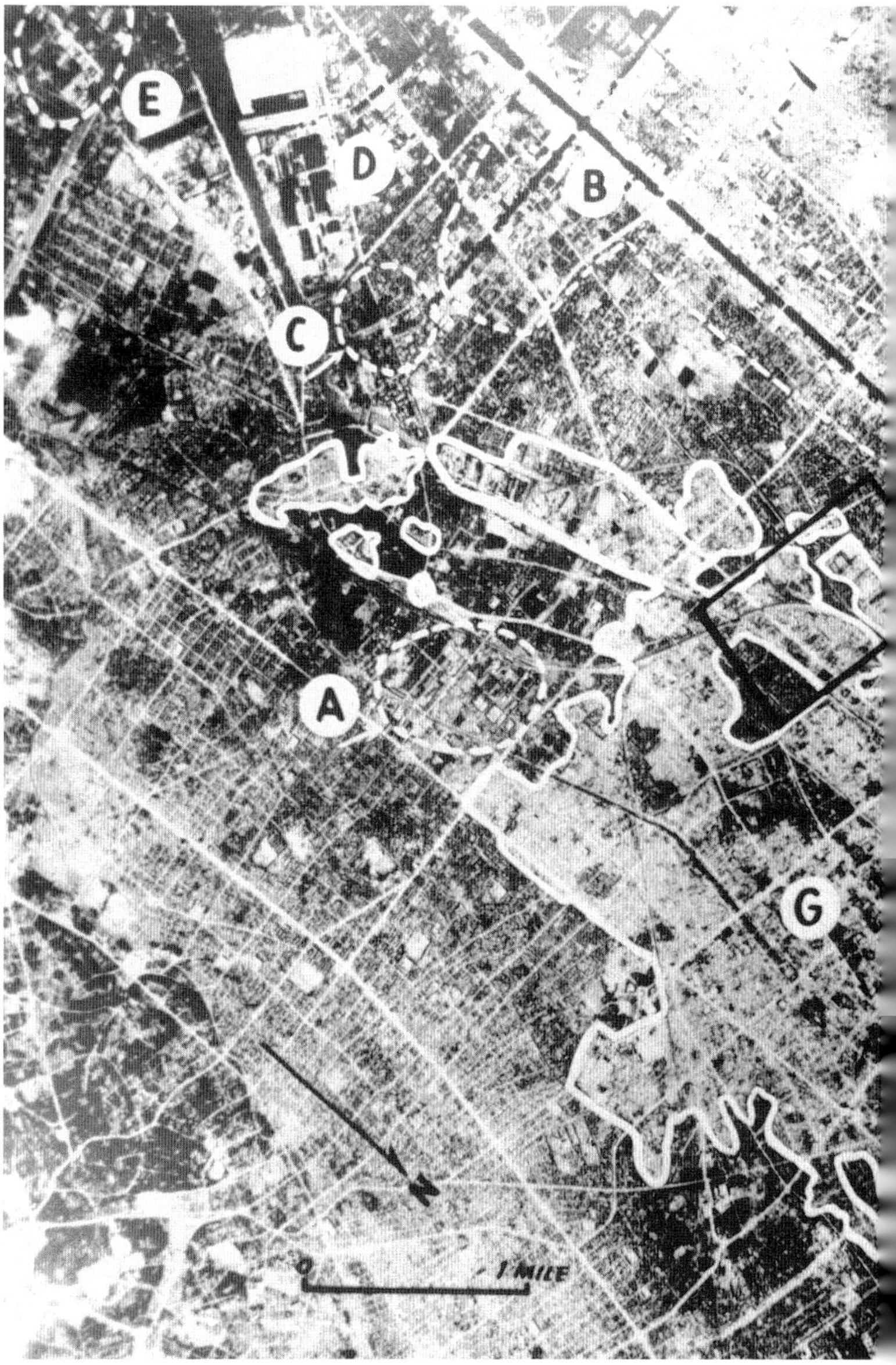

「市の郊外、熱田神宮に火災を生じたるも本営、別営は御安泰なり」

　とラジオは叫んだ。

　熱田神宮には三種の神器のひとつ「草薙の剣」が祠られている。

　日本本土の防空は陸軍航空部隊の責任であった。この夜、第十一飛行師団（天鷲兵団＝司令部・大阪）は戦闘機四十七機を発進させた。飛行第五戦隊の「屠龍《とりゅう》」、第五五戦隊と第五六戦隊の「飛燕《ひえん》」、第二四六戦隊のずんぐりとした「鍾馗《しょうき》」である。このほか一〇〇式司令部偵察機も二〇ミリと三七ミリ機関砲をつけて舞い上がった。だが、戦果は二百八十八機のB29のうち一機を撃墜、二十機に損傷を負わせただけだった。

　アメリカの戦記は記している。

「日本の防空戦闘機はドイツのものと比べて組みし易かった」と。

　名古屋はこの後も大規模空襲に見舞われ、中でも三月十九日の二百九十機、二十四日の二百二十六機、四月七日の百八十二機、五月十四日の四百八十機、十七日の四百六十八機、そして六月二十六日の百五十九機と、絶え間ない空襲にさらされたのである。もちろん日本側の対空攻撃も熾烈をきわめた。たとえばこの六月二十六日の空襲では、米第二十航空軍の『日本本土爆撃概報』によれば、三機が墜落し、四十七機が損傷している。だが、物量に恵まれた米軍にとって、この程度の損害は、その〝戦果〟にくらべれば軽微といえた。

『名古屋空襲誌』は書いている。

「……この人的物的被害は、原爆の惨害を受けた広島、長崎を別にすれば、東京、大阪に次ぎ第三位である」

　名古屋こそ市内に航空機産業を抱えていたために、もっとも手痛い損害を被った気の毒な市のひとつといえよう。

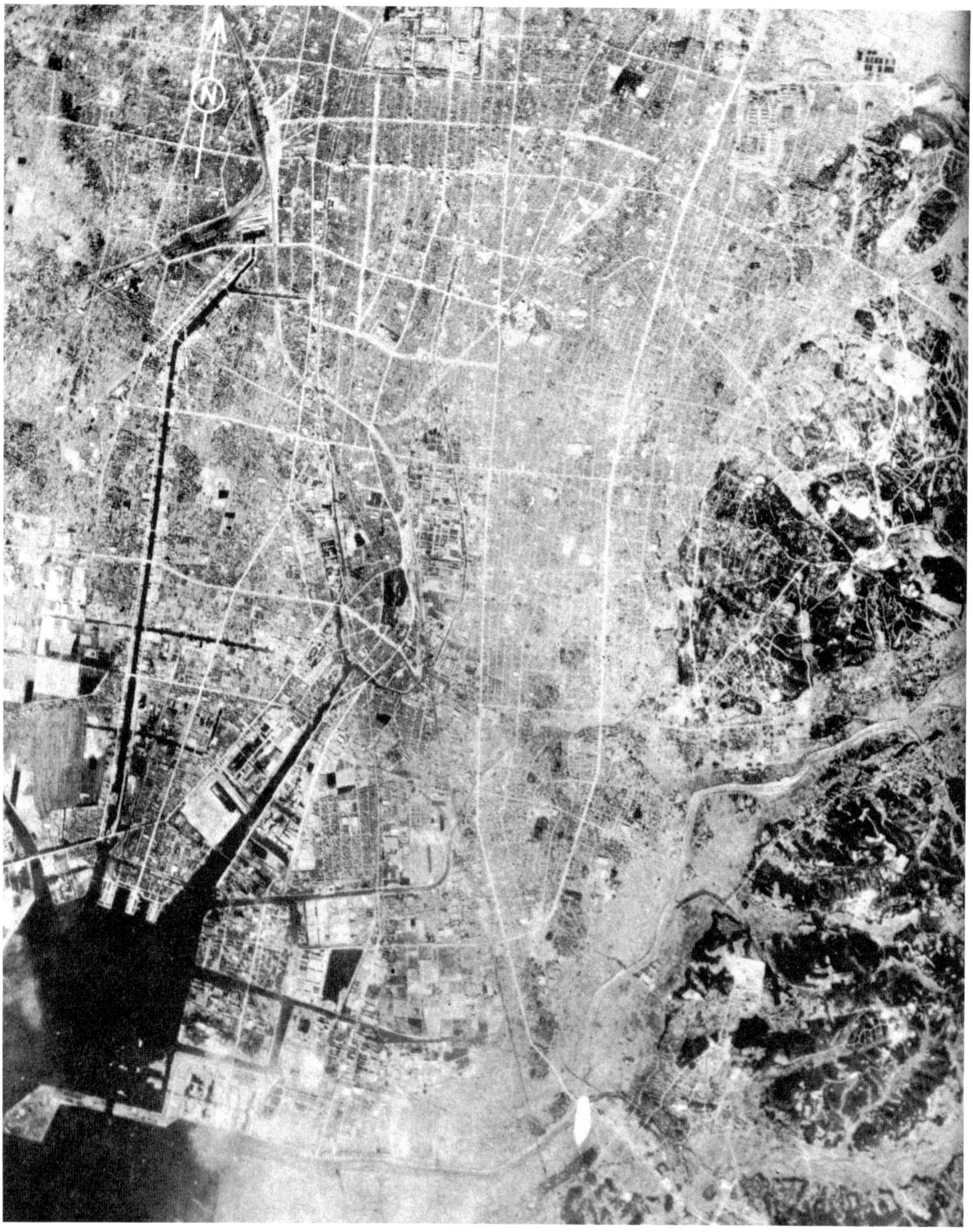

5月14日の名古屋大空襲の前に、米軍の偵察機はそれまでの空爆で燃え残っている工場や市街を確認するために撮影した。

注文カード

貴店名

冊

書名 新装版 米軍が記録した日本空襲

発行所 草思社

編著者 平塚柾緒

9784794224354

ISBN978-4-7942-2435-4
C0021 ¥2600E

ブ

売上

平塚柾緒

新装版

米軍が記録した日

ISBN9

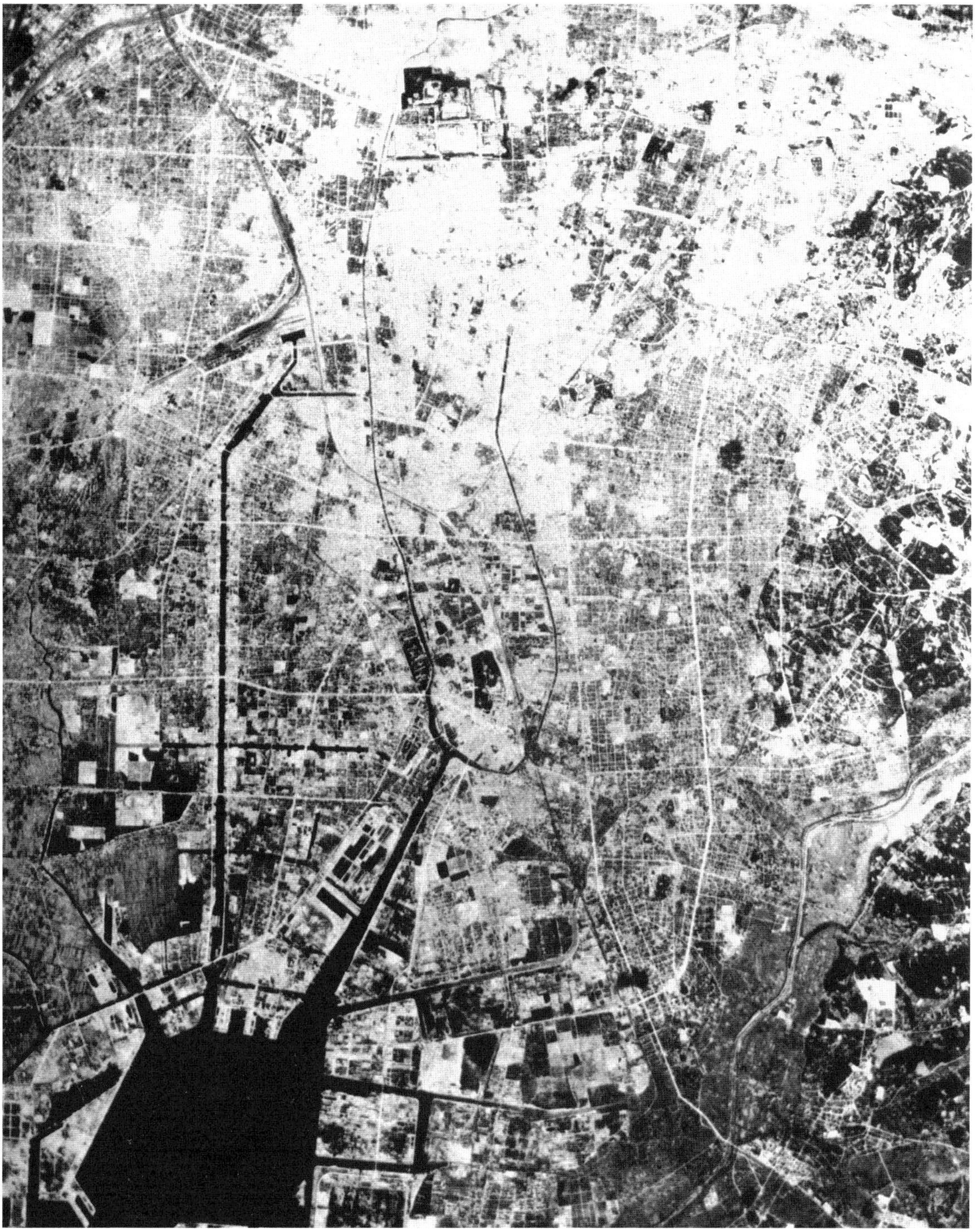

５月14日の大空襲のあとの、戦果確認の偵察写真。
名古屋城が焼けたのもこの日の空襲だった。

米軍は必ず空襲の事前と事後に空爆地区の戦果確認を行っていた。写真は５月14日と17日の戦果確認写真。太い白線内は14日、黒く塗られた地域は17日の空襲戦果。

炎上する名古屋市街。矢場町から北東を望む。

B29の焦土作戦で、名古屋の中心街の木造家屋はすべて姿を消してしまった。終戦直後、名古屋市中区の朝日新聞名古屋本社の屋上から東方をながめる。

瓦礫の街と化した名古屋の中心街・広小路付近。

終戦前日まで繰り返された大阪大空襲

大阪上空を悠々と飛行し、爆弾を投下する米第21爆撃軍のB29（昭和20年6月1日）。日本第2の都市・大阪は20年3月13日の夜間空襲をはじめ、7回もの大空襲に見舞われた。6月にはほぼ1週間ごとに4回もB29の猛威にさらされたのである。

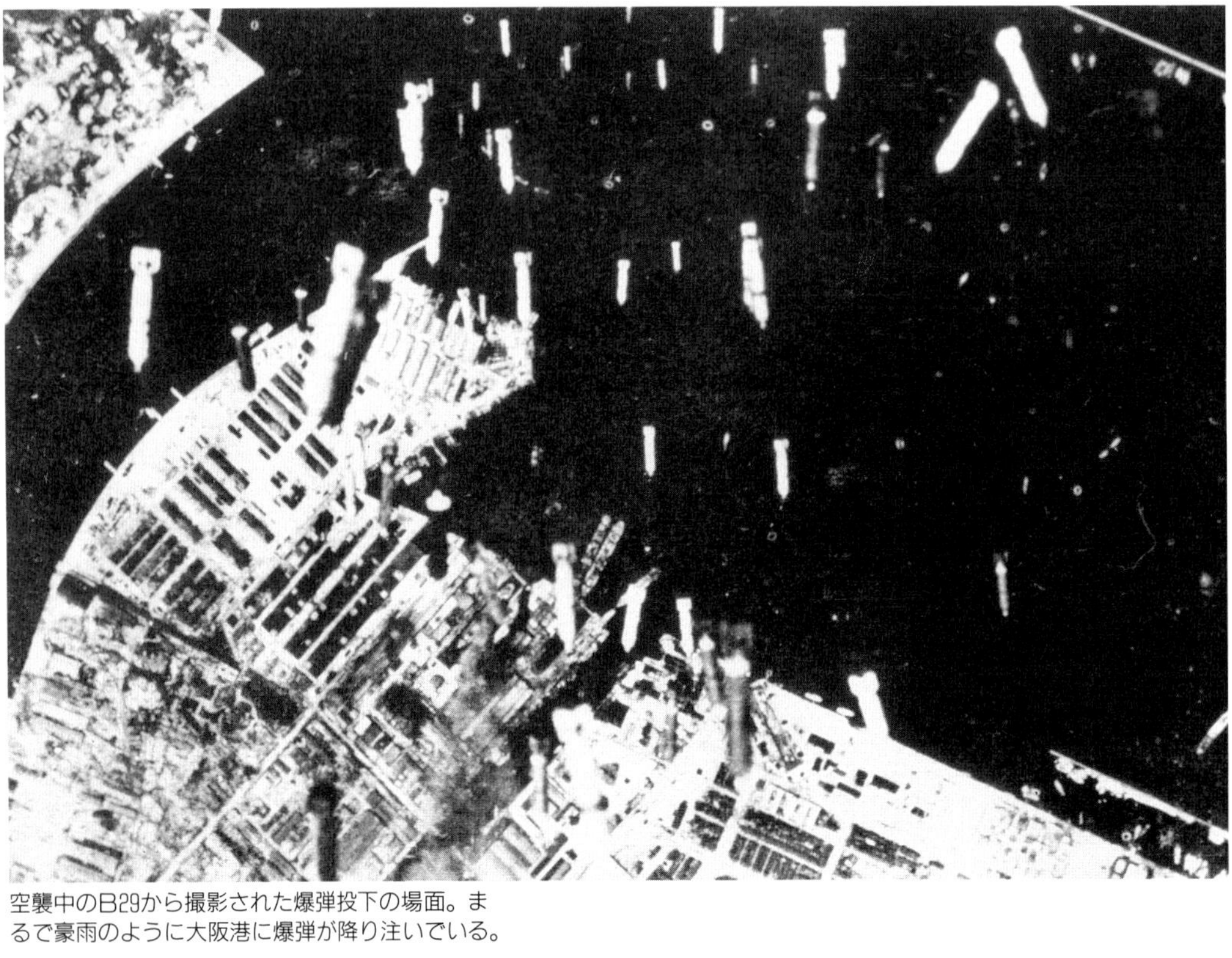

空襲中のB29から撮影された爆弾投下の場面。まるで豪雨のように大阪港に爆弾が降り注いでいる。

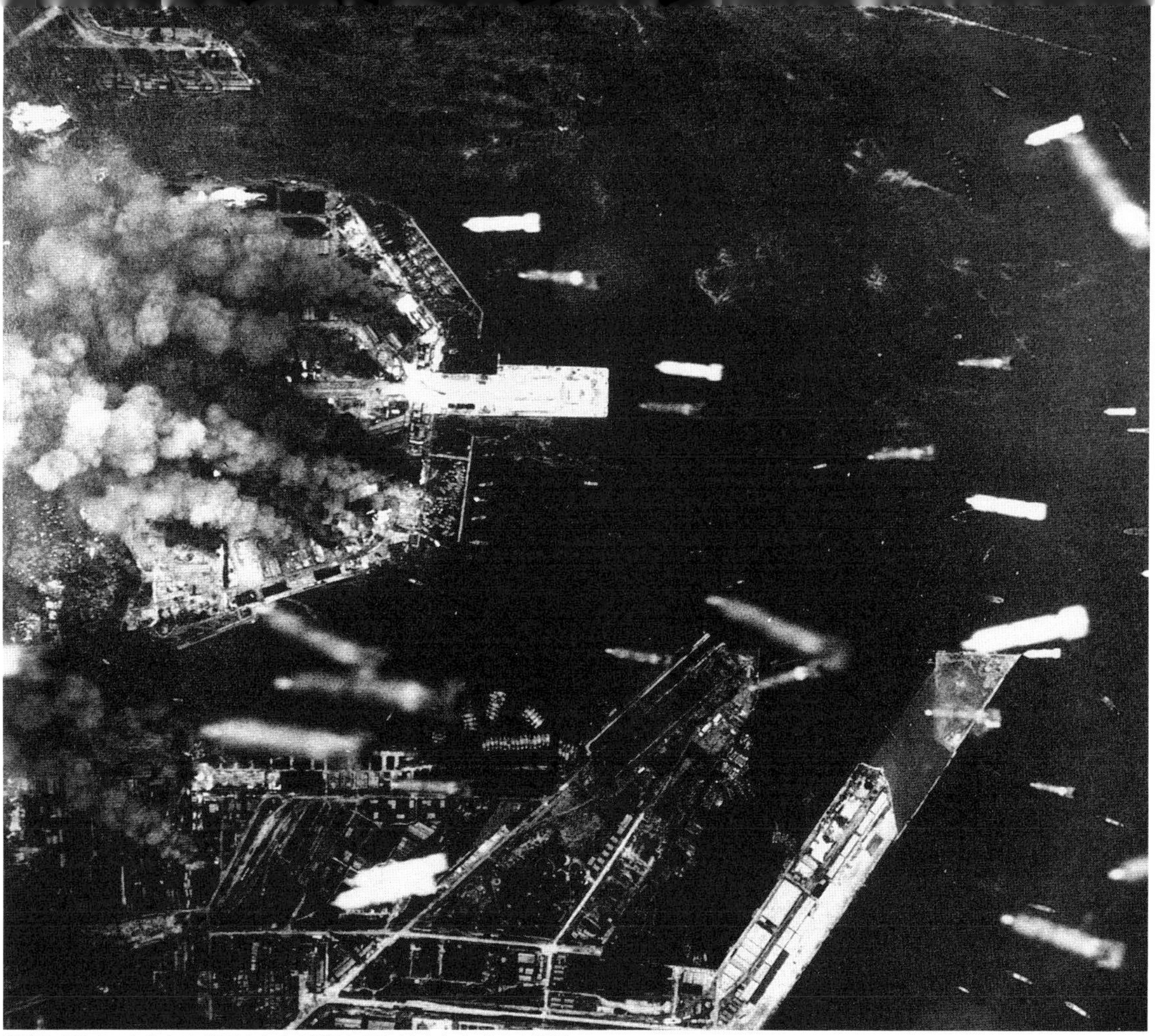

高度6,000メートルから投下された爆弾は、風に流されながら大阪港のドックや倉庫などの港湾施設に落ちていった（昭和20年６月１日）。

昭和20年６月１日の第２次大阪大空襲で炎上する大阪港。

コンクリート製の建物だけが焼け残った大阪の街並み。しかし、ビルといえども焼夷弾による猛火によってその内部は無事では済まされなかった。後方に大阪城が見える。

焼夷弾に焼き払われた街・大阪

日本第二の都市・大阪が初めて空襲に見舞われたのは昭和二十年（一九四五）一月三日だった。十機のＢ29が飛来し、阿倍野区昭和町に焼夷弾が投下された。その後、Ｂ29は頻繁に来襲し、二月二十三日までに十一回の空襲を受けた。といっても、初空襲を除けばいずれもＢ29単機による局地的な爆撃で、いまだ無差別爆撃にはいたっていなかった。

だが、二十年三月に入ると状況は一変する。三月十日に東京が大空襲を受け、十二日には名古屋が焼かれた。Ｂ29の爆撃は東海道を西に進むように大阪に迫ってきた。三月十三日午後十一時四十四分、二千メートルから三千メートルの高度で大阪上空に侵入した二百七十九機のＢ29は、翌十四日午前三時十五分までの約三時間にわたって爆撃を行った。

Ｂ29は一千七百三十二・六トンの焼夷弾を投下し、大阪市街はたちまち炎に包まれた。浪速区はほぼ全滅し、そのほか西区が約八〇パーセント、南区が約七〇パーセント、東区が約五三パーセント、港区が約四四パーセントの損害を被るなど、大阪市の中心部は大きな被害を受けた。十三万戸を超える家屋が焼失し、一夜にして約五十万名が罹災し、三千九百六十八名が空襲の犠牲になった。

大空襲の九日前、三月四日に一機のＢ29が

廃墟と化した大阪。大阪は昭和20年１月３日から終戦前日まで、７回の大空襲を含みおよそ30回にものぼる空襲にさらされた。空襲は街の様子を一変させ、いたるところが焦土となった。

大阪に飛来し、「工場、軍事施設、発電所、鉄道、停車場等に絶対近寄るな」という約六万枚のビラをばら撒《ま》いて空襲を予告したが、焼夷弾による猛火は、軍事施設であろうが住宅地であろうが焼き払ったのである。

　十三日の夜間大空襲に追い打ちをかけるように、十九日には朝から米軍の艦上機約四百機が来襲し、爆撃や機銃掃射を行った。この空襲の後、大阪市に対する空襲はいったん止み、四月、五月の二カ月間にわたって爆撃のない日々が続いた。

　しかし、六月に入った途端、一日、七日、十五日、二十六日とおよそ一週間刻みで大阪はふたたびＢ29の猛威にさらされる。

　六月一日、マリアナを出撃した五百二十一機のうち、四百七十四機がふたたび大阪を襲った。大阪市の北西部が集中的に狙われ、午前九時ごろから約二時間にわたって二千七百八十八・一トンの焼夷弾が投下された。軍需工場などが建ち並ぶ此花区は壊滅的な被害を受け、工場や住宅地で起こった火災は翌二日の正午まで燃え続けた。三月十三日の大空襲でおよそ四割を失った港区は、この日の空襲によって焼け残った街並みもほとんど焼失してしまった。死者三千八十三名、焼失家屋は六万戸を超え、二十二万名近い被災者を出した。

　六月七日はＢ29四百十八機によって空襲が行われ、新淀川沿いに大きな被害を出した。さらに十五日には四百六十九機のＢ29が大阪、尼崎（兵庫県）に、六月二十六日には百八十機が大阪の北区、東区、南区を中心に爆撃し、周辺市町村にも大きな被害を与えた。

　七月に入ってからも空襲は止まなかった。十日には堺市を中心とした大阪府南部がＢ29百十八機によって壊滅させられた。二十四日、住友金属、大阪陸軍造兵廠などの重要軍事施設に対して執拗な爆撃を繰り返した。マリアナのＢ29だけでなく、硫黄島や空母からも戦闘機などが飛来して、それまでの空襲の被害に打ちひしがれていた大阪をさらに蹂躙した。

　だが、空襲はこれで終わらなかった。八月十四日、大阪は七回目の、そして最後の大空襲を受ける。昼の十二時三十分ごろ、Ｂ29百四十五機が市内の軍事施設を爆撃した。その中でも、大阪城内にあった日本最大の兵器工場である陸軍造兵廠には、七百トン近い爆弾が投下され、徹底的に破壊された。造兵廠が瓦礫の山と化した翌日に戦争は終わり、同時に大阪市民の空襲に脅える生活にも終止符が打たれた。

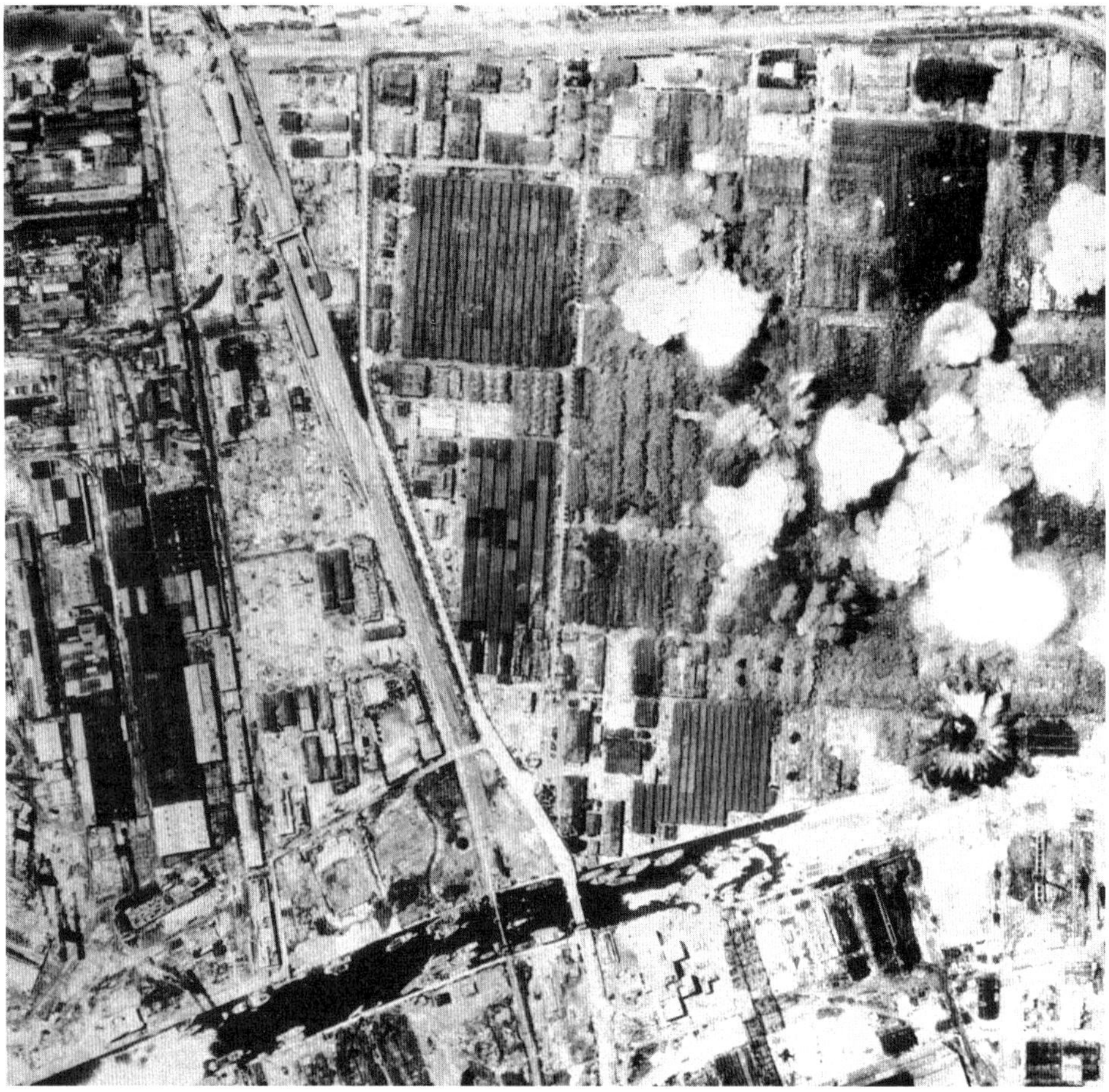

7月24日の第6回大阪大空襲で、米軍の爆撃目標として集中攻撃を受けた住友金属の工場。建物の95パーセントが破壊されたという。

大阪の工場は空襲によってことごとく破壊された。屋根が焼け落ちめちゃくちゃになった工作機械工場。

大阪に対する空襲が激化するのに並行して、大阪の周辺に位置する市町村も米軍機による空襲を受けるようになり、多大な戦火を被った。昭和20年7月10日、堺市は100機のB29による爆撃を受けた。空襲は約1時間半にもおよび、堺市だけで1、860名の犠牲者を出した。写真は爆撃を受ける堺市。

大阪府下の主な空襲被害状況一覧

年月日	時間	被害地域	来襲機数	死者	罹災戸数	備考
19.12.19	01:45	中河内郡	B29 1	0	5	大阪府下への初空襲
20. 1. 3	14:30	大阪市、布施市、中河内郡	B29 10	0		大阪市への初空襲
20. 1.19	午前・午後	大阪市港区、西成区、大正区	B29 各1	26	33	
20. 1.30	昼夜3回	大阪市北区、城東区、北河内郡	B29 各1	63	115	
20. 2.10	?	大阪市生野区	B29 1	26	7	
20. 2.14	?	大阪市阿倍野区	B29 1	24	20	
20. 3. 4	?	大阪市、吹田市、三島郡	B29 1			ビラを撒布
20. 3.13-14	23:44-03:15	大阪市、堺市、泉大津市、布施市、中河内郡、泉北郡	B29 279	3,972	134,632	第1回大阪大空襲
20. 3.19	12:45	大阪市、吹田市、池田市	艦上機			
20. 6. 1	09:00-11:00	大阪市、布施市、中河内郡	B29 400 P51 11	3,083	64,163	第2回大阪大空襲
20. 6. 7	11:10-12:40	大阪市、豊中市、吹田市、池田市、茨木市、守口市、枚方市、高槻市	B29 250	2,043	57,051	第3回大阪大空襲
20. 6.15	08:15-10:50	大阪市、堺市、豊中市、吹田市、池田市	B29 469	460	50,678	第4回大阪大空襲
20. 6.26	08:10-10:30	大阪市、堺市、布施市、豊中市、守口市、吹田市、池田市、茨木市、八尾市、岸和田市、泉大津市、枚方市	B29 100	707	4,688	第5回大阪大空襲
20. 7. 9	12:00	吹田市、池田市	P51 50	1		
20. 7.10	01:05-02:28	大阪市、堺市	B29 100	2,633	33,450	堺大空襲
20. 7.19	10:00	吹田市	P51	2		
20. 7.22	11:55 13:10	豊中市、吹田市、池田市	P51 200	2	9	
20. 7.24	午前・午後	大阪市、布施市、守口市、池田市、枚方市	B29 400 艦上機	220	555	
20. 7.30	08:30-11:00	豊中市、吹田市、池田市	艦上機 130	4	7	
20. 8.10	09:30	堺市	艦上機	1		
20. 8.14	12:30-	大阪市東区、城東区、都島区、東成区	B29 100	201	654	第6回大阪大空襲

《米国戦略爆撃調査団報告書、日本の空襲編集委員会編『日本の空襲』(三省堂刊) ほかを参考に作成》

無差別空襲のテストをされた神戸

爆撃前の神戸市。他の都市でもそうであるが、米軍は必ず空爆の前に目標の上空写真を撮り、攻撃の正確を期していた。この写真は昭和20年1月19日に撮影された。

阪神工業地帯の主要な地域である神戸には川崎航空機の発動機専門工場や川西航空機、神戸川崎造船所、神戸製鋼所といった日本を代表する軍需産業がひしめいていた。当然、米軍の戦略爆撃の有力な目標となった。

神戸上空にB29が初めて姿を見せたのは昭和十九年十二月十五日だった。このときはたった一機で偵察飛行を続けて飛び去った。そして翌昭和二十年一月三日、名古屋空襲の日に一機のB29が初めて五十発の二・七キロ焼夷弾を市内に投下し、以後、神戸は大小百二十八回の空襲を受けることになった。

その中で最初の本格空襲は昭和二十年二月四日の昼間空襲だった。これはカーチス・ルメイがマリアナの第二十一爆撃軍司令官に赴任（一九四五年一月）してから実施された、焼夷弾による都市の無差別絨毯《じゅうたん》攻撃のテスト空襲で、東京を焼き払う三月十日の大空襲の前哨戦でもあった。山と海にはさまれて多くの民家が密集し、日本屈指の港湾を持ち、かつ日本有数の軍需工場のある神戸は、焼夷弾で焼き尽くすには絶好の街だったのである。

米第二十航空軍の『日本本土爆撃概報』によれば、この日神戸市街地を爆撃したB29は百十二機で、高性能爆弾五十発、焼夷弾三千六百九十六発を投下している。そして神戸川崎造船所、三菱造船所をはじめ、民家など千八百戸以上を焼き払い、二

僚機が撮影した神戸上空を飛ぶB29（昭和20年6月5日）。

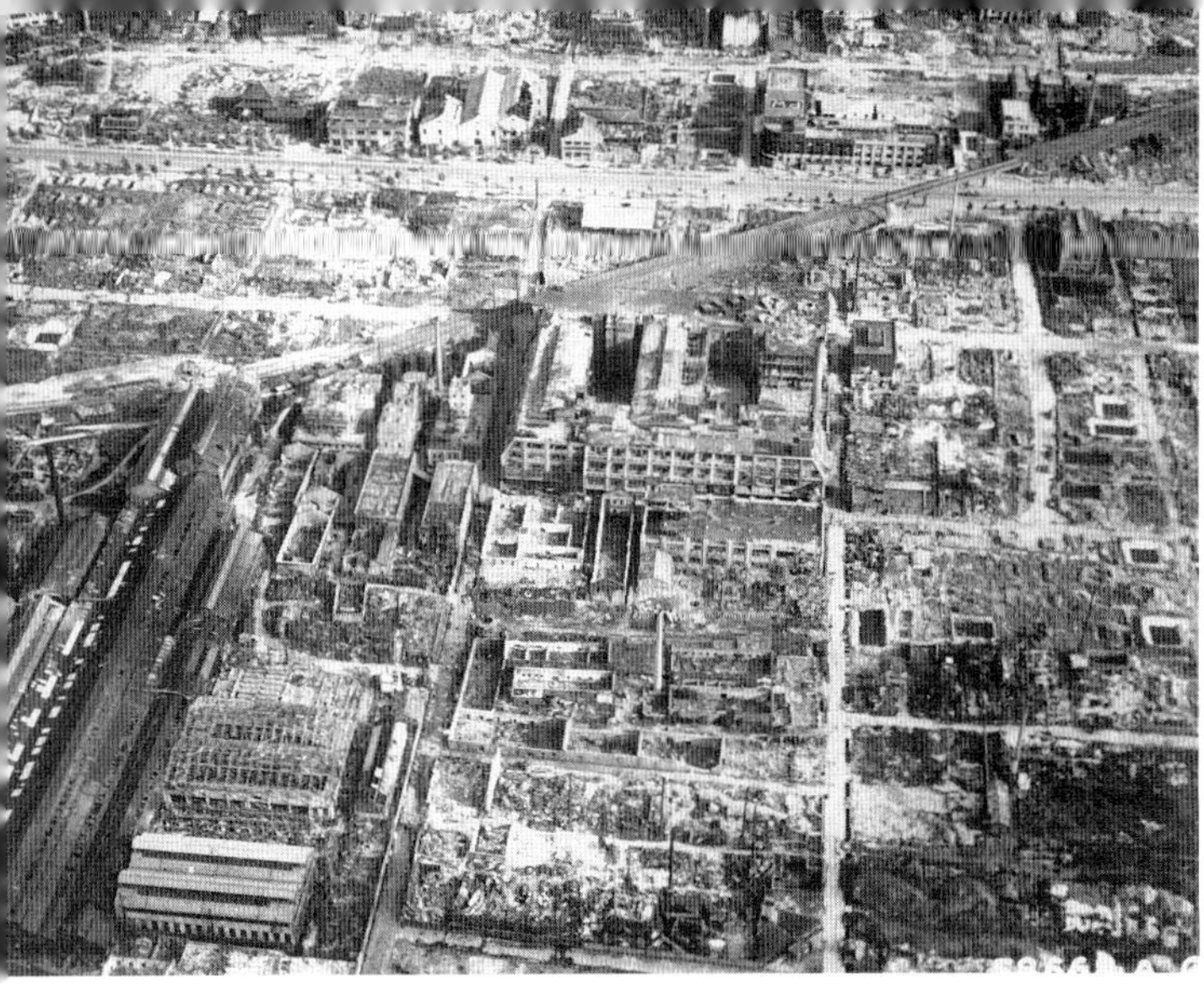

空爆で破壊された神戸市内の工場街。写真の上方やや右に「PW」と書かれた俘虜（捕虜）収容所が見える。

・STRIKE PHOTO・

Total AIRCRAFT BOMBING · 69				
VISUAL BOMBING			RADAR BOMBING	
A/C SIGHTING FOR		A/C DROPPING ON LEAD A/C	A/C BOMBING BY RADAR	A/C DROPPING ON LEAD A/C
R & D	RANGE			
2	1	17	5	44

神戸市への目視爆撃とレーダー爆撃の戦果比較表。

文字通り廃墟と化した神戸市街。

十六名の犠牲者をだした。以後、神戸市街は昭和二十年三月十七日の夜と六月五日（昼）にも大空襲を受け、市内は文字通り壊滅状態に追い込まれた。

三月十七日の夜間大空襲では、六十九機のB29が高度三千メートルの低空から油脂焼夷弾三万三千九百五十二発を投下し、一瞬にして市の西半分を焼きつくしてしまった。市民の被害は死者二千五百九十八名、負傷者八千五百五十八名、家屋の全焼全壊六万四千六百五十三戸、半焼半壊千七十五戸、工場の全焼全壊八百二十三棟という惨憺たるものだった。

そして六月五日の早朝爆撃には五百三十一機という大編隊が来襲し、三千百三十二トンの焼夷弾を落とし、三月十七日の夜間大空襲で焼失をまぬがれていた市の東半分を焼き払った。あの三月十日の東京大空襲の焼夷弾投下量が千六百六十七トンだったというから、約倍の投弾量だった。実際、六月五日の大空襲は凄まじく、畳一枚あたり十発から十五発の焼夷弾が落下したといわれ、死者は三千百八十四名、重軽傷五千八百二十四名、全焼全壊の家屋五万五千三百六十八戸と、神戸空襲最大の被害をだす結果になった。

神戸市は五六パーセントが灰燼に帰し、米軍司令部は写真偵察の結果、「もうこれ以上、神戸は爆撃の必要がない」と目標のリストからはずしてしまうほどだった。

昭和20年6月5日の神戸空襲。B29はこの日3回にわたって焼夷弾を雨のように降らせ、街を焼き尽くした。炎上しているのは神戸港の埠頭地帯。

街が廃墟と化す中、神戸の歓楽街はなぜか一部の被害しか受けなかった。写真は戦後の昭和21年3月に撮られたもの。

昭和20年６月５日の白昼の空爆で、神戸は市の約20パーセント、4.35平方マイルを焼きつくされた。横浜と並んで日本を代表する港湾都市は、こうして瓦礫の街になった。

灰燼に帰したミナト・ヨコハマ

空襲に先だって撮影された横浜の偵察写真（昭和20年１月28日）。

横浜大空襲といわれる昭和20年５月29日の空爆は、マリアナを飛び立った517機のB29を、硫黄島基地のP51戦闘機101機が護衛した初の戦爆連合空襲だった。

横浜大空襲は他の主要都市の大半が深夜の空襲だったのに対し、午前9時23分にはじまるという真昼の空襲だった。多くの人々は職場や勤労動員先、あるいは学校、電車の中などで空襲に遭っている。それだけに横浜空襲の被害は大きく、いまだに正確な死者の数は分かっていない。

昼間攻撃だったことから日本の対空砲撃、戦闘機による迎撃も熾烈だった。この横浜空襲に「雷電」を操縦して迎撃に飛び立った厚木航空隊の寺村純郎海軍大尉の回想記では、厚木からは「零戦」8機、「雷電」3機とあるが米軍の資料では「約150機の勇敢な零戦型機」が果敢な攻撃をしてきたという。この空戦で日本はB29を6機撃墜し、砲撃その他で1機撃墜、そして175機に損傷を与えている。

しかしP51による日本機の損害も大きく、米軍記録では「操縦士たちは26機を撃墜し、9機に損害を与え、23機に不確実な損害を与えたと主張したが、これに対しP51の損失は3機のみであった」という。米軍にとって1回の空襲で受けたB29の損害としては、4月15日の川崎空襲で受けた撃墜12機（損傷37機）に次ぐものであった。

5月29日の大空襲

　横浜空襲といえば、市の中心部が徹底的な焼夷弾攻撃によって焼き払われた昭和二十年五月二十九日の大空襲が挙げられる。しかし東京、川崎に隣接する京浜工業地帯の大都市ヨコハマが、それまで無傷であるはずはない。神奈川県警察部の調査によれば、神奈川県下へのB29による空襲は、昭和十九年十一月二十四日の横須賀市、葉山町、川崎臨港地区への空襲を皮切りに、昭和二十年八月十五日の小田原市への空襲まで、実に大小五十二回を数えている。このうちの半数を超える二十八回が横浜市も含めた空襲だった。

　神奈川県下への空襲の特徴は、マリアナ諸島の基地を飛び立ったB29に、硫黄島を基地にするノースアメリカンP51戦闘機ムスタングが途中から合流して、戦爆連合で空爆を行ったことと、機動部隊の空母を発進した艦上機だけでの空襲も行われたことにある。それは日本の首都圏の防空態勢が他の地区よりも濃密で、対空砲火に加えて戦闘機の迎撃も激しかったことが挙げられる。

マリアナからのB29による日本本土攻撃は、一時、B29戦略爆撃軍が沖縄攻略の支援作戦に転用されたため中断していた。それが再開されたのは5月14日からで、東京をはじめとする主要都市が標的にされた。もちろん横浜もその一つであった。

　横浜への初空襲は昭和十九年十二月二十五日の午前三時五分から十五分までの十分間、B29三機による夜間空襲だった。この初空襲では鶴見区と港北区綱島周辺の町工場や民家に二百十八発の焼夷弾が落とされたが、死者もなく、被害は少なかった。

　その後も横浜は間断なく空襲に見舞われていたが、おもなものは昭和二十年二月十六日(二百七十三機)、十七日(三百二十機)の艦上機による空襲で、このときは機銃掃射がおもだったから被害は思ったより少なかった。

　B29単独か、あるいはP51との戦爆連合による大規模空襲のおもなものは鶴見区、神奈川区を襲った二月十九日の空襲(B29百二十三機)、川崎市の一部と鶴見区、神奈川区、港北区、戸塚区などを襲った四月四日の空襲(B29八十機)、川崎、東京とともに焼夷弾七万五千七百四十七発が落とされた四月十五日から十六日にかけて行われた夜間空襲、五月二十四日未明と二十五日夜の東京空襲の際の攻撃、そして横浜の中心部を壊滅に追い込んだ五月二十九日の大空襲へと続く。

　午前九時十五分から開始されたこの大空襲

P51戦闘機に護衛されて日本空爆に向かうB29。

は、B29五百十七機とP51百一機からなる戦爆連合隊だった。駿河湾から侵入した攻撃隊は、曇天の空が真黒になるほどの大群であった。

一時間三十五分におよんだ空爆で、米軍は大型焼夷弾二万二千二百二十四個、小型焼夷弾四十一万五千九百六十八個を市の中心部にたたき込んだ。神奈川県の調べでは死者は三千七百八十七名、重軽傷者一万二千三百九十一名、罹災者は三十二万三千百四十四名とされている。しかし、実際の死者はこの二、三倍はいたといい、おそらく八千から一万名に達しただろうといわれている。そして横浜は市の四四パーセントがこの一日で破壊された。

この日B29は、高度五千二百五十〜六千メートルで侵入してきた。そして七機を失い、百七十五機が損傷している。それは関東地区を守る第十飛行師団(天翔兵団)の「鍾馗《しょうき》」や「屠龍《とりゅう》」など陸軍の戦闘機が迎撃に飛び立ち、終戦時、反乱を起こした海軍の第三〇二航空隊の「月光」や「雷電」も神奈川の厚木基地から迎撃したからだった。また横浜には高射第一師団(晴兵団)の第一一七連隊があり、88式七・五センチ野戦高射砲で米軍機に応戦していた。だが、数が足りなかった。結局、圧倒的多数の米軍機の前に、ミナト・ヨコハマは灰燼に帰したのだった。

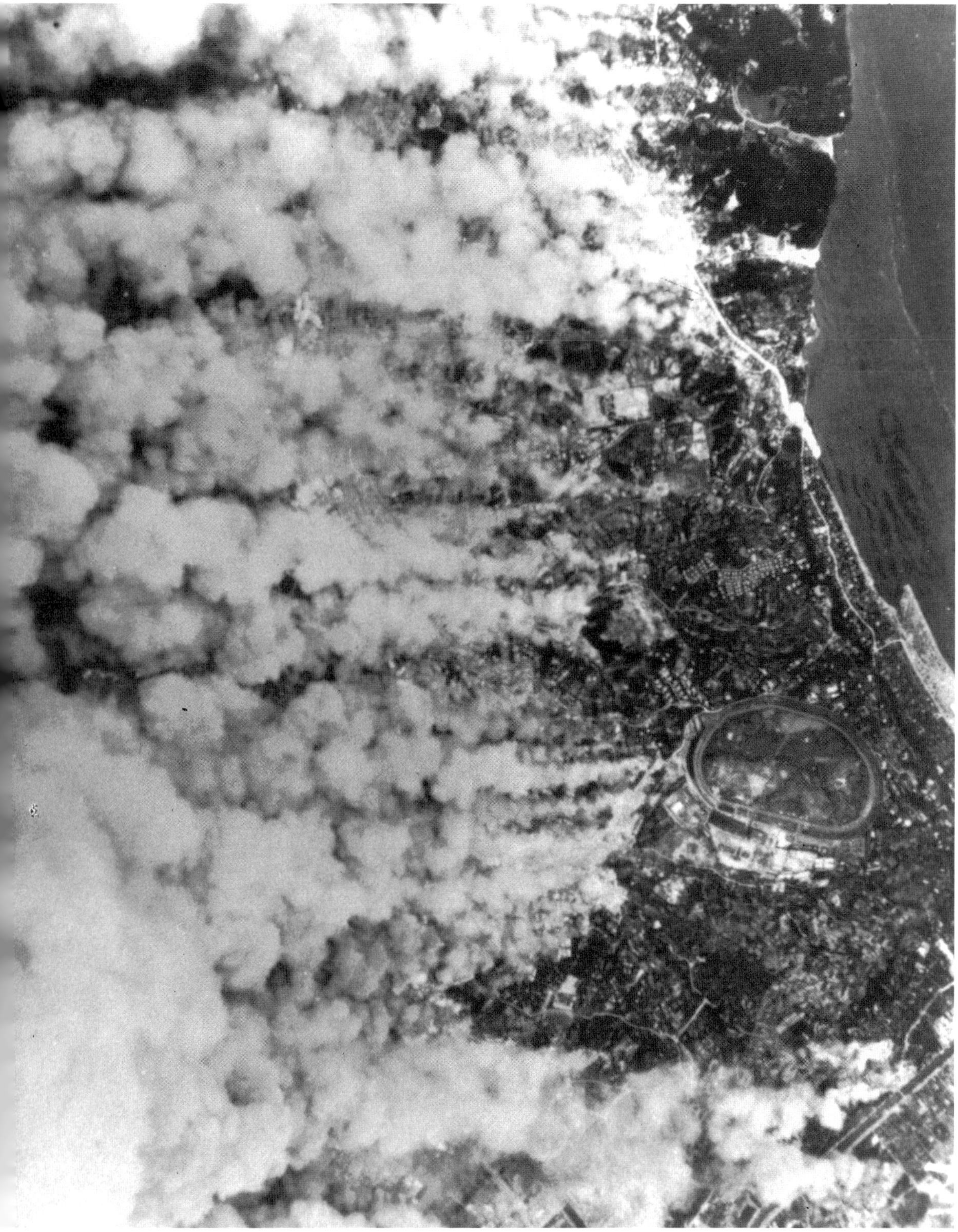

米第21爆撃軍の焼夷弾攻撃で燃え上がる横浜市。右の円形は根岸の旧競馬場。当時、横浜爆撃の音は、横須賀、小田原、遠くは静岡市まで轟いたという。そして黒煙は茨城県まで流れ､霞ヶ浦では焼けた紙片まで降ってきた。

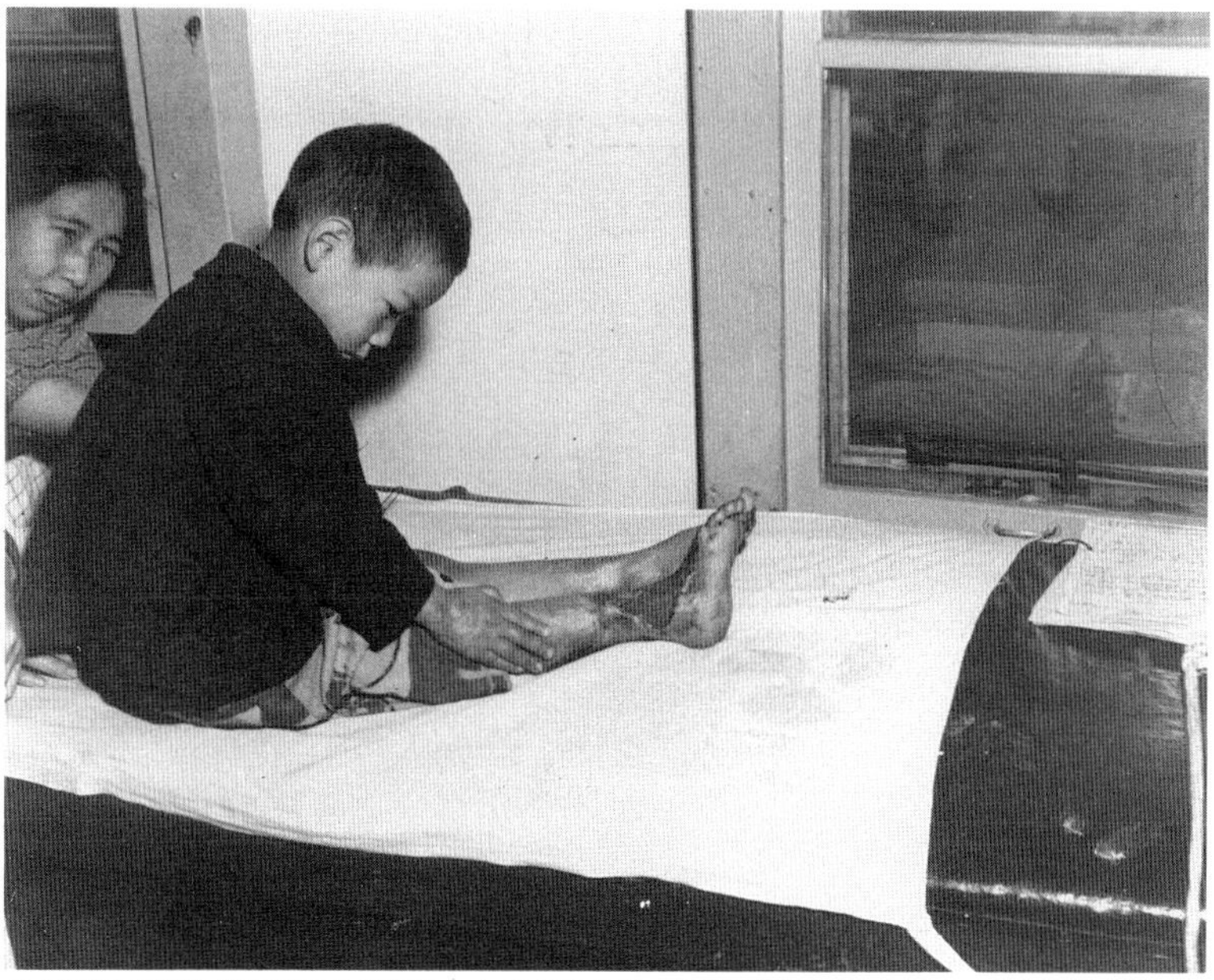

5月29日の焼夷弾攻撃で火傷を負った3歳の坊や。写真は戦後の昭和20年12月26日に米軍カメラマンが撮影したものだが、坊やは翌21年に入院先の東大病院で皮膚の移植手術を受けたという。

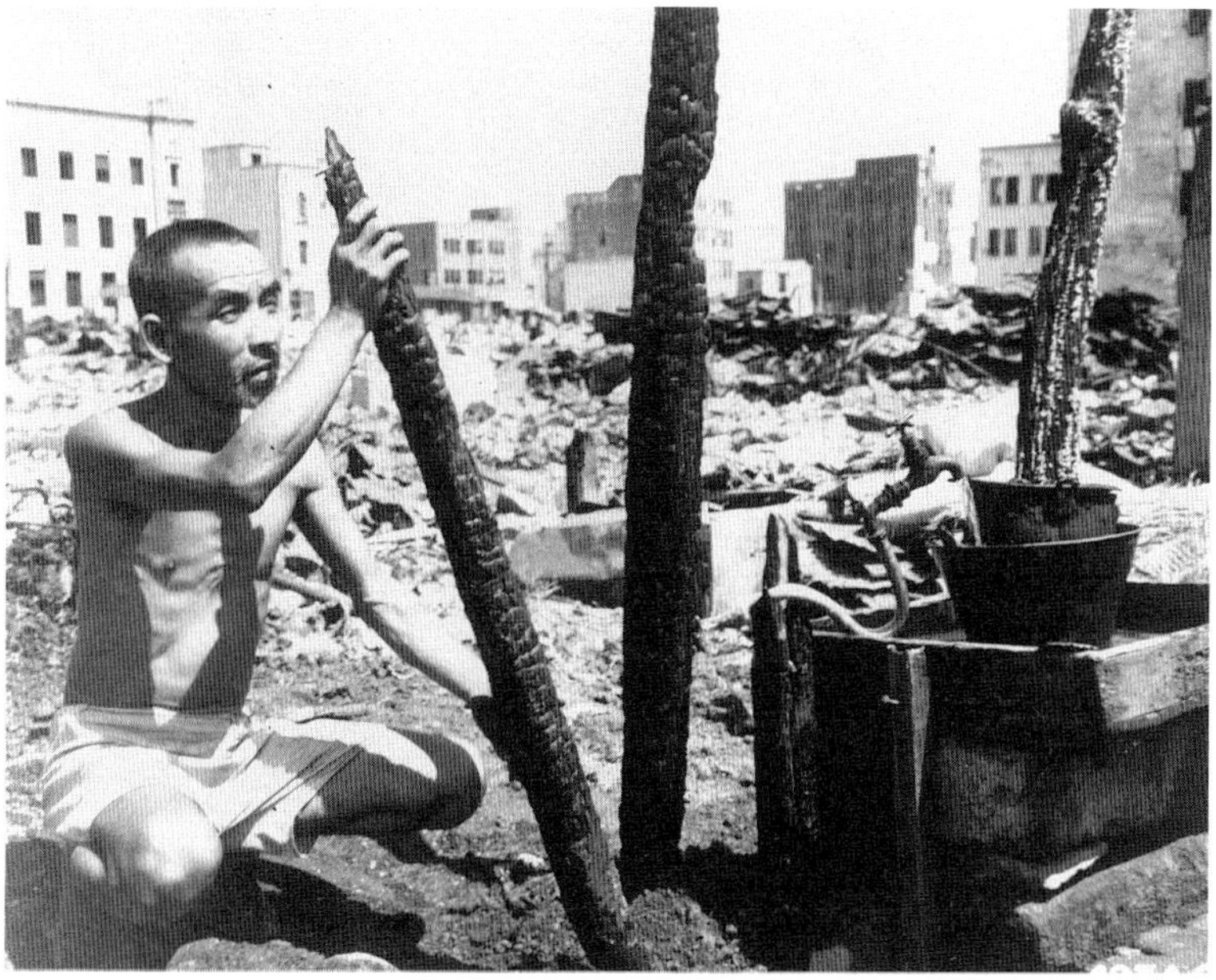

瓦礫と化したかつての我が家の跡で、呆然と焼け落ちた柱を手にする市民。

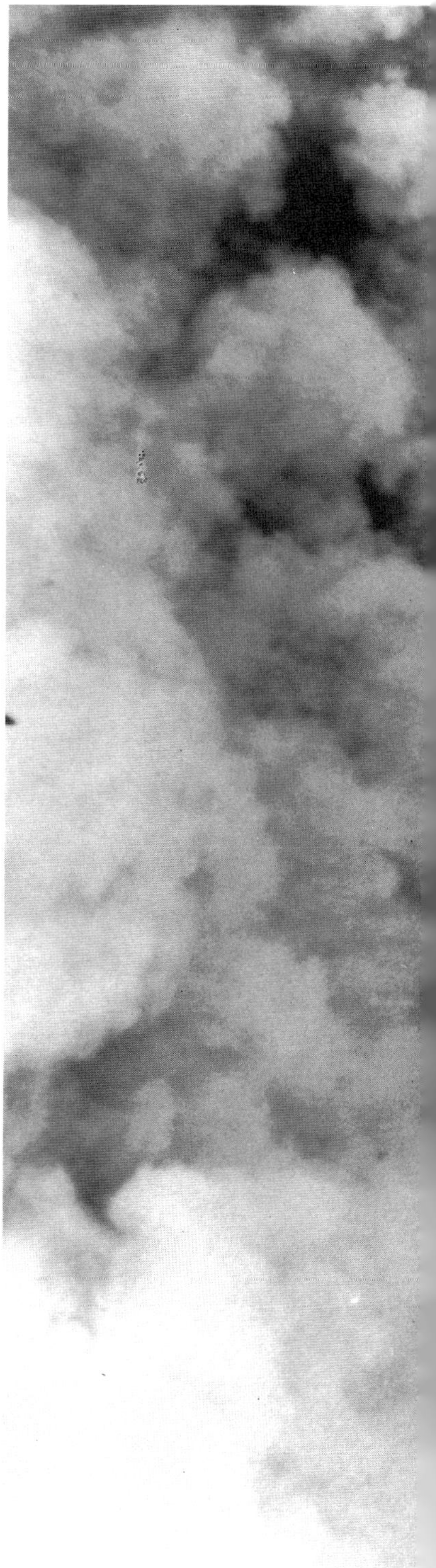

戦後の昭和20年9月5日、横浜山手から見た市街。大岡川の左前方が伊勢佐木町、右側が山下町。

日本の玄関でもある横浜には多くの港湾施設やホテルもあったが、5月29日の空襲でほとんど灰燼に帰してしまった。写真中央に焼け残っているのはホテル・ニューグランド、川に沿った手前の焼け跡の中の道が現在の元町通り。

すっかり焼け落ちた横浜の中心街。写真の下方が桜木町駅。桜川に沿った左手には横浜公園野球場が見え、上方海側に根岸の競馬場も望める。

すべての家財道具を焼かれてしまった人々は、焼け跡の中から使えそうな生活用品を拾い集めていた。

5月29日の大空襲で猛火の中を避難する人々。

神奈川県下における空襲被害状況一覧表

年月日	時間	被害地域	来襲機数	死者	重軽傷	罹災戸数
19.12.25	03:05-03:15	横浜市鶴見区、港北区	B29 3	0	5	7
20. 1. 9	13:45-14:25	横浜市中区、神奈川区、鎌倉郡深沢村、横須賀市逸見町	B29 21	6	5	0
20. 2.15	13:55-14:08	横浜市戸塚区	B29 2	3	0	0
20. 2.16	07:33-16:35	横浜市、川崎市、横須賀市、藤沢市、小田原市、平塚市、三浦郡、中郡	艦上機 273	24	162	0
20. 2.17	07:48-12:09	横浜市、川崎市、藤沢市、平塚市、中郡、高座郡	艦上機 320	11	90	1
20. 2.19	14:43-15:39	横浜市鶴見区、神奈川区	B29 123	8	15	53
20. 2.25	08:05-08:43	横浜市、足柄下郡、足柄上郡	艦上機 116	2	8	0
20. 3.10	01:05	横浜市港北区樽町	B29 3	0	1	22
20. 3.20	12:40	横浜市港北区中山町	B29 1	0	1	0
20. 4. 2	02:10-03:40	横浜市港北区恩田町、藤沢市辻堂、川崎市木月	B29 60	1	4	1
20. 4. 4	02:08-04:24	横浜市神奈川区、鶴見区、港北区、戸塚区、川崎市（臨港、中原、高津）	B29 80	398	516	1,163
20. 4. 7	09:30-10:40	横浜市南区、保土ヶ谷区、磯子区、鎌倉郡	B29 60	1	4	0
20. 4.15-16	22:25-01:09	横浜市、川崎市、鶴見区、神奈川区、保土ヶ谷区、磯子区、中区	B29 200	972	2,212	52,655
20. 4.19	10:00-10:40	横浜市南区、戸塚区、高座郡、三浦郡	P51 40	8	3	35
20. 4.24	08:25-09:40	横浜市(横浜港)、三浦郡葉山町、津久井郡中野町	B29 3	0	0	0
20. 5.17	11:25-13:25	横浜市、藤沢市、高座郡、中郡、戸塚市	B29 1 P51 40	3	5	5
20. 5.24	01:00-03:55	横浜市、川崎市、高座郡	B29 250	74	185	2,047
20. 5.25-26	22:02-01:30	横浜市、川崎市、横須賀市、藤沢市、高座郡	B29 500	7	15	115
20. 5.29	09:15-10:50	横浜市中区、南区、西区、神奈川区、保土ヶ谷区、鶴見区、川崎市	B29 517 P51 101	3,787	12,391	29,350
20. 6.10	09:38-15:25	横浜市中区、磯子区	B29 363 P51 30	136	494	144
20. 7.10	05:10-18:30	横浜市、横須賀市、愛甲郡、高座郡、足柄下郡	艦上機 420	9	15	0
20. 7.12-13	22:05-02:00	横浜市鶴見区、川崎市（臨港）	B29 50	215	133	98
20. 7.18	11:53-17:30	横浜市、横須賀市、三浦郡、鎌倉郡、愛甲郡	艦上機 250	15	74	152
20. 7.25-26	21:38-0:12	横浜市鶴見区、川崎市扇町、大川町	B29 50	115	98	93
20. 7.28	08:00-13:00	横浜市、横須賀市、川崎市、平塚市、愛甲郡、中郡	P51 50	5	40	0
20. 8. 1-2	20:55-02:41	横浜市、川崎市、津久井郡	B29 100	70	26	172
20. 8.10	08:30	横浜市	艦上機 4	3	0	0
20. 8.13	06:40-17:10	横浜市、川崎市、平塚市、足柄上郡、足柄下郡、小田原市、藤沢市、高座郡	艦上機 200	56	72	37

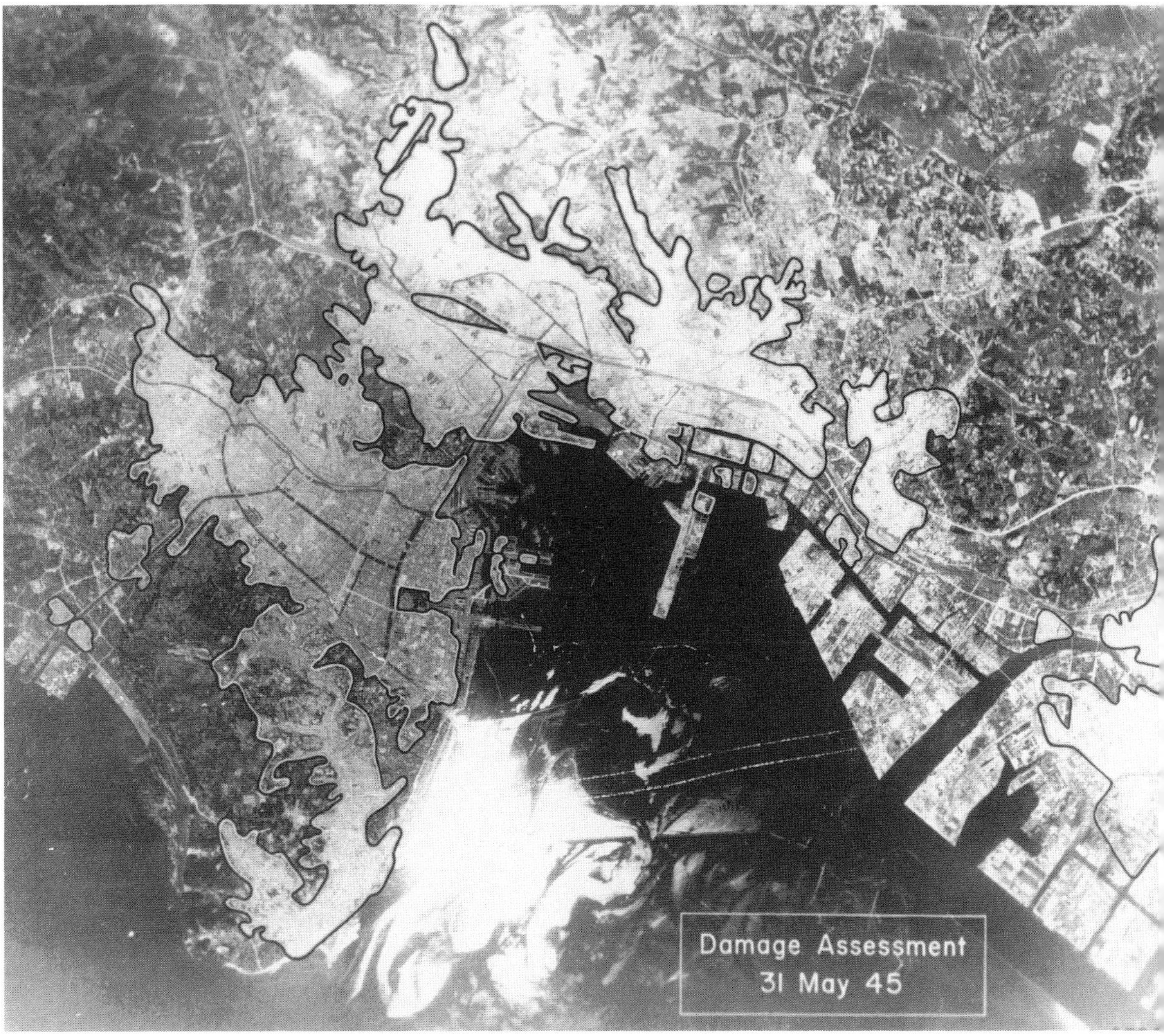

５月29日の大空襲の翌々31日、横浜の被害調査に飛来したB29による偵察写真。黒い線内が焼失地域で、米軍の所期の計画より被害地域ははるかに大きかったという。

焼け落ちた横浜の街。写真は大空襲から３カ月以上たった９月11日に撮影されたものだが、ほとんど瓦礫のままだ。

市の中心部を焼け野原に変えた川崎大空襲

日本鋼管上空から見た被災後の川崎市街。市役所ほか一部の建物を除いてほとんど焼失してしまっている。東京、横浜とともにベルト工業地帯を形成し、優秀なドック施設や重化学工場のあった川崎も、B29の空襲によって市域の三割が壊滅するほどの損害を被った。

川崎が最初に空襲を受けたのは昭和十七年(一九四二)四月十八日だった。いわゆるドゥーリットル空襲で、B25爆撃機三機が、工場の集中する臨海工業地帯に投下した爆弾によって、三十四名の死者と九十名の負傷者を出した。これは東京全域で被ったドゥーリットル空襲の被害に匹敵するものだった。

それからおよそ二年半後の十九年十一月二十四日、マリアナを基地としたB29が初めて東京(中島飛行機武蔵製作所)を爆撃したときには、川崎にも少量の爆弾・焼夷弾が投下され被害を出した。翌二十年二月十六日には二百七十三機、十七日には三百二十機もの米軍の艦上機が川崎を襲った。

川崎は当時から日本有数の工業地帯であり、その工場の大部分が戦時資材を製造していた。さらに東京と横浜の間に位置している川崎は、いわば頸動脈に相当し、東京、横浜とならんで米軍の最重要ターゲットのひとつとなったのである。

四月四日、B29約五十機は川崎の工業地帯を目標とした夜間爆撃を行った。百九十四名の死者と二百四十三名の負傷者を出す大きな被害を受けたが、同月十五日にはさらに大規模な空襲を受ける。

四月十五日午後十時三分、空襲警報が発令されたが、ほぼ同時刻、来襲したB29百九十四機が市街地に対して爆撃を開始した。東京南部と一緒に行われたこの空襲で、米軍は焼夷弾を含む一千百十トンの爆弾を投下した。川崎大師(平間寺)の本堂と山門も焼け落ち、市の中心部は市役所を除いて、一面焼け野原になった。五月に入っても無差別爆撃は繰り返され、そのたびに被害が拡大していった。

六月以降は臨海工業地帯の製油所に対する精密爆撃が行われた。七月十三日にB29が川崎と鶴見の工業地帯を爆撃し、同月二十五日には三菱石油川崎製油所が空襲を受けた。

川崎はおよそ二十回にもおよぶ空襲を受け、犠牲者は死者約一千名、負傷者約一万五千名を数える。その大半は四月十五日の〝川崎大空襲〟によるものだと言われている。

焼け残った市役所本庁の３階から見た市街地の惨状（昭和20年４月25日）。

昭和20年12月ごろに撮影された六郷橋付近。焼け跡の中を貫く道路は国道15号（第１京浜国道）。

空襲を生き延びた市役所の建物。市街は市役所を除いてほとんど焼け野原となった。

防空訓練にはげむ市民たち（砂子付近）。だが、空襲の猛火は市民を容赦なく襲った。

昭和20年４月15日の〝川崎大空襲〟によって市街地は壊滅状態となった。写真は六郷橋付近から見た明治産業（現在の明治製菓）、東芝方面。

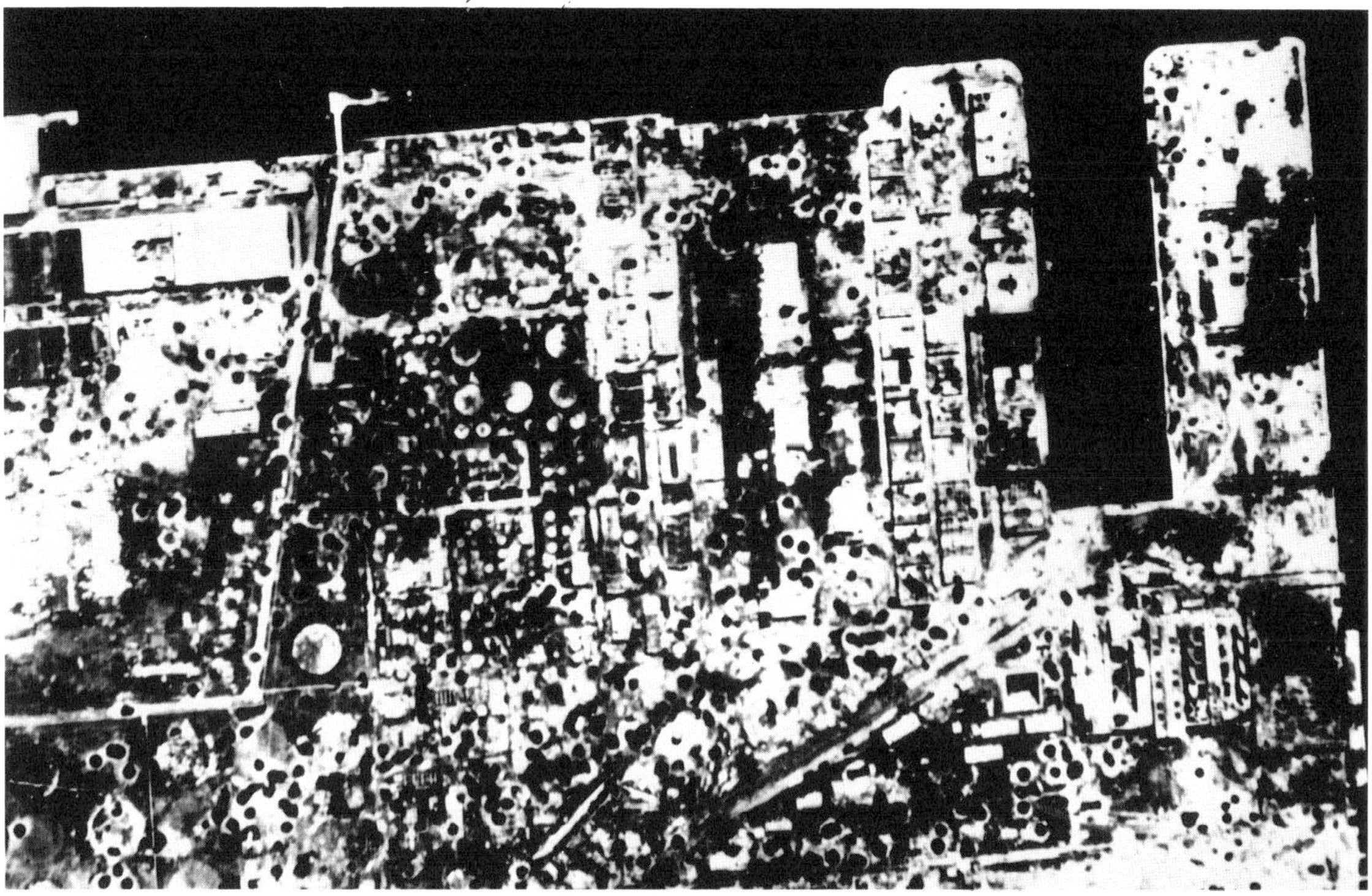

米軍の精密爆撃によって穴だらけにされた三菱石油川崎製油所。20年6月以降、臨海工業地帯の製油所などが、重点的に米軍の攻撃にさらされるようになった。

昭和20年7月25日、米軍は三菱石油を主目標に、75機のB29で臨海工業地帯を爆撃した。爆弾によってできた大穴が爆撃のすさまじさを物語っている（三菱石油川崎製油所）。

被害を受けた三菱石油川崎製油所の施設。米軍は三菱石油だけでなく、臨海工業地帯の各所を爆撃した。空襲は8月に入ってからも続き、8月1日に100機のB29が臨海工業地帯を爆撃し、8月13日には米軍の艦上機が多数来襲して、川崎駅付近を機銃掃射した。

爆撃された三菱石油川崎製油所の惨状。

硫黄島

日本空爆の前線基地となった硫黄島

昭和20年２月23日、米第５海兵師団は初めて硫黄島の摺鉢山に星条旗を翻させた。日米の激闘はこの後もまだまだ続くのだが、すでに雌雄は決していた。

予想外の激戦のすえ完全占領した硫黄島は、マリアナ諸島を基地にするB29にとっては前線基地であり、整備基地であり、緊急着陸基地ともなった。

奪取された硫黄島の価値

首都東京をはじめ、日本の主要都市が次々と焼き尽くされている昭和二十年三月以降、陸上の日米決戦も終末に向かって血みどろの戦闘を展開していた。固有の日本領土での初の戦闘となった硫黄島の戦いも、二月十九日の米軍上陸以来一カ月が経《た》ち、栗林忠道中将指揮の守備隊は島の北端に追い詰められ、三月二十六日早朝の総攻撃を最後に組織的戦闘に終止符を打っていた。

日本空襲の米第二十一爆撃軍にとって、硫黄島を手に入れたことは、多くのB29とその搭乗員の命を救うことになった。硫黄島は日本空襲の基地であるマリアナと東京のほぼ中間にあり、B29にとっては絶好の中継基地となり、緊急着陸基地となったからである。

米戦略爆撃調査団報告書の『B29部隊の対日戦略爆撃作戦』は、硫黄島占領の効用を、B29部隊の戦闘効果の増大に決定的な要因となったといい、こう続けている。

「硫黄島における戦闘がまだ進行中であった一九四五年三月四日に、同島にはじめてB29の不時着が行われた。これを最初として、その後同島の飛行場には二千四百回以上におよぶ一連の不時着が実施された。もし硫黄島が利用できなかったならば、これらの重爆撃機の大半は太平洋上に不時着水することを余儀

なくされていたに違いない。

硫黄島が不時着陸のため利用できるという事実は、三千マイルの大洋上を飛んで作戦する戦闘搭乗員の士気と自信を計り知れないほど増大するのに役に立った」

米軍にとって硫黄島奪取の利点は、単に戦略爆撃隊の不時着基地としてだけではなかった。完全占領直後の二十年四月はじめには、早くも第七戦闘機軍のP51やP47戦闘機が硫黄島に進出し、四月七日にマリアナを発進して東京の中島飛行機武蔵製作所攻撃に向かうB29群の初護衛に飛び立っている。

以後、終戦までの四カ月余の間に、硫黄島を基地とする戦闘機隊は千七百回以上出撃し、B29の護衛と同時に自らも攻撃に参加し、かなりの戦果を挙げている。前出の報告書は記している。

「硫黄島の第七戦闘機軍は四月七日に航空攻勢にはじめて参加したが、以後四カ月ちょっとの間に四百九十七機の日本機を破壊し、さらに五百六十七機を撃破した。そのうち空戦による撃墜または推定撃墜は二百七十六機であり、地上における破壊または推定破壊は二百十九機であった。日本側はP51およびP47戦闘機隊との空戦の意欲を示さず、その航空機をきわめて巧妙に地上に隠していたので、飛行場の機銃掃射にもほとんど反応を示さなかった」

硫黄島上空でマリアナを立ったB29爆撃隊と合流し、護衛をしながら日本空爆に向かうP51戦闘機隊。

日本空襲から無事に帰り、上官から空爆の様子や戦果を聞かれる搭乗員たち。

この日、昭和20年4月7日は硫黄島奪取後初めて第7戦闘機軍のP51戦闘機97機がB29を護衛して日本空襲に飛び立った。写真は無事帰還したP51や緊急着陸するB29でごった返す硫黄島の飛行場。

日本の航空機工場を空襲しての帰り、エンジン不調で硫黄島に緊急着陸したB29だったが、駐機中の飛行機に激突して炎上した。

昭和20年３月10日の東京大空襲に向かったが、途中でエンジンが故障し、かろうじて硫黄島まで引き返し、元山飛行場に不時着したB29。

このB29も日本空襲で損傷を受け、やっとのことで硫黄島までたどり着いたものの、滑走路をオーバーランして海中に突っ込んでしまった。

ルメイが嫌がった沖縄上陸支援空襲

B29の爆撃を受ける大刀洗飛行場。昭和20年 3 月27日、大分飛行場や大村の航空廠などとともに、大刀洗は73機のB29による攻撃を受けた。その後もB29の襲来は続き、5月 4 日までの間に 7 回におよぶ空襲を受けた。

ニミッツの意向による飛行場攻撃

マリアナ諸島に展開するB29部隊は米軍の沖縄上陸(昭和二十年四月一日)に先立って、三月二十七日から五月十一日まで、沖縄上陸を支援するために、特攻隊の出撃基地となっていた福岡県の大刀洗や鹿児島県の鹿屋など、九州各地の飛行場爆撃を行った。

それまでの大都市に対する戦略爆撃から、いわば戦術爆撃へと作戦が転換されたのだが、これはチェスター・W・ニミッツ太平洋艦隊司令長官の意向によるものだった。しかし、B29を戦術爆撃に使用することに対してルメイ少将は不満で、何度かニミッツに作戦の終了を促している。

ルメイは最初の数回の飛行場爆撃で十分目的は達成できたと考えていた。しかし、ニミッツ長官や幕僚たちは、日本の特攻を阻止するために、B29が引き続き九州各地の飛行場を爆撃することを望んでいたため、ルメイの要望は受け入れられなかった。

ルメイは自伝の中で次のように述べている。

「もともと、B29は戦術爆撃機ではなく、私はそのように見せかけようともしなかった。たとえ日本の飛行場をたたきつぶしたとしても、われわれは〝神風〟による脅威をゼロにまで減らすことはできなかった。その脅威の若干は、たえず存在したのである」

ところで、B29が九州各地の飛行場を爆撃していた間は、マリアナ諸島では焼夷弾の備蓄が底をついていた時期でもあった。それまでの大都市に対する大規模無差別爆撃は、焼夷弾がないため四月二十五日の名古屋への空襲を最後に実施されなくなった。九州各地の飛行場空襲は、米軍にとってちょうど良い時期に当たっていたともいえる。

しかし、五月十四日の名古屋北部に対する空襲から、ふたたび大規模な焼夷弾攻撃が実施されるようになった。

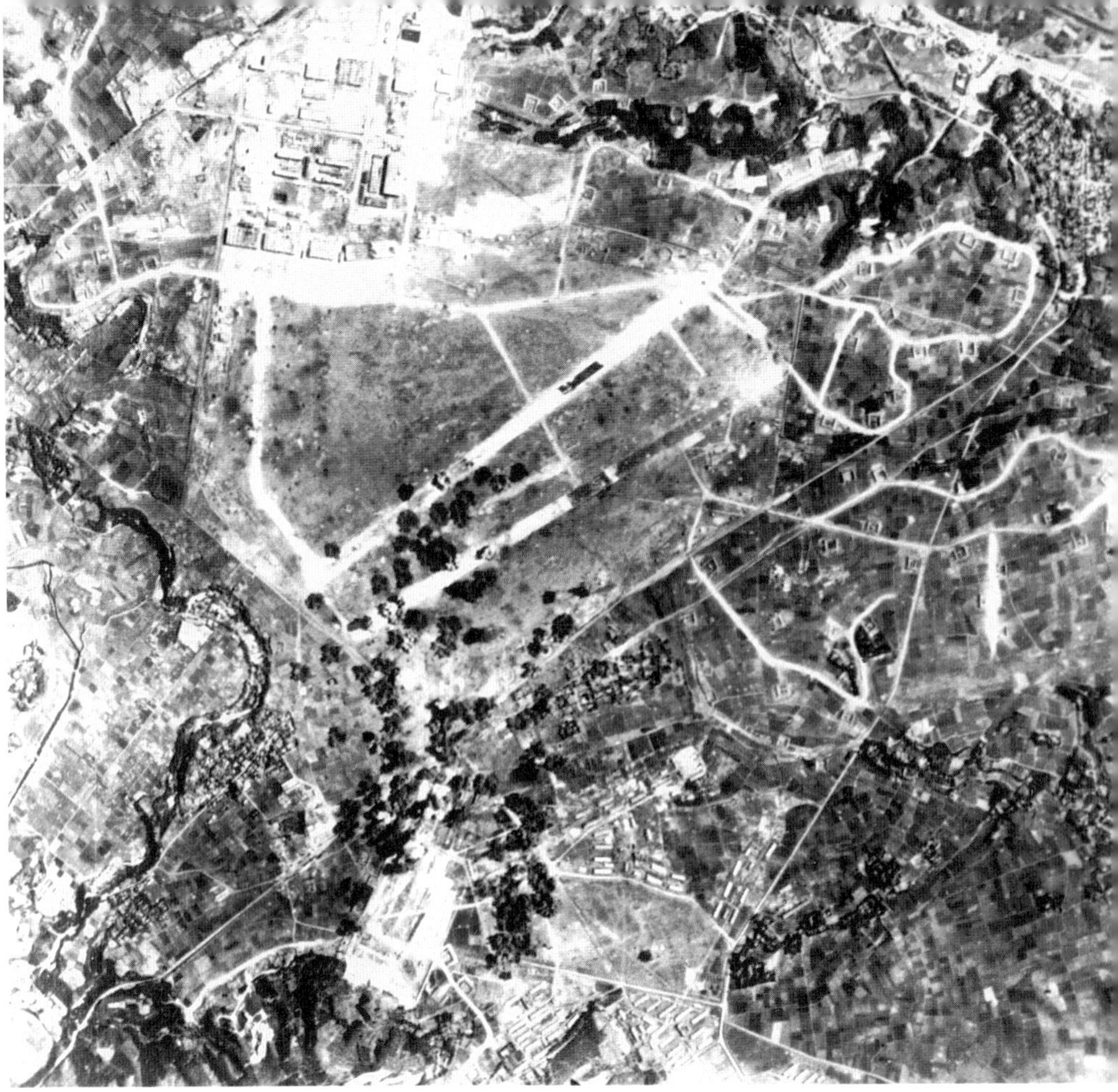

フィリピンで特攻機による体当り攻撃で散々な目にあっていた米軍は、沖縄上陸に先立って、特攻隊の基地となっていた九州各地の飛行場を叩き潰すことに全力をあげた。とくに、鹿屋、知覧、笠之原、国分など、沖縄にもっとも近い鹿児島県の各航空基地は、連日のように激しい爆撃にさらされた。写真は4月末に攻撃を受けている鹿屋飛行場。

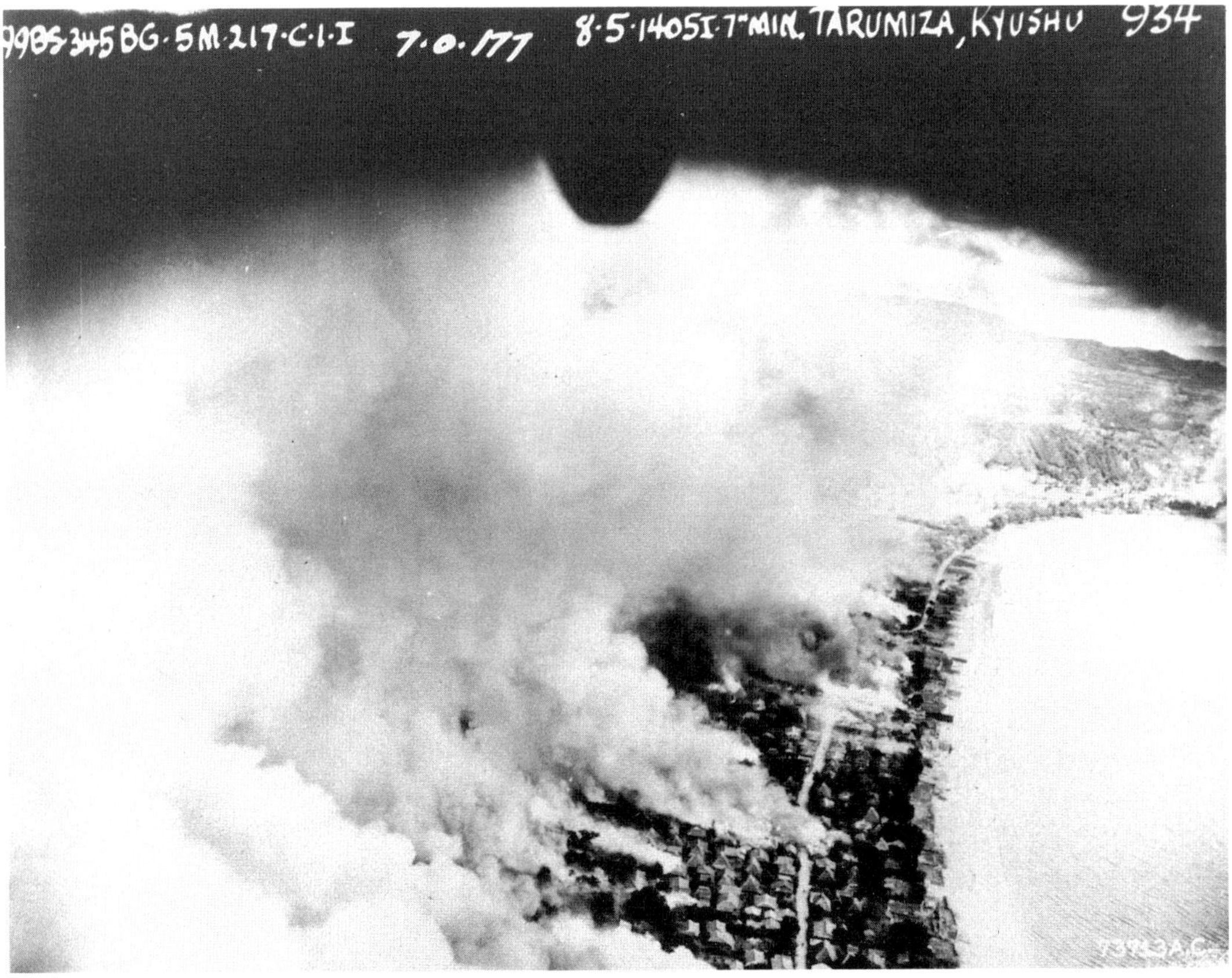

第345爆撃隊399爆撃中隊が記録した炎に包まれる垂水。煙によって市街地の大半が覆われている。

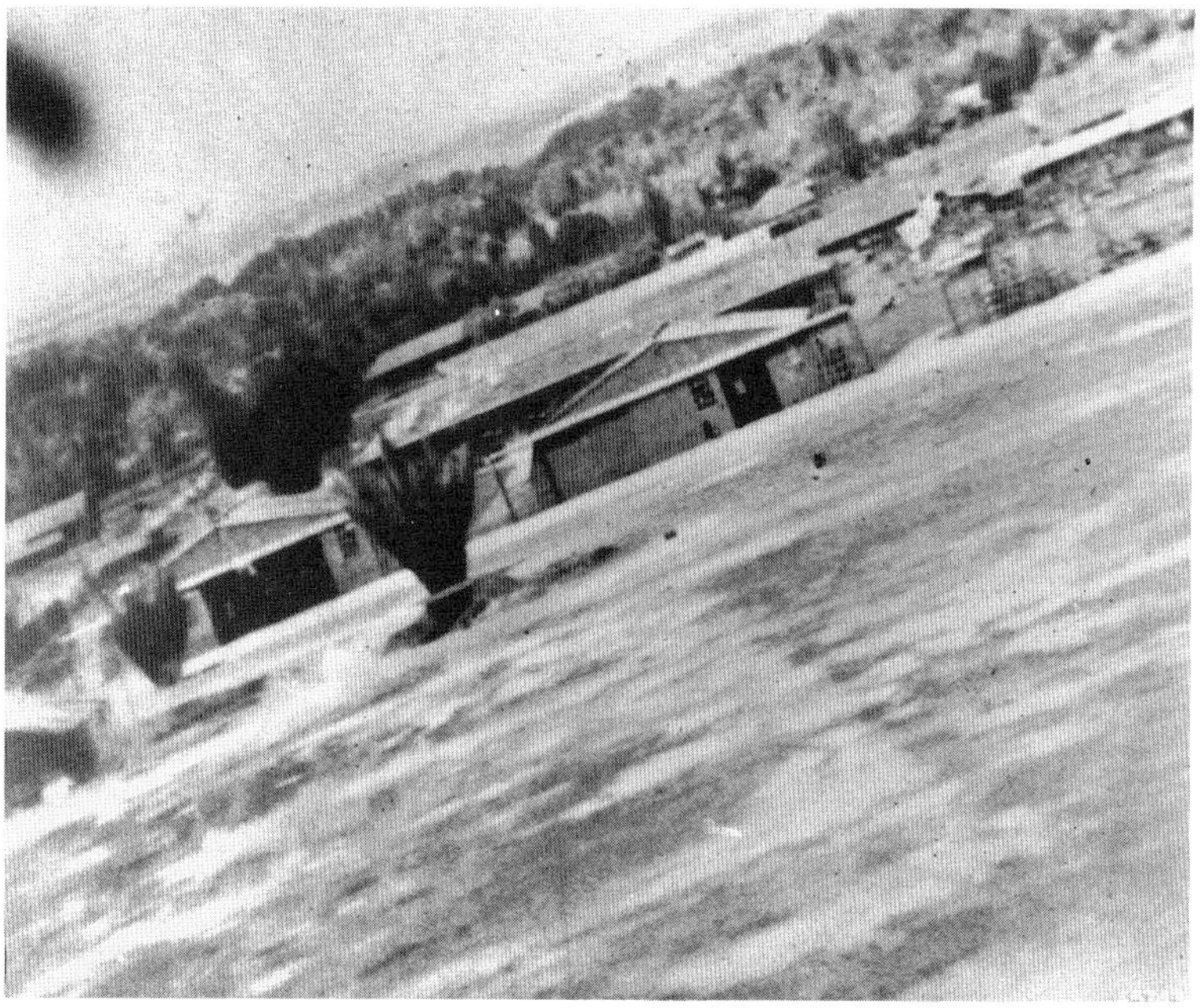

飛行場への空襲はB29ばかりでなく、艦上機やP51などによっても行われた。写真はP51がとらえた空襲を受ける笠之原海軍航空基地。

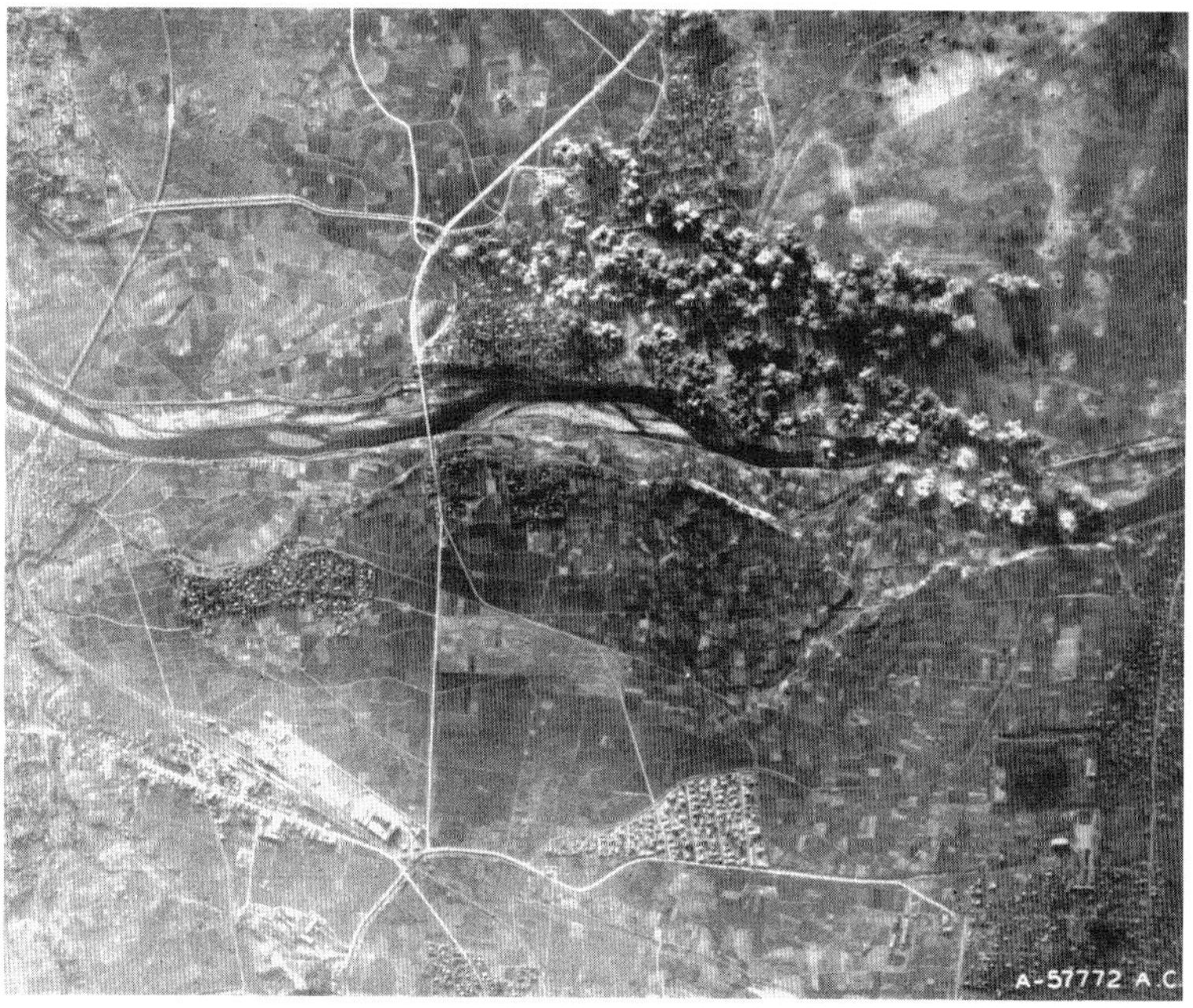

上空から撮影された爆撃を受ける国分海軍航空基地。錦江湾（鹿児島湾）に面した国分にも海軍の航空基地があったため、米軍による空襲の目標とされた。

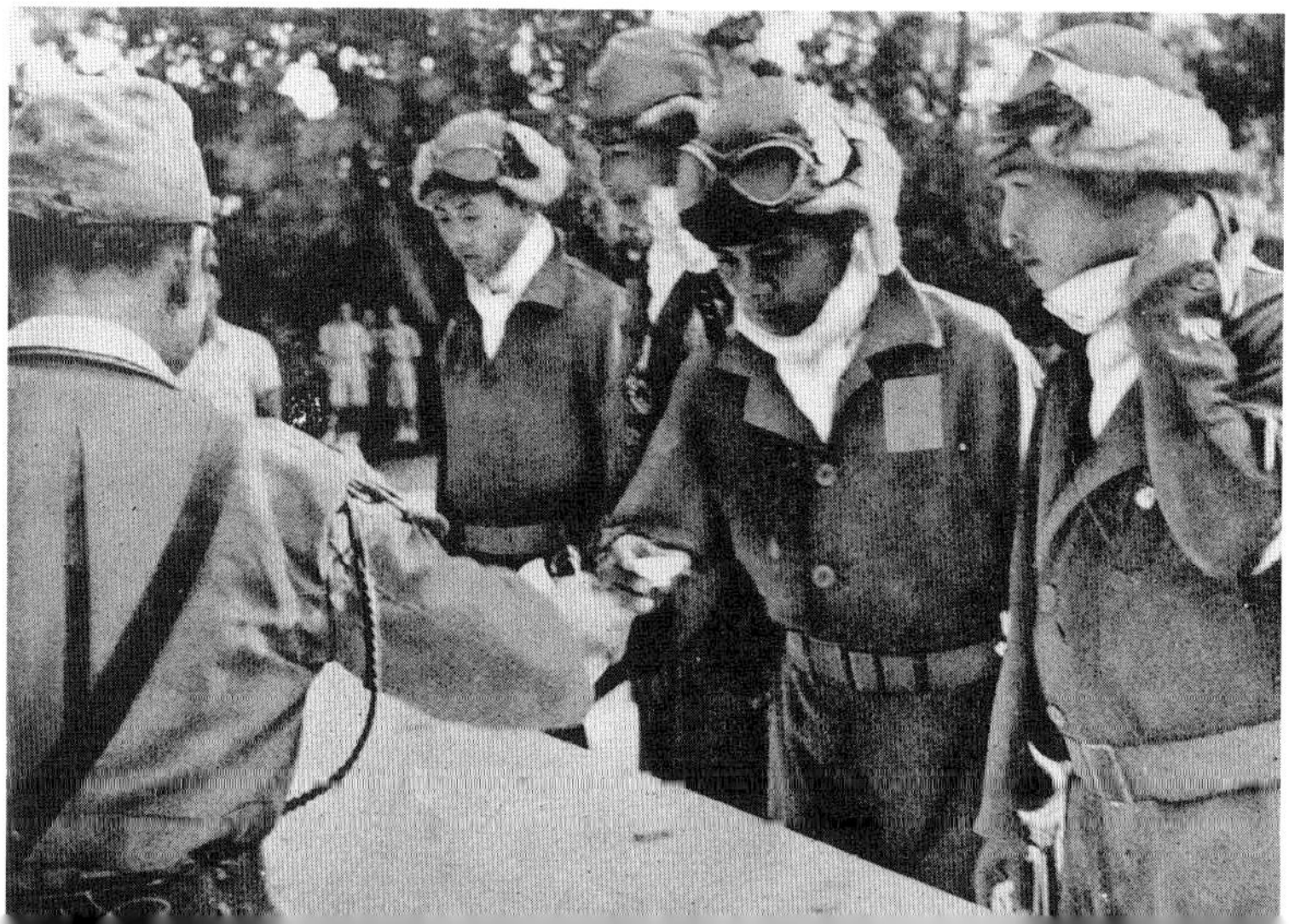

水盃を交わして別れる特攻隊員と指揮官たち。特攻基地となっていた九州各地の飛行場は激しい空襲を受けたが、特攻は終戦まで続き、約3,000名が戦死した。

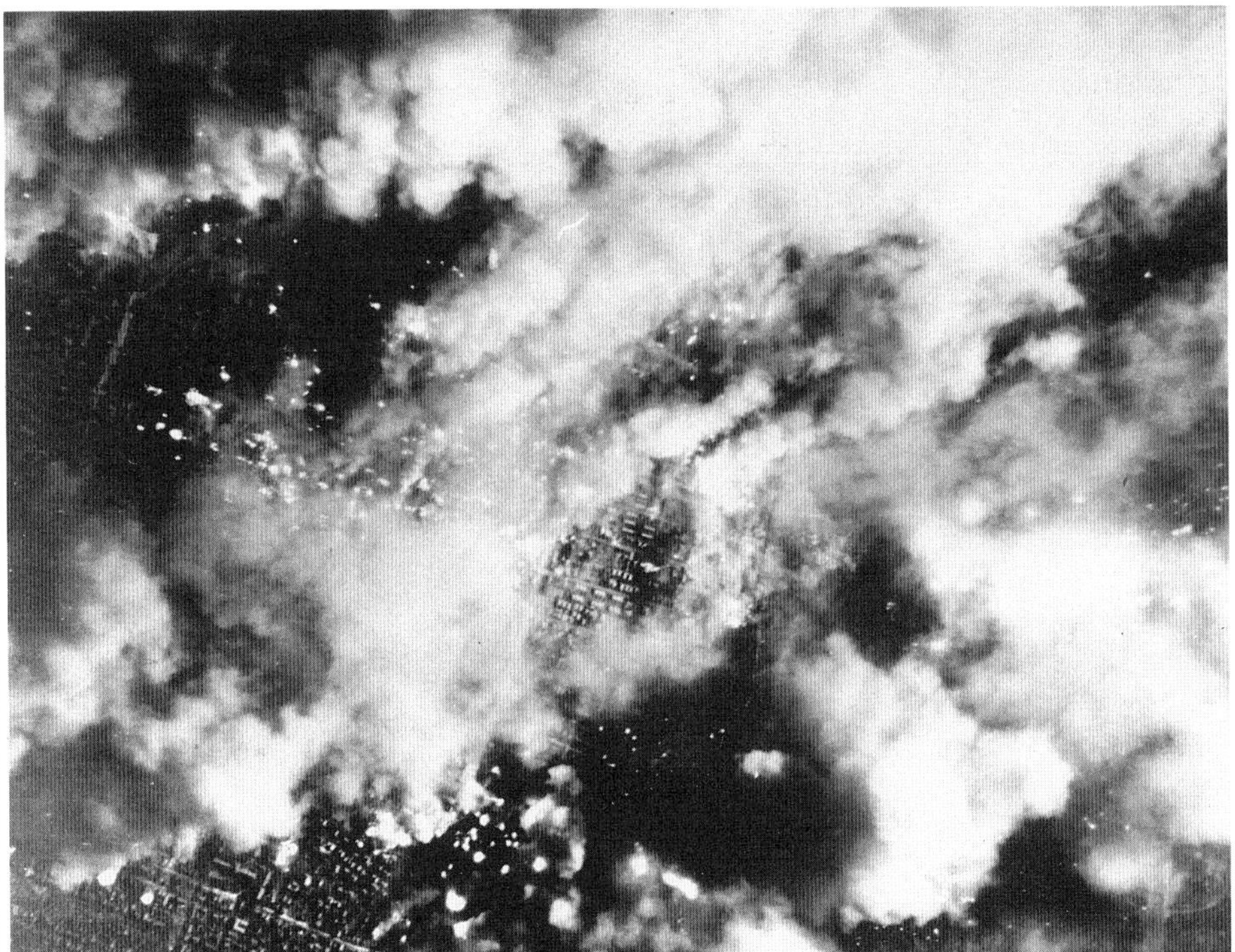

昭和20年3月26日の空襲を皮きりに、大分の飛行場は延べ10回にもおよぶB29の爆撃を受けた。だが、大分の市街地も7月16日から17日未明にかけて、127機のB29による空襲を受け、790トンの焼夷弾が市内の中心部や鉄道にばら撒かれた。写真は上・右ともに7月16日の空襲を記録したもの。

爆撃される宮崎飛行場。宮崎飛行場に対するB29の爆撃は、昭和20年4月18日から5月11日にかけて、延べ10回にわたって行われている。5月11日には市街地もB29の爆撃を受け、多くの犠牲者を出している。

一千五百機を動員した機雷封鎖作戦

関門海峡は日本の商船隊にとって最重要のルートであり、日本の生命線ともいえた。米軍はこの関門海峡を機雷によって徹底的に封鎖した。B29による関門海峡への機雷投下はおよそ46回にもおよんだ。

昭和二十年三月二十七日、九十四機のB29が関門海峡の上空に姿を現し、五百六十四トンにも上る機雷をばら撒《ま》いていった。この日以降、米軍による海上ルート封鎖のための機雷の投下が開始された。機雷封鎖の目標となったのは関門海峡のほかに、呉軍港、広島、大阪、神戸、伊勢湾、博多湾、敦賀湾、新潟港、舞鶴など日本全国におよび、また、釜山や麗水といった朝鮮半島の主な港も狙われた。

機雷封鎖作戦の目的は、

①日本への原材料および食料の輸入を阻止すること

②日本軍隊の補給および移動を阻止すること

③日本内海の海運を崩壊させること

の三点にあった。そのために、日本の商船の約八〇パーセントが通過するとされる関門海峡が徹底的に狙われた。また、工業港と商業港の封鎖、朝鮮半島の主要港に機雷を敷設して日本と朝鮮間の交通を遮断するといった方法が採られた。

B29は夜間、レーダーを利用して高度一千五百〜二千五百メートルで機雷を投下する方法で、二十年三月から終戦までに四十六回におよぶ機雷投下を実施した。延べ一千五百二十八機のB29が参加し、敷設された機雷は一万二百五十四個であった。太平洋戦争中に沈没した船舶のうち、およそ九パーセントがこうした機雷によって沈められたという。

機雷を投下するB29。投下された機雷は浅い海面に沈下し、船舶の磁気やスクリュー音、水圧などに反応して爆発する仕組みになっている。

製油施設を破壊せよ！

工場の屋根が焼け落ち、空襲の生々しい傷跡が残る、破壊された下松（山口県）の製油施設。下松には日本石油の下松工場があり、２度にわたってB29の攻撃にさらされ、59パーセントを焼失したという。

宇津部製油所のある四日市（三重県）は20年6月22日、26日、7月9日の3回にわたってB29の標的となった。写真は製油所の蒸留工場の被害状況を調べる米係員。

昭和20年5月10日に空襲を受け、徹底的に破壊された大竹（広島県）の製油所。この日、115機のB29が来襲し、2,242個、560トンの爆弾を投下していった。

日本の大都市を焦土と化したB29の夜間焼夷弾爆撃と並行して、主要な工業施設に対して、三千七百〜六千百メートルの高度からの昼間攻撃が実施された。こうした昼間爆撃の目標になった施設には、航空機工場、兵器廠（工廠）とともに石油生産施設が含まれていた。昭和二十年十一月に予定されていた九州上陸作戦（オリンピック作戦）に備え、日本の抵抗力を徹底的に削ぎ落とそうとしたのである。

五月十日、山口県の徳山、岩国、大島が空襲を受けた。いずれも軍の燃料廠や燃料庫などの重要な施設があった。以後、三重県四日市の宇津部製油所、山口県下松の日本石油、宇部の帝国燃料工業などが爆撃にさらされ、一万六百トンの高性能爆弾が投下された。

米軍の試算によれば、空襲で石油生産能力の三パーセントが喪失し、生産量はもっとも多く生産された時期の一五パーセントにまで落ち込んだ。しかし、こうした減産の原因は空襲だけではなかった。東南アジアから原油を運ぶタンカーが海上で次々と撃沈され、すでに空襲を受ける前から石油生産は下降線を描いていた。『米国戦略爆撃調査団報告書』には次のような記述が見られる。

「……すなわち非常に戦術的には有効であったB29の攻撃も、大部分余計なものであったほど、原油の供給減少によって製油工場はその稼働率を大きく低下していたのであった」

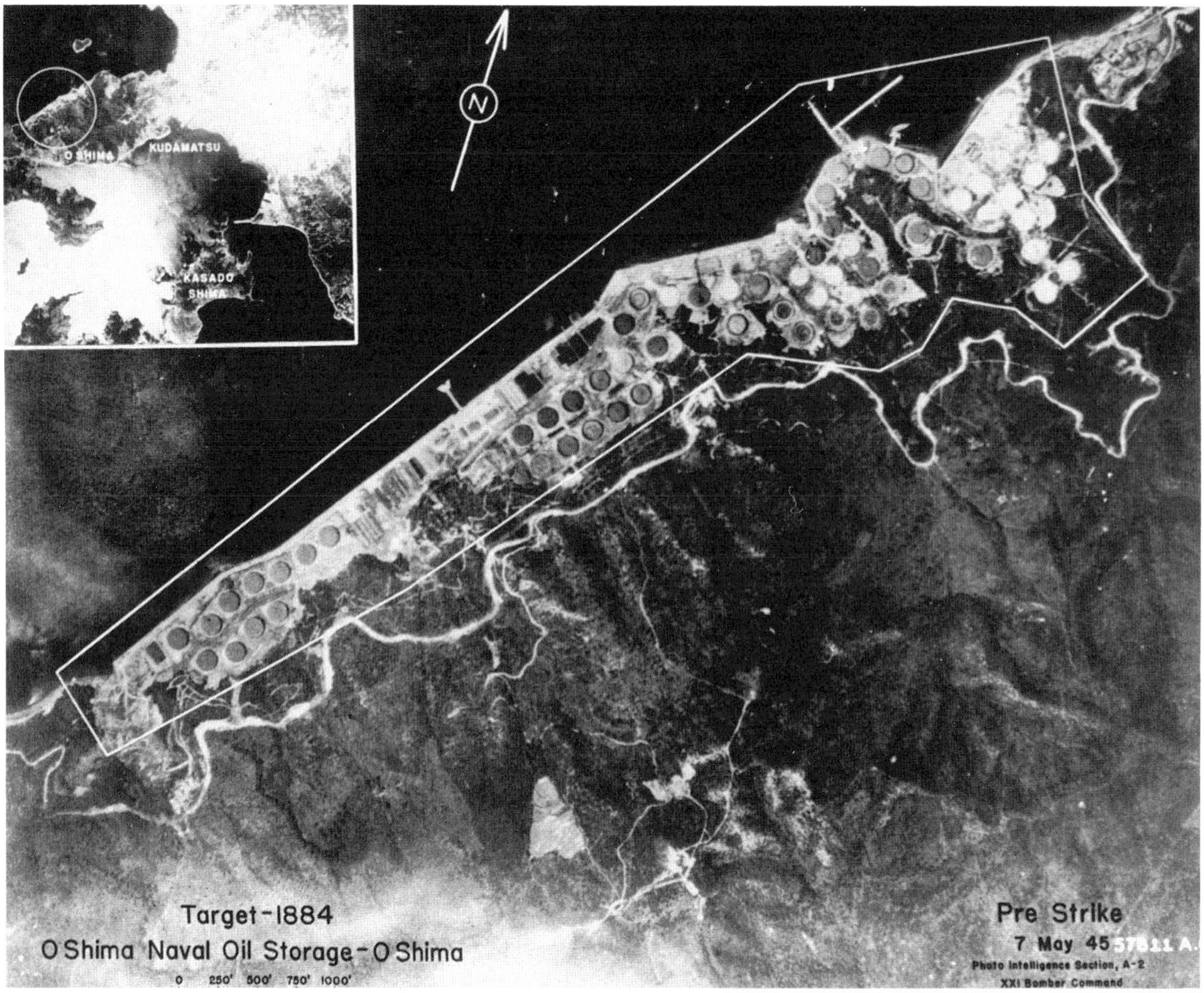

太華山のふもと、大島半島の徳山湾に面したところには海軍の貯油庫があった。5月7日、米軍は偵察飛行を行い、上空から貯油庫の様子を撮影した(写真上)。3日後の5月10日、約200機のB29が上空に姿を現した。83機のB29が大島貯油庫を襲い、54機が徳山の海軍燃料廠を爆撃した。写真右は爆撃を受け火を吹く第3海軍燃料廠。この日の空襲で燃料廠は壊滅的な打撃を受け、残ったのはタンク数個だけだったという。

破壊された帝国燃料工業第1工場。宇部は7月23日と8月5日、帝国燃料工業に大規模な空襲を受けたが、工場に隣接する市街地もただでは済まされなかった。市街地を含めて宇部は8回の空襲を受け、60万坪の市街地が焼失し、254名もの犠牲者を出した。

米軍の爆撃目標になった主な製油施設

年月日	爆撃時刻	爆撃目標	来襲機数		投下弾数	トン数	死者
20. 5.10	09:48 09:54 10:05	大竹（海軍燃料庫） 徳山（海軍燃料廠ほか） 大島（海軍貯油庫）	B29 B29 B29	115 117 83	2,242 2,068 1,599	560 520 394	不詳 294 不詳
20. 6.22	09:36	四日市（宇津部製油所）	B29	6	17	34	3
20. 6.26-27	22:35-12:20	四日市（宇津部製油所）	B29	33	891	223	78
20. 6.30	00:06	下松（日本石油工場）	B29	32	834	209	不詳
20. 7. 9	22:40-11:40	四日市（宇津部製油所）	B29	61	1,875	469	8
20. 7.13	00:06-01:45	川崎（人造石油会社）	B29	53	1,808	452	不詳
20. 7.15	23:07 23:41	宇部（帝国燃料工業会社） 下松（日本石油工場）	B29 B29	2 59	68 1,907	17 477	不詳 不詳
20. 7.19	23:20	尼崎（日本石油会社工場）	B29	83	2,741	685	不詳
20. 7.23	00:03	宇部（帝国燃料工業会社）	B29	72	2,479	620	不詳
20. 7.25	22:23	川崎（三菱石油工場）	B29	75	2,600	650	不詳
20. 8. 1	22:14	川崎（人造石油会社）	B29	120	4,069	1,017	不詳
20. 8. 5-6	22:24-02:00	宇部（帝国燃料工業会社）	B29	108	3,752	938	254
20. 8.10	00:29	尼崎（日本石油会社工場）	B29	95	3,608	902	19

《米国戦略爆撃調査団報告書ほかを参考に作成》

日立市

地方工業都市の壊滅作戦

日本の主要航空機工場をほぼ壊滅し、東京を初めとする大阪、名古屋、横浜、川崎、神戸などの主要都市をも壊滅に追い込んだ米軍は、次の目標に中小都市の工業地区を選んだ。空襲は昭和二十年六月に始められ、終戦の前日までつづけられた。その主な目標都市と空爆回数は後出の一覧表の通りであるが、北は北海道から南は九州・鹿児島にいたるまで全国にわたっている。空襲には戦略爆撃機B29だけではなく、硫黄島を基地にした戦闘機や空母搭載の艦上機も大量に参加し、爆撃に加えて機銃掃射も繰り返した。

7月19日の焼夷弾攻撃で炎上する日立市街。地上から撮影された貴重な写真だ（大和和夫氏撮影）。

6月10日の1トン爆弾で破壊された日立製作所海岸工場。第1波攻撃直後、工場の防護団員たちは必死の消火作業を始めたが、第2波攻撃にはばまれてしまった。

空爆と艦砲射撃で壊滅した日立市

市の中心に日立製作所のいくつもの工場を抱える日立市は、早くから空襲が懸念されていた。その懸念通り、主要都市攻撃を済ませた米軍は、昭和二十年六月十日に日立を襲ってきた。日立はこの後も七月十七日の深夜から十八日にかけて艦砲射撃を浴び、さらに十九日には市内全域に焼夷弾攻撃を受けて壊滅状態にされてしまった。

当時、日立製作所は有力な軍需工場であったから、六月十日の初空襲の目標は最初から同工場であった。そのためB29は焼夷弾に代えてビルや工場を破壊する通常の一トン爆弾を積み、午前八時五十六分、第一波二十九機が太平洋岸から高度一万メートルで進入、空爆を開始したのだった。

「その攻撃は、わずか二、三分のことであった。そして、爆撃機の退去とともに、防護団員は消火に当たろうとしたが、その余裕はなく、十分のちには、第二波B29二十五機が来襲した。さらに、第三波三十三機が六分後に、第四波三十四機は十八分すぎた九時半に、前後三十分あまりの間に、実に五百八発の一トン爆弾を投下して去っていったのである。

――ただし、アメリカ軍記録によると、八百六発であるという」（『日立戦災史』）

延べ百二十一機による空襲は、日立製作所

1トン爆弾の猛攻撃を受ける日立製作所海岸工場。前日9日、日立製作所には三笠宮殿下が工場視察に訪れていた。その夜殿下は日立市に隣接する大甕の日立厚生園に宿泊していたため無事であったが、空襲を知った三笠宮は空爆直後の午前10時すぎ、ふたたび工場を訪れて被害状況を視察、従業員たちを励ましたという。

7月19日深夜、133機のB29による焼夷弾攻撃で焼き払われた日立の市街地。

日立製作所の各工場では、多くの女子挺身隊員たちも働いていた。写真は多賀工場の隊員たち。

海岸工場の施設九七パーセントを破壊し、隣接する一般住宅約千五百戸を全壊、九百戸近くを半壊させた。死者は千百五十一名、重軽傷八百九十二名（いずれも推定）という多きに達した。このうち死者の約半数にあたる六百三十四名は日立製作所の従業員で、その大半は地下の退避壕に逃れたところを空爆され、防空壕の崩壊によって圧死、窒息死したものだった。『昭和二十年六月十日・日立工場戦災記録』によれば、「敵は地下工場があると見てここに攻撃を集中したところに根本的な原因があるように思われます」という。

海岸工場では軍も出動して崩壊した地下壕の発掘作業をつづけ、遺体の収容に当たっていたが、一カ月を過ぎてもなお百体近くが未収容だった。その最中の七月十七日深夜の午後十一時十四分、日立市民はふたたび轟音に見舞われた。今度は米艦隊の艦砲射撃だった。米第三艦隊の戦艦五隻、軽巡洋艦二隻、駆逐艦九隻による砲撃は十二時十一分まで続き、四〇センチ砲弾など八百七十発を撃ち込んだ。この艦砲射撃にはキング・ジョージ五世などイギリス戦艦三隻も参加し、日立の工場群に砲撃を加えていた。そして一日置いた十九日夜半には市街地を狙った焼夷弾攻撃が行われた。市の中心地は火の海となり、街は消え去った。艦砲と焼夷弾攻撃による死者は百十五名、重軽傷は四十一名を数えた（いずれも推定）。

爆撃と機銃掃射にさらされた鹿児島市

城山の麓にある西郷銅像の後ろから見た瓦礫と化した朝日通り方面。現在はない市電のレールも見える。

鹿児島市は８回の主要空襲で壊滅した。その原形をとどめているのは鉄筋コンクリートの建物だけである。写真下の建物は市立図書館（現博物館）、中央の建物は高島屋。

県内にいくつかの航空基地を持つ鹿児島の中心・鹿児島市は昭和二十年三月十八日の初空襲以来、八月六日の市街地空襲まで前後八回の空襲に見舞われた。この他にもＢ29単機による空爆が数回行われている。

三月十八日の空襲は空母搭載の艦上機約四十機による小規模なもので、目標は郡元町《こおりもとちょう》の海軍航空基地や鹿児島湾の船舶だった。艦上機による空爆は四月八日も午前十時半から行われ、延べ四十二機が二百五十キロ爆弾約六十個、百六十六トンを初めて市街地に投下した。被害は意外に大きく、死者五百八十七名、負傷四百二十四名という〝真昼の地獄絵〟を現出した。

鹿児島空襲はこのあと四月二十一日、五月十二日、六月十七日、七月二十七日、三十一日、そして八月六日と続くのだが、鹿児島が初の夜間焼夷弾攻撃にさらされたのは六月十七日だった。この日、米軍の記録では百十七機のＢ29は午後十一時五分に鹿児島上空に進入し、一万二千五百四十八発、八百十トンの焼夷弾をバラまいた。市内は火の海となり、死者二千三百十六名、負傷三千五百名という犠牲者が生まれた。罹災戸数は一万一千六百四十九戸、六万六千百三十四名が罹災した。

七月二十七日の空襲では鹿児島駅周辺が襲われた。真昼の午前十一時五十分、Ｂ29と艦上機の戦爆連合編隊は、列車の発着で混雑す

地方工業都市主要空襲（昭和20年） 1

月　日	地　域	米　軍　機
6/9 （朝）	名古屋、明野、各務原	B29 42
6/10（朝）	日立市、霞ヶ浦	B29 121
6/10（朝）	千葉（日立航空千葉工場）	B29 151
6/17（夜）	鹿児島	B29 117
6/18（夜）	大牟田	B29 240
6/18（夜）	四日市	B29 35
6/19（夜）	福岡	B29 221
6/19（夜）	静岡	B29 123
6/22（朝）	岡山（姫路、倉敷）	B29 186
6/22（朝）	呉（海軍工廠）	B29 290
6/23（昼）	茨城県下飛行場	B29 3,P51 75
6/26（朝）	京都、彦根、大津、徳島、茨木、明石、津、高知	B29 231
6/26（朝）	名古屋、各務原、岐阜	B29 120
6/26（夜）	四日市	B29 36
6/28（夜）	佐世保	B29 145
6/28（夜）	門司	B29 92
6/29（夜）	岡山	B29 143
6/29（夜）	延岡	B29 126
6/29（夜）	下松	B29 36
7/1 （夜）	呉市内	B29 80
7/1 （夜）	熊本市内	B29 154
7/3 （夜）	高松市内	B29 130
7/3 （夜）	高知市内	B29 131
7/3 （夜）	姫路市内、淡路	B29 107
7/3 （夜）	徳島市内	B29 137
7/5 （夜）	下館、西筑波、東金、横芝、勝浦	B29 9,P51 100
7/6 （夜）	千葉市内	B29 134
7/6 （夜）	清水	B29 133
7/6 （夜）	甲府	B29 139
7/6 （夜）	下津（和歌山海南）	B29 60
7/9 （夜）	岐阜	B29 130
7/9 （夜）	仙台	B29 134
7/9 （夜）	堺	B29 127
7/9 （夜）	和歌山	B29 50
7/9 （夜）	四日市	B29 50
7/10（夜）	関東地区飛行場	艦上機 1,224
7/10（夜）	大阪付近飛行場	P51 100
7/10（夜）	熊本市内、八代	艦爆 140

●機数は概数、月日は空襲開始日

焼け野原の中に残った鹿児島市役所。上方は鹿児島港。

る駅を中心に執拗な爆撃と機銃掃射を開始したのだ。爆撃から逃れようと駅舎を走り出た人々は、低空で襲う戦闘機の機銃掃射に追い回されたという。そしてこのときの爆弾は焼夷弾ではなく「一トン爆弾だった」といわれ、死者四百二十名、負傷六百五十名という大きな被害を出すにいたった。さらに鹿児島駅と市内は七月三十一日にも十数機のB29に襲われ、八月六日も艦上機による市街地空襲が続いた。

前後八回にわたる空襲で鹿児島市が被った被害の合計は、死者三千三百二十九名、負傷四千六百三十三名、行方不明三十五名を数えた。

（写真提供・平岡正三氏）

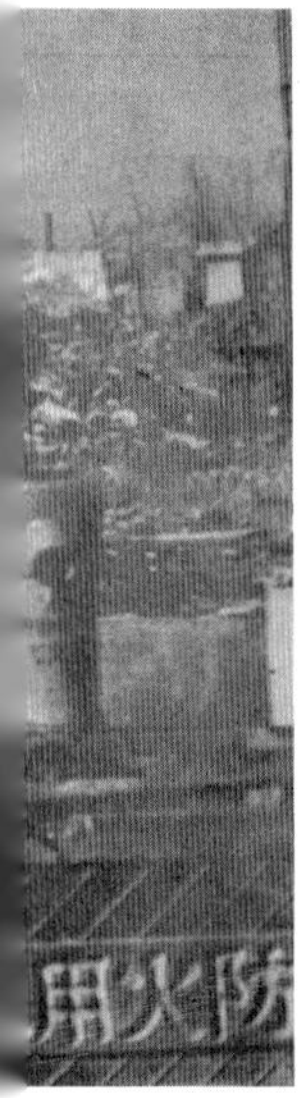

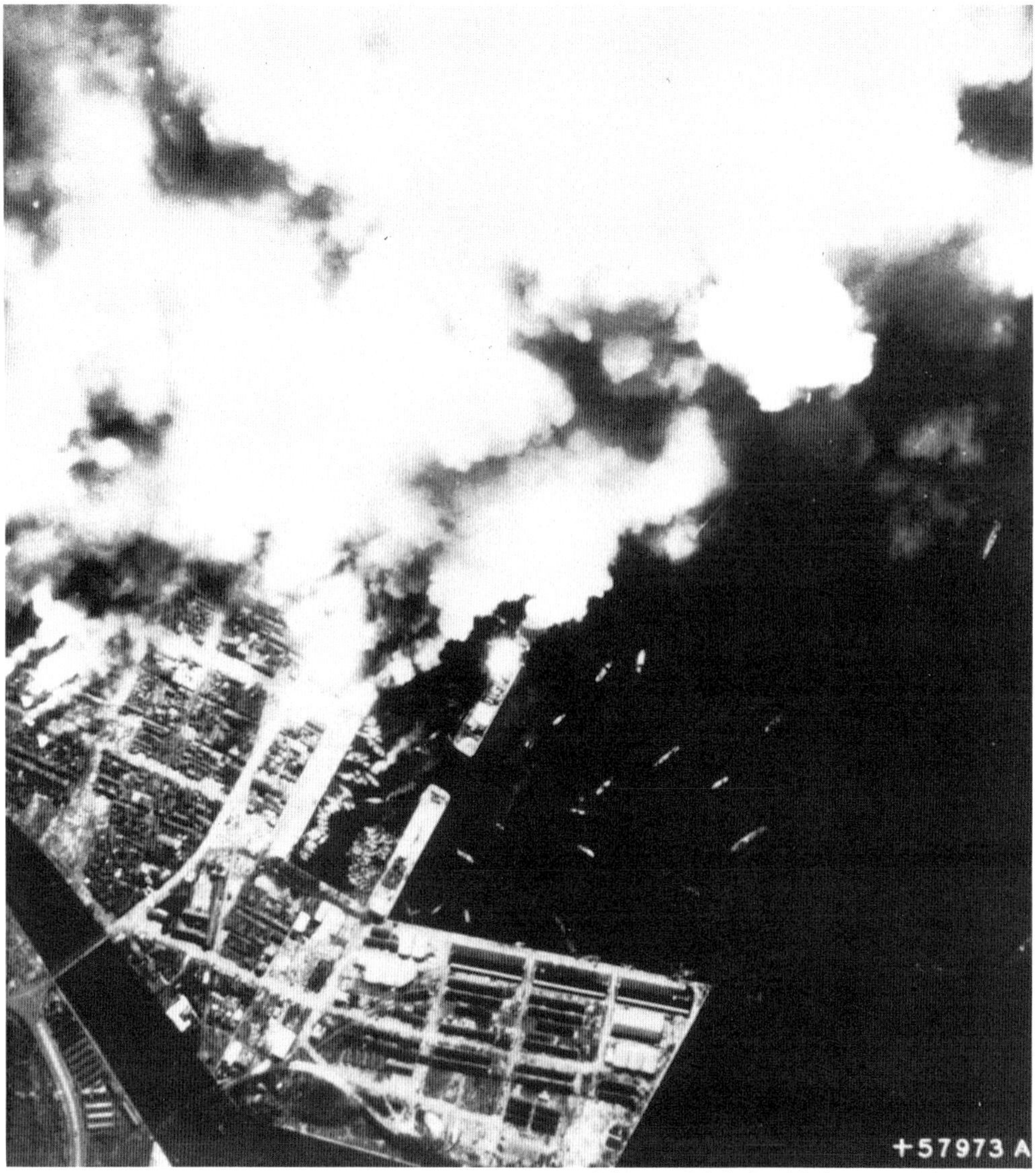

B29改装のF13偵察機が、空襲後の20日早朝撮影した
燃え続ける福岡市。白煙の下は博多埠頭と奈良屋校区。

一夜で街を一変させた福岡空襲

八幡製鉄所など日本の基幹産業をかかえていた北九州が、度重なる空襲に見舞われたのにくらべ、県都福岡市への空襲は昭和二十年六月十九日の〝福岡大空襲〟一回だけだった。だが、福岡市はこの一回の空襲で、博多地区など市の中心地は壊滅し、市内全戸数の四分の一を焼失するという被害を出している。

この日、マリアナ諸島の米第二十一爆撃軍のB29二百二十一機が福岡上空に姿を見せたのは深夜の午後十一時十一分だった。

当時の市民の証言によれば、空襲警報が発令されたのはB29が姿を見せる直前だったらしく、ラジオも切迫した放送を行っていた。「豊後水道を北上した敵B29約六十機編隊が、福岡方面に……」と言ったところで、アナウンサーは急に調子を変えて絶叫調になった。「アア、市内の西の方に火の手が見えます。焼夷弾が落とされたようです。福岡市民の皆さん、がんばって下さい……」

空爆は翌二十日の午前零時五十三分まで、約一時間半にわたって続けられた。この間に、米軍の記録によれば高度約二千七百から三千メートルという低空で進入したB29は、M69とM47焼夷弾千五百トンを投下している。

福岡市には港湾防衛のため何門かの高射砲が備えられていたが、いずれもB24爆撃機を想定しての対空防御だったため、高度三千メートルというB29にとっては〝低空〟だった

地方工業都市主要空襲（昭和20年）2

月　日	地　域	米　軍　機
7/12（夜）	宇都宮（郡山）	B29 133
7/12（夜）	一宮	B29 133
7/12（夜）	敦賀	B29 100
7/12（夜）	宇和島	B29 132
7/14（朝～夕）	函館、室蘭、釧路、帯広、根室、広尾	艦上機 延2,000
7/14（朝～夕）	青森、大湊、八戸、釜石、三沢、石巻（釜石製鉄所全滅）	艦上機 437
7/16（夜）	沼津	B29 130
7/16（夜）	大分（日豊線鉄橋）	B29 131
7/16（夜）	桑名	B29 90
7/16（夜）	平塚	B29 138
7/17（夜）	宮城、福島地区	艦上機 200
7/19（夜）	日立（高萩）	B29 133
7/19（夜）	銚子	B29 100
7/19（夜）	岡崎	B29 80
7/19（夜）	福井	B29 128
7/20（昼）	小牧、岡崎、豊橋	P51 100
7/22（昼）	伊丹、吹田、奈良	P51 200
7/24（夕）	東海以西地区飛行場・船舶	艦上機 P38, P51 1,450
7/24（夕）	津、桑名、和歌山	B29 125
7/25（夕）	東海以西地区飛行場・船舶	艦上機 950
7/26	松山	B29 132
7/26	徳山	B29 105
7/26（夜）	大牟田	B29 132
7/28（夜）	津	B29 180
7/28（夜）	青森（平）	B29 70
7/28（夜）	一宮	B29 130
7/28（夜）	宇治山田	B29 40
7/28（夜）	大垣	B29 90
7/31（朝）	鹿児島（九州地区戦爆連合機）	
8/1（夜）	長岡	B29 126
8/2（夜）	富山	B29 173
8/5（夜）	前橋	B29 92
8/6（夜）	今治	戦爆 181
8/6（夜）	鹿児島、都城	戦爆 181
8/10	熊本、大分、宮崎	戦爆 210
8/12	久留米	戦爆 150
8/13	長野	艦上機
8/13	松本、上田、須坂、他	艦上機

●機数は概数、月日は空襲開始日

まるで打ち上げ花火のように見える、九州大学医学部西南方への焼夷弾攻撃。

瓦礫の山となった奈良屋校区。左手の建物は奈良屋小学校。

にもかかわらず、日本の高射砲は射程が十分でなかったために、命中弾を与えることができなかったといわれる。

米第二十一爆撃軍の報告書にも、日本の対空砲火に対して「中程度、総体的に不正確」と記されている。逆に空爆の成果に対して、報告書は「きわめて良好であり、都市部の建造物からは多くの火の手が上がり、二〇パーセントが焼失した」といっている。

福岡市の調べによれば、死者九百二名、負傷千七十八名、行方不明二百四十四名、焼失家屋は一万二千六百九十三戸、被災者およそ五万六千名におよんだ。

静岡・各務原・岡崎への空爆

静岡市は大小17回の空襲を経験している。それは三菱重工、住友金属、三光航空といった軍需産業があったからで、当初の空襲はこれら軍需産業が目標だった。そして市街を襲ったのが6月20日未明の空襲であった。写真は国鉄静岡駅上空付近から三本通り、静岡銀行本店方向を望んだ焼け野原の静岡市。からくも原形をとどめているのは新通小学校。

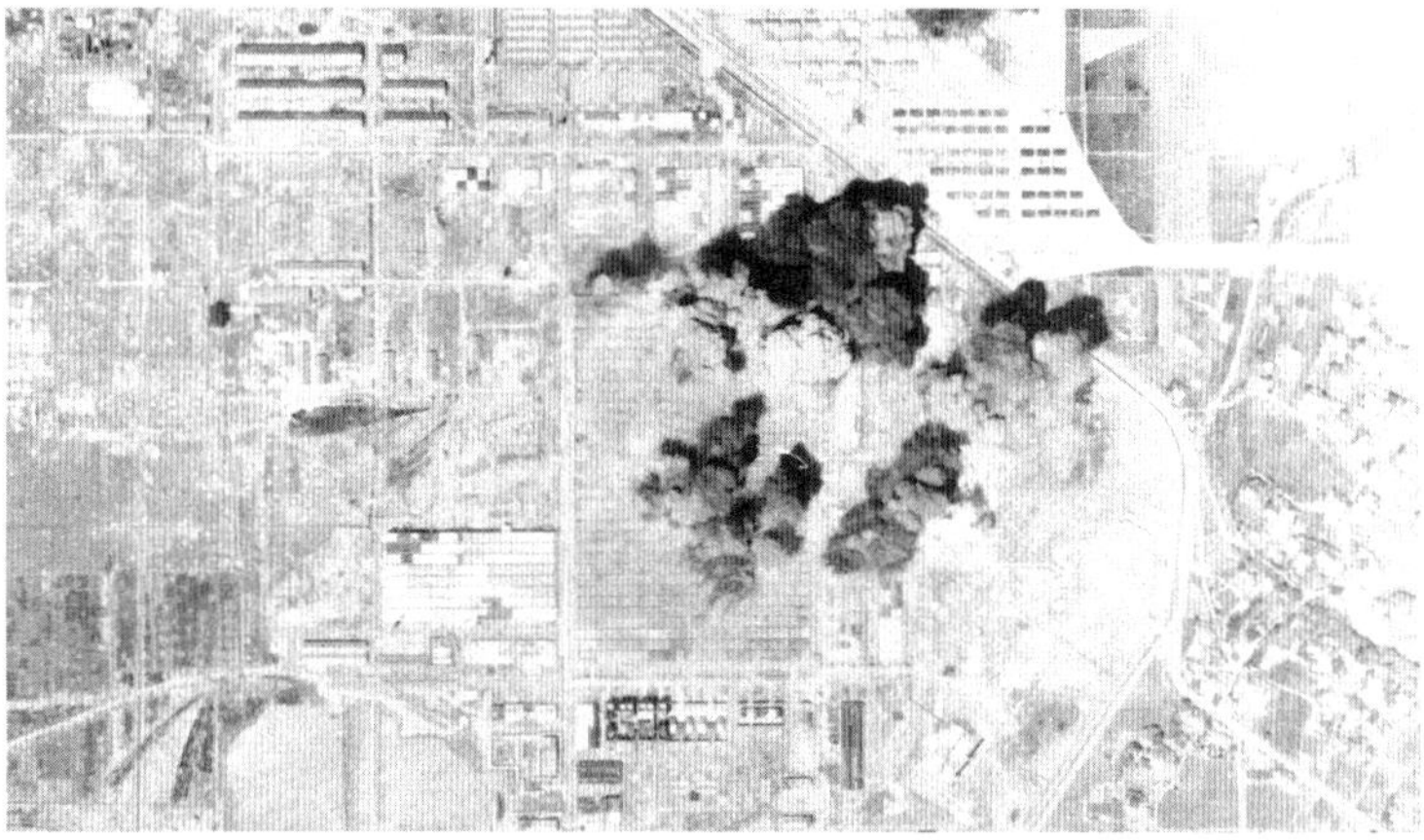

4月12日の空襲で爆撃を受ける三菱重工静岡発動機製作所。4月4日の空襲でできた爆弾の穴ぼこがかすかに見える。

燃え尽きた街・静岡市

福岡市が夜間空襲にさらされているころ、静岡市もまた大空襲に見舞われていた。静岡市で空襲といえば、この昭和二十年六月十九日深夜から二十日未明の大空襲を指すが、それまでも静岡は小規模の空襲をかなり経験していた。その最初は昭和十九年十二月七日夜で、二回目が二十年一月二十七日、そして二月十五日、二十日、三月六日と続く。しかし来襲機はいずれも一機から五機程度で、他都市空爆帰りの〝置き土産〟といった感じの空襲だった。被害も少なかった。

静岡市は終戦直前の八月一日までに大小十七回の空襲を受けている。そのうちの主なものは、四月四日と十二日の三菱重工静岡発動機製作所への空爆、二十四日の住友金属プロペラ製造所への攻撃、そして六月十九日(正確には二十日)の大空襲である。

静岡市を灰燼に帰した大空襲は深夜の十二時すぎに始まり、午前三時五十分まで約三時間にわたって行われた。米軍の記録では百二十三機のB29が焼夷弾七千八百九十三発、高性能爆弾五十一発を投下している。市内はまたたくまに火の海となり、静岡市警察の資料によれば「死者一、九五二余、重傷者五、〇〇〇余、軽傷者六、七七〇位」(数字は資料によりまちまち)を出すにいたった。

航空機工場や陸軍の飛行場があった各務原は徹底攻撃の目標だった。左の写真は各務原飛行場の上空で炸裂する爆弾。

米軍が空襲前に作った川崎航空各務原工場の模型。米軍は主要攻撃目標に対しては事前にこのような模型を作り、搭乗員たちに爆撃の徹底をはかっていた。

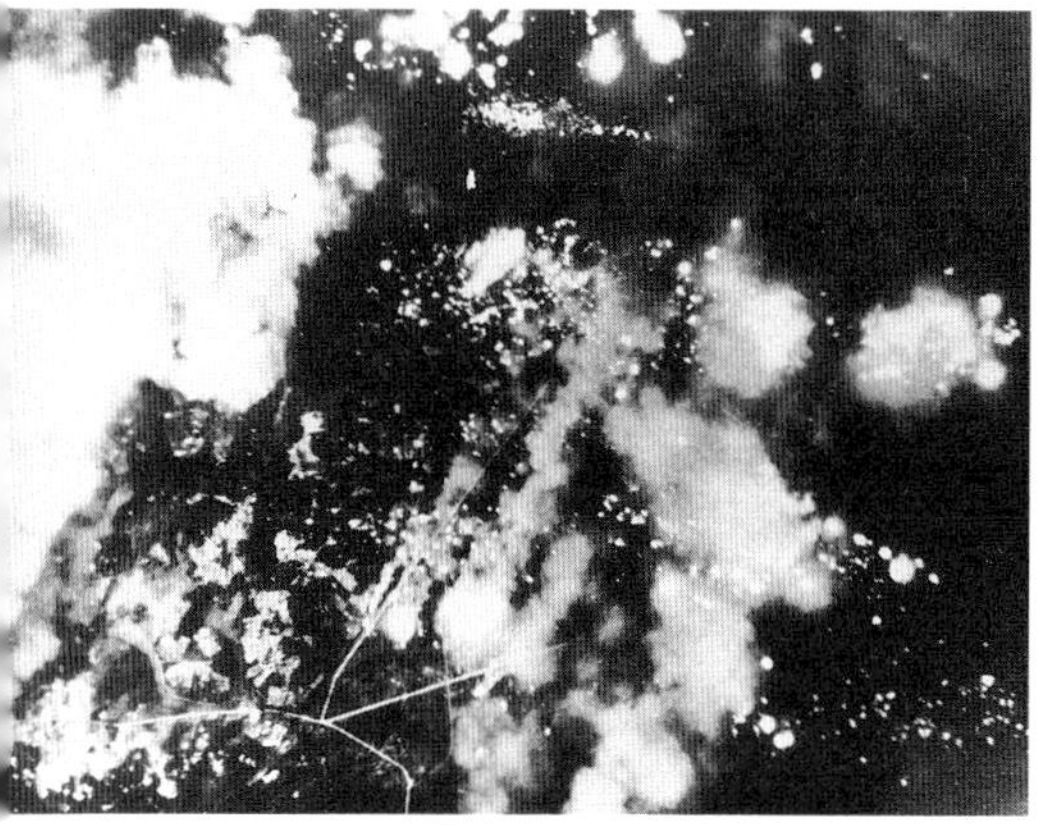

20日未明にB29の空爆を受ける岡崎市。

徹底的に狙われた各務原市

岐阜県下で空襲の被害を受けた市町村は多いが、規模の大きさからいえば各務原市、岐阜市、大垣市の三市への空襲であろう。岐阜市は七月九日深夜の空襲で壊滅し、大垣市も七月二十八日深夜の空襲で焼き尽くされてしまった。しかし県内で最も数多く狙われたのは各務原市だった。「飛燕」「屠龍」などの代表的戦闘機を生産する川崎航空機岐阜工場や三菱重工岐阜工場、それに航空工廠、陸軍各務原飛行場などもある〝軍事都市〟であったからだ。各務原は大規模空襲だけでも昭和二十年六月二十二日(B29四十四機)、二十六日(B29百一機)、七月十二日(B29四十七機)、十五日(P51戦闘機約百機)、十九日(P51戦闘機約百機)と、つねに攻撃目標にされていた。このため各工場は壊滅状態に追い込まれてしまったが、被害は周辺の一般住宅にもおよび、多くの市民が犠牲にされた。

各務原がP51の大群に攻撃された七月十九日の深夜、正確には二十日の午前一時五十二分から一時間二十分にわたって愛知の岡崎市も空襲を受けていた。百三十二機のB29が四波に分かれて襲ってきたのだ。全市の五〇パーセント近くが焼け落ち、死者二百七名、重軽傷三百四十八名、行方不明十六名という少なくない被害を出したのだった。

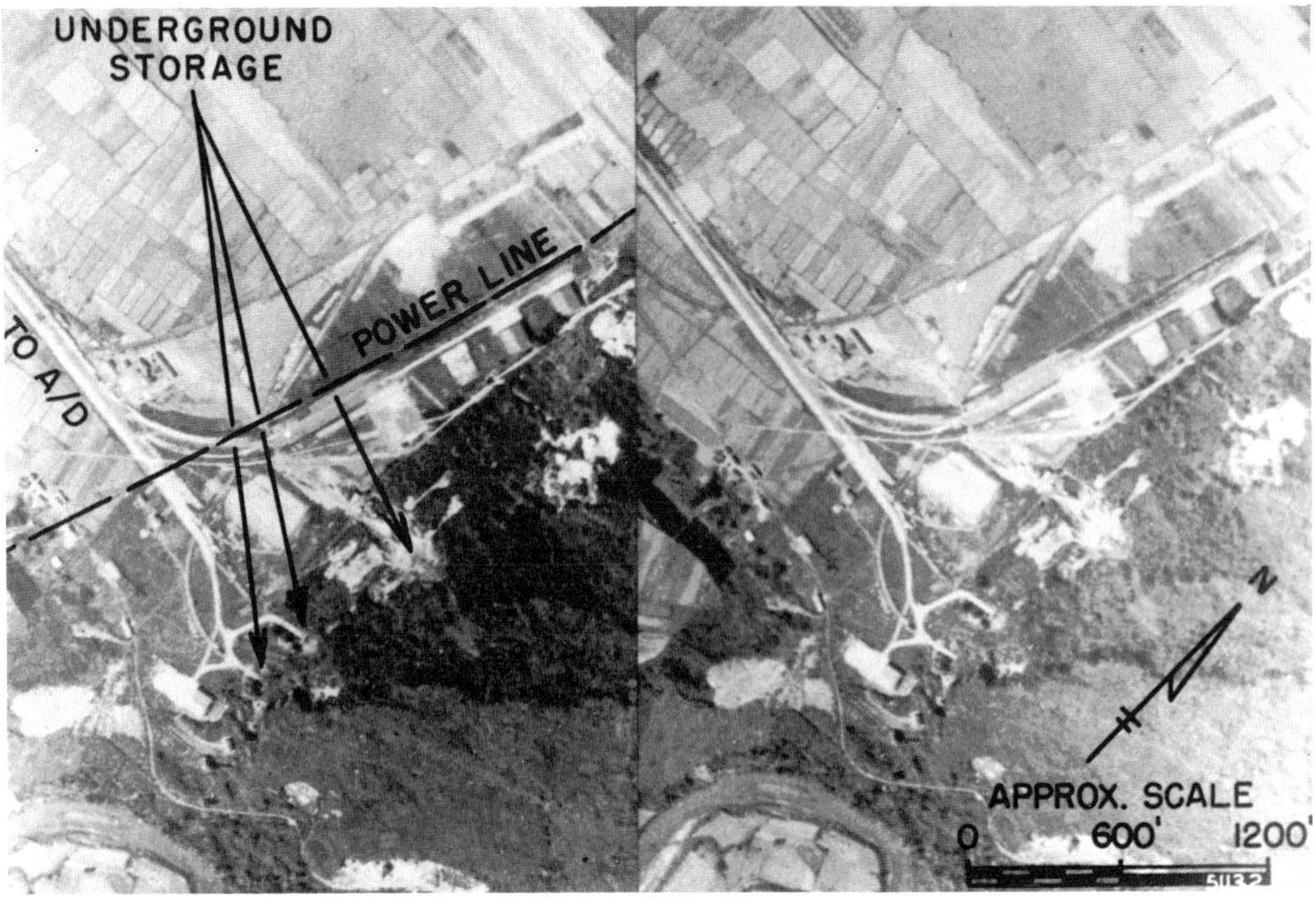

米軍が岡山空襲の前に撮影した偵察写真。米軍の写真説明には「岡山工場から４マイル、高さ400フィートの山の南東の側に幅約30フィートの誘導路が通じ、そこから飛行場へいたる。トンネルの中には飛行機か、あるいは重要な施設が隠され、航空機製作工場の生産に連携していると思われる」とある。

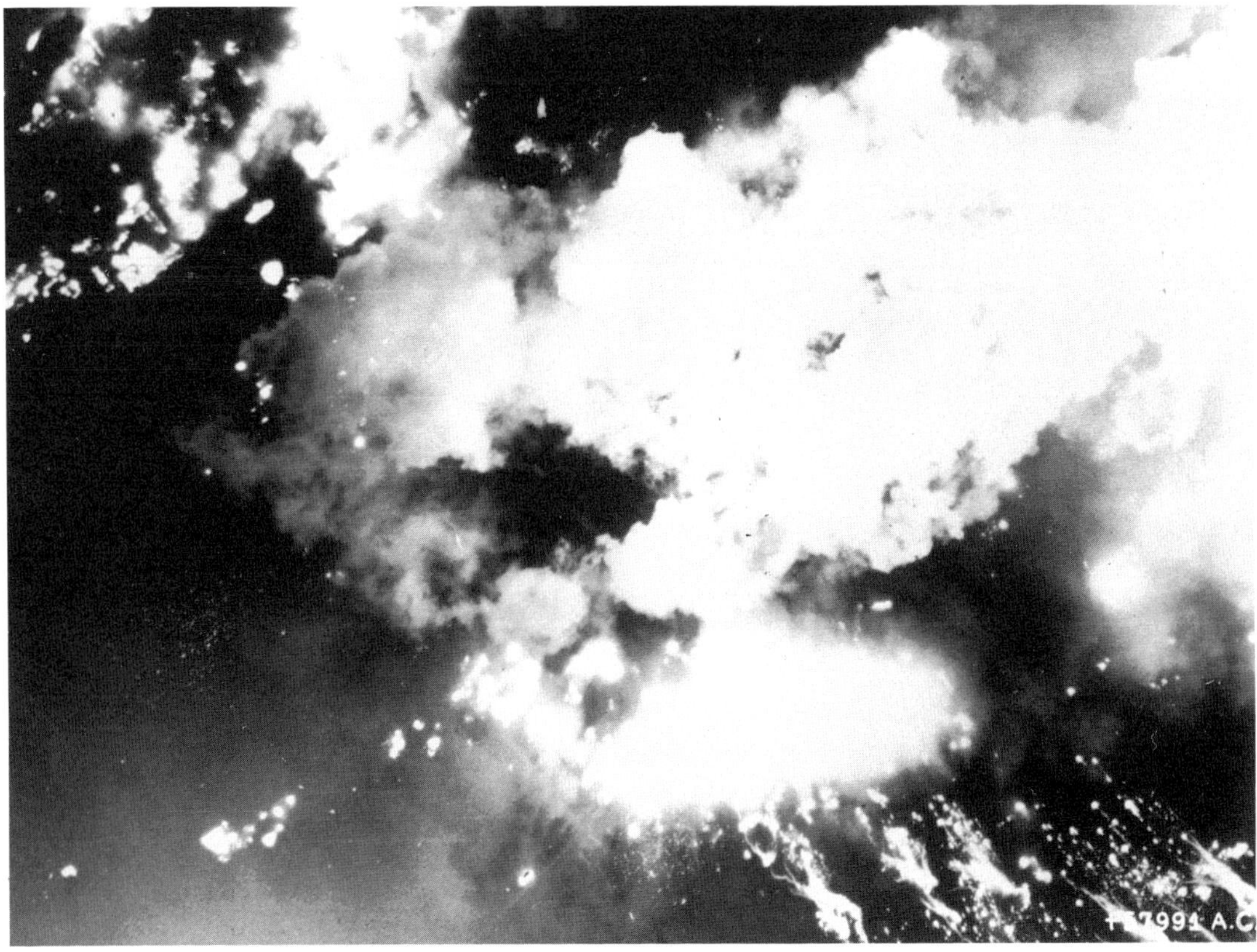

深夜の空襲で炎上する６月29日の岡山市。

6月22日の空襲で黒煙を吹き上げる三菱重工水島航空機製作所。この日午前8時半ごろから始まったB29 100余機による1トン爆弾攻撃は3時間近くも続いた。完成前の飛行機数十機が焼け格納庫も工場も完全に破壊され、工場の機能はマヒした。

20数棟あった水島航空機製作所の工場は廃墟と化した。写真は空襲直後に偵察機が撮影したもの。

岡山の旧市内が灰燼に帰した空襲は、昭和二十年六月二十九日の午前二時三十分ごろから始まった。B29約百四十三機による焼夷弾の無差別爆撃であった。岡山はこの空襲の前後にも艦上機など小型機も含めて数回の空襲を受けているが、いずれも一機か数機の小規模のもので、被害も少なかった。

すでに市民は一週間前の六月二十二日に、海軍の「一式陸攻」などを生産している三菱重工水島航空機製作所が空襲を受け、壊滅状態に追い込まれたことを知っていたから、いずれは岡山市も攻撃を受けるだろうとは覚悟していた。

だが、この夜の大規模空襲は市民にとっては文字通り寝耳に水の空爆だった。いまでも〝岡山無警報空襲〟と呼ばれているように、市民は飛行機の爆音と、ヒュルヒュル、ザァーという焼夷弾が降り注ぐ音で目がさめ、あわてて逃げ出したのだった。事前に出されるはずの警戒警報も空襲警報もなかった。やっと空襲警報が発令されたときには、市内は火の海であった。原因は定かでないが、中部軍管区司令部防空本部の参謀が、近づくB29の編隊を大阪か神戸攻撃に向かう集団と判断したためではないかともいわれている。

『岡山市史』によると死者は千七百三十七名、罹災家屋二万五千戸、罹災市民約十二万名という。

たび重なる空爆で壊滅した軍都・呉

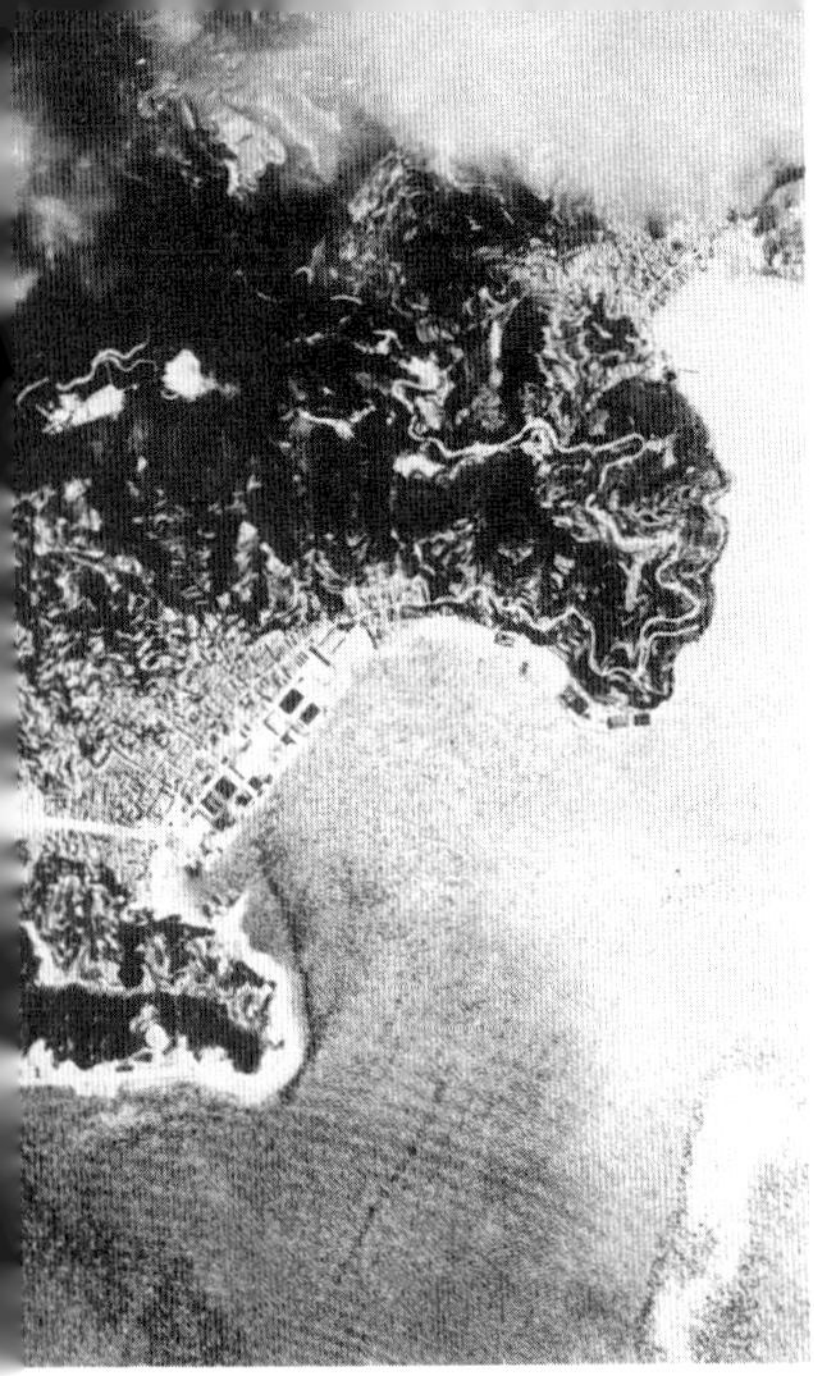

5月5日の空襲で爆撃を受ける広航空廠。

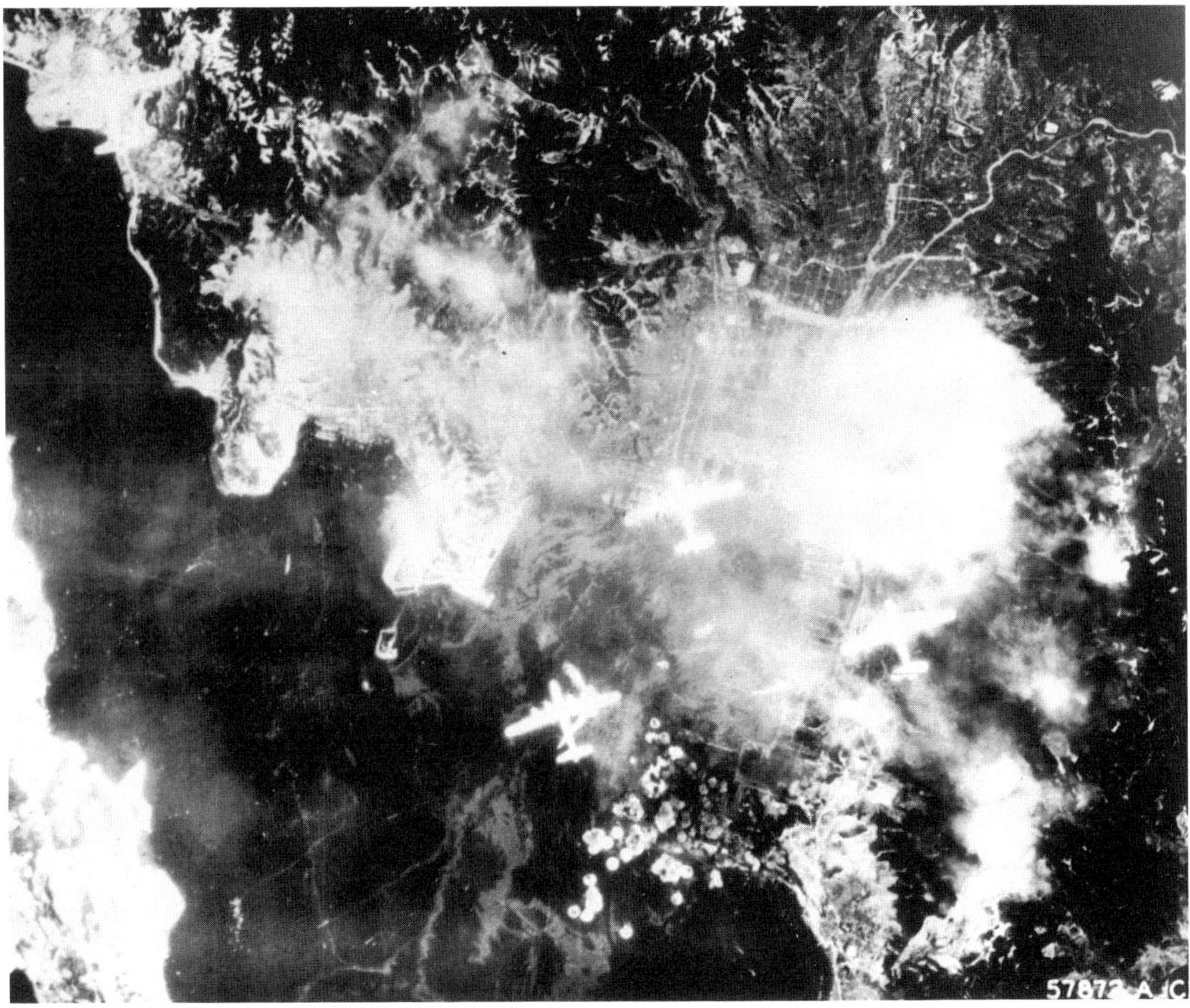

174機のB29に襲われる呉海軍工廠。米軍はこの日本の軍艦建造の本拠地に対し約800トンの爆弾を投下した（6月22日）。

海軍火薬庫に爆弾が命中し、天空を圧する黒煙を吹き上げる広の航空廠。この空襲で航空廠内のエンジン、タービン製作所、海軍航空機製作所は壊滅状態になった（5月5日）。

「呉沖海戦」ともいわれる7月24日の空襲で、米機動部隊の艦上機の銃爆撃を受ける重巡「利根」（写真左上）。早朝6時ごろから昼近くまで続いた反復攻撃で、戦艦「伊勢」「日向」、重巡「青葉」、軽巡「大淀」、空母「葛城」、旧式巡洋艦の「八雲」「出雲」「磐手」など11隻が沈没または大破した。

左の写真は空襲前の呉港の偵察写真。はっきりと「BB HARUNA」と戦艦「榛名」を見分け、空爆のターゲットに選んでいた。右端には空母の姿も見える。

呉鎮守府や海軍工廠、同じ呉市広にあった第十一航空廠、それに江田島の海軍兵学校など軍需施設が軒を並べ、また数多くの海軍艦艇が碇泊していた軍都呉市は米軍の最重要攻撃目標の一つであった。そのため呉は昭和二十年三月十九日の空襲を皮切りに、八月十一日までに合計六十二回の空襲に見舞われた。そして主な空襲だけでも六回を数えている。

三月十九日の初空襲は米機動部隊の艦上機延べ約三百五十機が来襲、呉港に碇泊している空母「龍鳳」「葛城」、呉工廠、広航空廠、海軍兵学校などに銃爆撃を加えた。二回目の大空襲は五月五日で、今度はB29百五十二機に呉工廠、第十一航空廠などが狙われ、航空廠は施設の七割近くが破壊された。死者百十二名、負傷者百三十四名を出した。

三回目の大規模空襲は六月二十二日で、B29百七十四機が呉海軍工廠を襲い、三百二十五名が死亡している。この中には約百五十名の女子挺身隊員も含まれている。さらに大空襲は続き、七月一日から二日にかけての深夜空襲は呉市街と広町を狙った焼夷弾攻撃だった。この空襲で呉市は壊滅し、市民に千八百十二名の死者を出す大惨事となった。

そして七月二十四日には空母搭載の艦上機延べ八百七十機が、二十八日には同じく艦上機九百五十機、B29約百十機が港の軍艦攻撃に飛来した。

一夜で焦土と化した杜の都・仙台

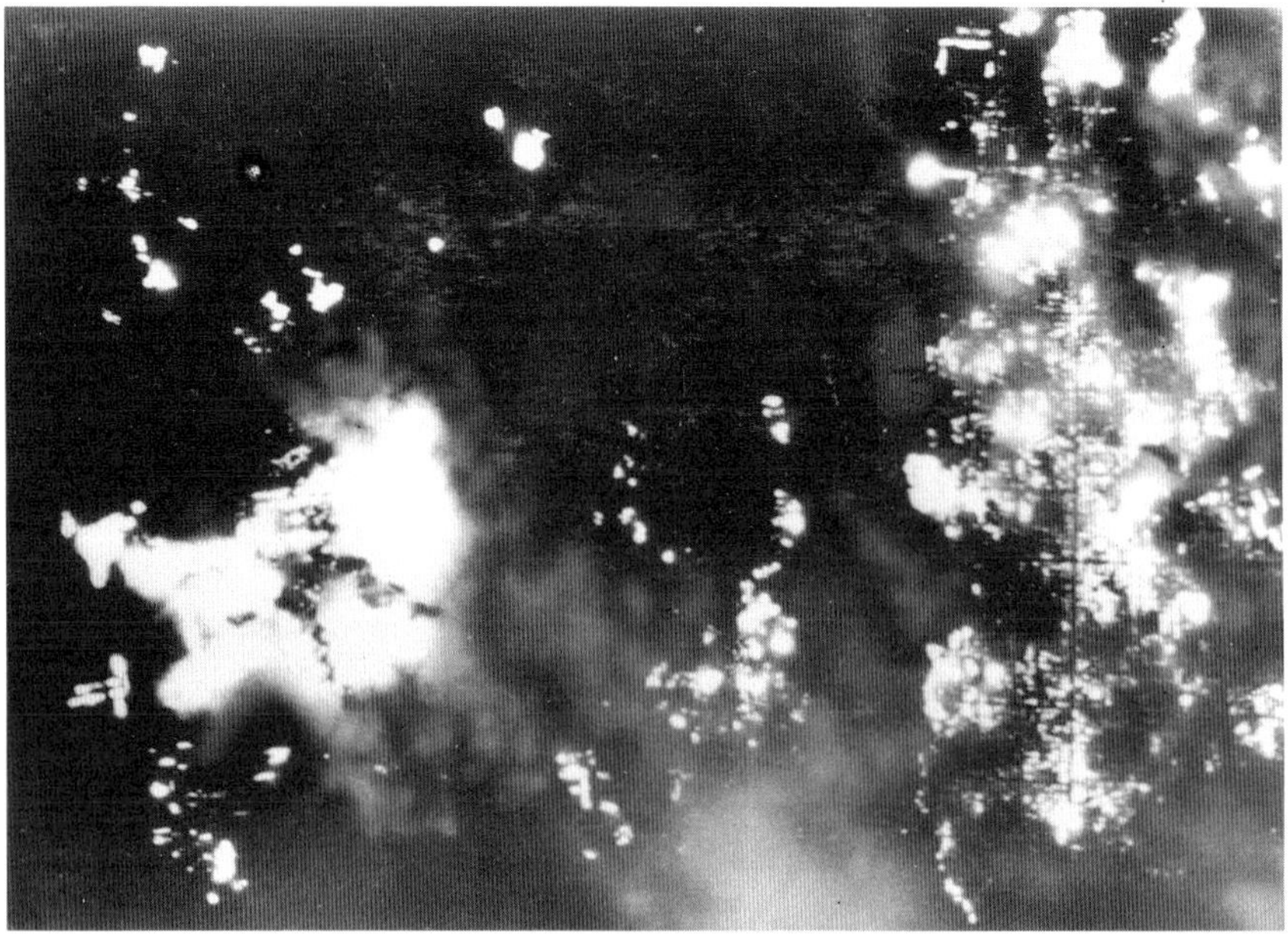

昭和20年7月10日午前零時3分、東北の中心都市・仙台の市民は、市役所屋上のけたたましいサイレンの音を耳にした。空襲警報である。ところがその時、124機のB29の先頭機はすでに仙台上空に進入し、焼夷弾を投下しはじめていた。市内はたちまち炎につつまれ、炎熱地獄がいたるところで現出していた。写真は炎を上げる仙台の西公園一帯。

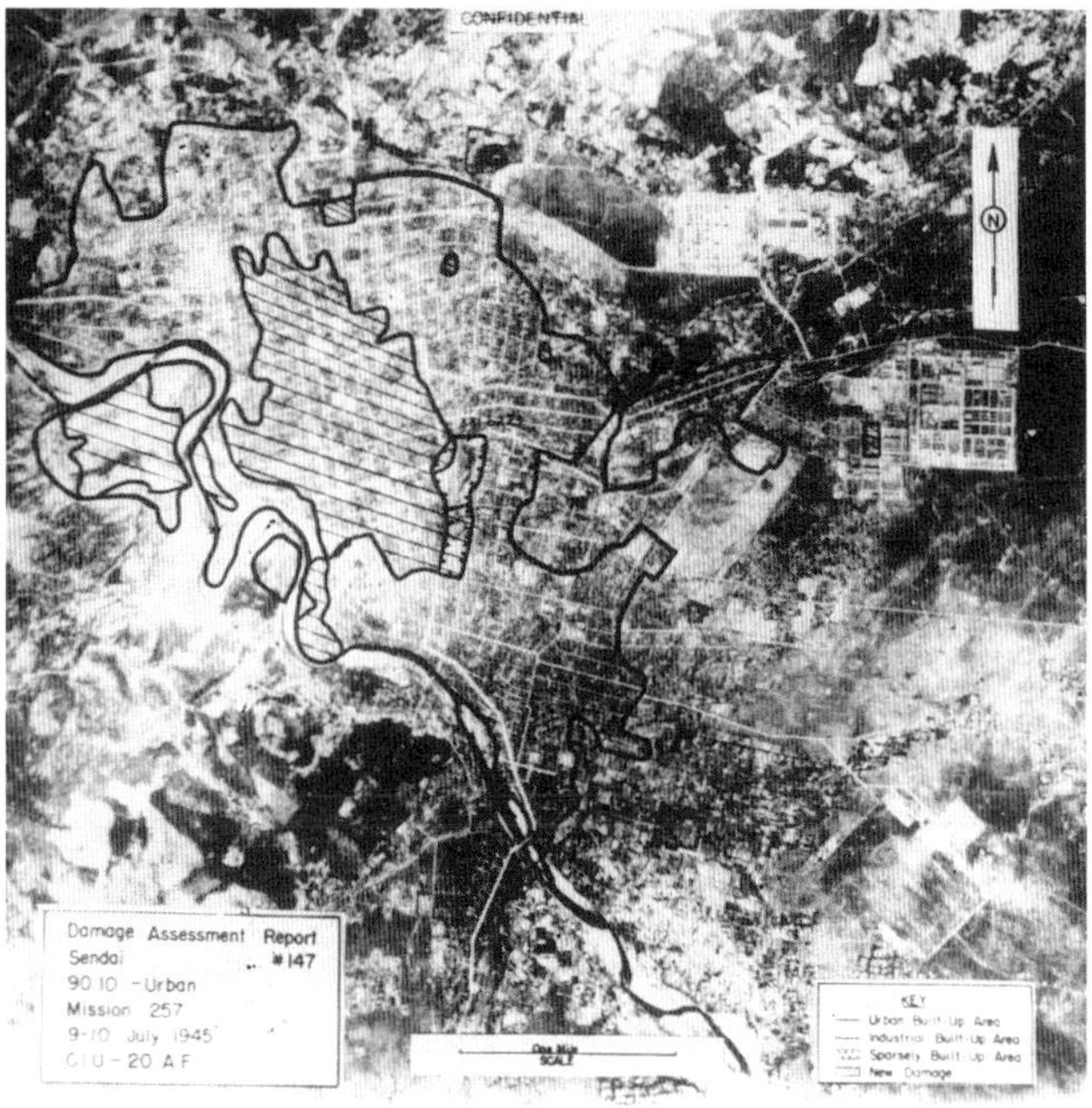

空襲は2時間、午前2時3分まで続けられ、米軍の資料によれば、この夜、仙台に投下されたのは高性能爆弾8個、焼夷弾912トンで、投下爆弾総数は12,961発という。この無差別爆撃で死者828名、負傷者385名を出し、23,956戸が焼失、市内の中心部は壊滅した。

空襲後の偵察写真からの判定（写真右）で、米軍は仙台の中心街1.26平方マイル、全市の27.8パーセントを焼き尽くしたと爆撃成果に記している。写真の黒い線内が焼失地域。

仙台市内の火災は朝になってもおさまらず、人々は肉親の安否を求めて瓦礫の街を彷徨したという。写真はかろうじて戦禍をくぐり抜けた市民に奮起と避難を呼びかける警防団員。

本州と異なった北海道空襲

釧路は飛行場があったため小規模な空襲を数回受けていたが、なんといっても最大の被害を出したのは7月14、15日の空襲だった。写真は空爆を受ける釧路飛行場。

艦上機の爆撃で炎上する釧路市。

北海道に対する米軍の空襲で特徴的なのは戦略爆撃機B29による空爆ではなく、もっぱら空母搭載の艦上機による爆撃と機銃掃射だったことだ。

空母十三隻を中心とするウィリアム・F・ハルゼー大将率いる米第三艦隊が、東北・北海道地方を襲ったのは昭和二十年七月十四、十五の両日だった。このとき米機動部隊は下北半島の東方八十～百六十キロにあり、約二千機の艦上機を次々発艦させて北海道各地の港湾施設や青函連絡船などの船舶、工場、鉄道、飛行場、軍の駐屯地、そして市街地を銃爆撃した。その主な攻撃地は函館、室蘭、苫小牧、根室、釧路、帯広、本別などだった。

そして被害の大きかったのは根室、釧路、室蘭で、根室は死者百九十九名、重軽傷百九十二名、行方不明百七十名、そして焼失家屋二千三百五十七戸という被害を出している。釧路には十四、十五の両日に延べ百四十機が飛来し、激しい銃爆撃を加えていった。そして死者が百八十三名、重軽傷者二百七十三名を出し、千六百十八戸が焼失や倒壊の被害を受けた。

空爆に加え、艦砲射撃の攻撃も受けた室蘭では死者三百九十三名、重軽傷百六十二名、行方不明十五名という被害を出したが、その大半は艦砲射撃による犠牲者であった（被害の数字は資料により異なる）。

八万本の焼夷弾に見舞われた青森市

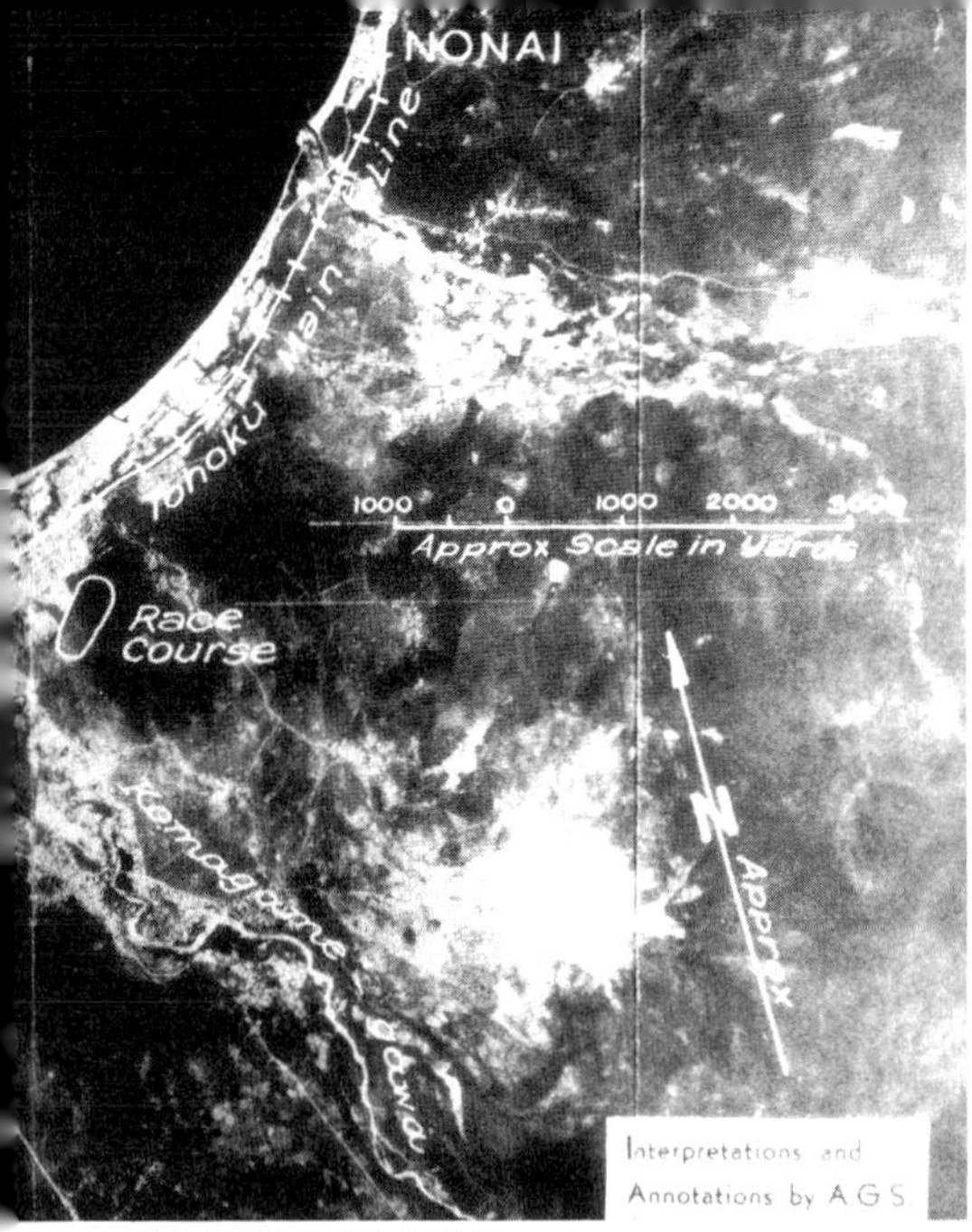

青森空襲1カ月前の6月27日にB29偵察機が高度9,000メートルから撮影した青森市街。延焼を防ぐため建物を撤去した線がはっきり見える。

秋田県境から銀翼を輝かせながら青森市に進入して来たB29は、市の東部地区から爆撃を始め、そこから西部へ、南部へ、そして北部へと市を包囲するように投弾していった（7月28日）。

7月28日の空襲で焼け野原と化した青森の中心地。

青森市が初めて空襲を受けたのは、北海道と同じ昭和二十年七月十四日のことだった。部隊も同じウィリアム・F・ハルゼー大将率いる米機動部隊の艦上機だった。

午後二時過ぎ、突如、青森上空に飛来した四十機のグラマンは、市内の小学校や青森駅の操車場、走行中の機関車などを狙い撃ちしてきた。そしてそのまま青森港に出ると、今度は港外を航行中の青函連絡船をめがけて一斉に襲いかかった。

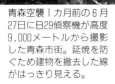

最初に攻撃を受けた第二青函丸は、備えられた二基の機銃で応戦しながら、ジグザグ航行で必死に逃げ回った。だが海面すれすれに群がるように襲いかかってくるグラマンの前にはなすすべもなく、やがてロケット弾と二発の魚雷を機関部に受けると、船体は真っぷたつに折れ、またたくまにその姿を海中に没した。さらにグラマンの矛先はすぐ近くにいた翔鳳《しょうほう》丸、飛鸞《ひらん》丸、第六青函丸にも向けられ、ことごとくこれらを撃沈して飛び去った。翌十五日も三厩《みんまや》沖で第一青函丸が沈没させられた。一方、同じ日、函館や津軽海峡でも、連絡船への攻撃が相次ぎ、こうしてついに十三隻の青函連絡船はほとんど壊滅状態となってしまったのである。

七月二十七日、青森市に一機のB29が姿を見せ、空襲予告のビラを散布していった。そして翌二十八日には、その予告どおり六十一

グラマン機に追われて茂浦湾（平内町）の近くに避難したが、ついに直撃弾を受けた青函連絡船亜庭丸。

津軽海峡で僚船とともに米艦上機の爆撃を受けて撃沈される第3青函丸。

艦上機の執拗なまでの攻撃を受けて爆発する青函連絡船。

機のB29による一段と激しい本格空襲が行われた（機数は資料によって異なる）。

この日、午後九時十五分に出されていた警戒警報が、十時十分には空襲警報に変わった。

「青森市の皆さん、頑張ってください」

ラジオから、叫びにも似た声が流れる。

ちょうどそんなときだった、B29が投下した照明弾で、一瞬、真昼のような明るさが走ると、次の瞬間、市街のあちらこちらから火の手が上がり出した。

なおも容赦なく降り注ぐ焼夷弾の雨。なかには逃げまどう人々を直撃するものもあれば、近くに落ちた新型黄燐焼夷弾の黄燐を浴び、衣服を燃やしながら走り回る人の姿もある。

爆撃は十時三十七分から一時間十分以上にもおよび、その間に落とされた焼夷弾は、黄燐焼夷弾七万九千百十六本を含む、焼夷集束弾が二千百八十六発。およそ十五坪（四十九平方メートル）に一発の割合で黄燐焼夷弾が投下されたことになり、その結果、市街地の八八パーセントが焼失した。

青森市を襲った空襲はこれ一回だけだったが、被害は大きく、焼失家屋一万八千四十五戸、死者七百三十一名（後にこの戦没者の数は訂正され、全国戦災都市空爆戦没者慰霊塔には、青森市だけで千七百六十七名と記されている）、重傷者二百八十二名、行方不明八名と発表された。

空襲を予告された街

爆撃を受け焼け野原となった水戸郵便局（現水戸中央郵便局）前広場の様子。奥の方に焼け残っている建物は常陽銀行。手前の白壁は当時の茨城相互銀行（現茨城銀行）の建物。

昭和二十年七月三十一日、水戸、富山、八王子などの地方都市に米軍の空襲を予告するビラがばら撒《ま》かれた。

ビラは次頁の写真のように、表にはB29が爆弾をばら撒いている写真とともに、「次はこの都市を焼き払うぞ！」といわんばかりに、水戸、八王子、郡山、前橋、西宮、大津、舞鶴、富山、福山、久留米、高岡、長野の都市名が記されていた。

その裏には「日本国民に告ぐ」と題して、数日中に上記の都市を爆撃するので逃げるようにと勧告していた。

『水戸空襲戦災誌』（水戸空襲戦災記録の会発行）によれば、「ビラは日本人捕虜に手伝わせて一二の都市名の書入れや原文の手直しをおこなったのち、六六万枚を印刷して第七三爆撃大隊に手渡され、一二の都市に投下されたとある。水戸の場合は、（七月）三十一日午後八時四十二分に高度約四、四〇〇メートルからビラ入のケースをいれた爆弾が投下され、高度約六〇〇メートルで開いて市内に散布された」ということだった。

市民はこのようなビラがばら撒かれたらすぐに拾って警察に届けるようにと当局からいわれていたし、ビラを持っていると罰せられるとも聞いていた。もちろん、ビラを見たことがなかった人もいたし、ビラを見ても半信半疑であったり、まったく本気にしなかった

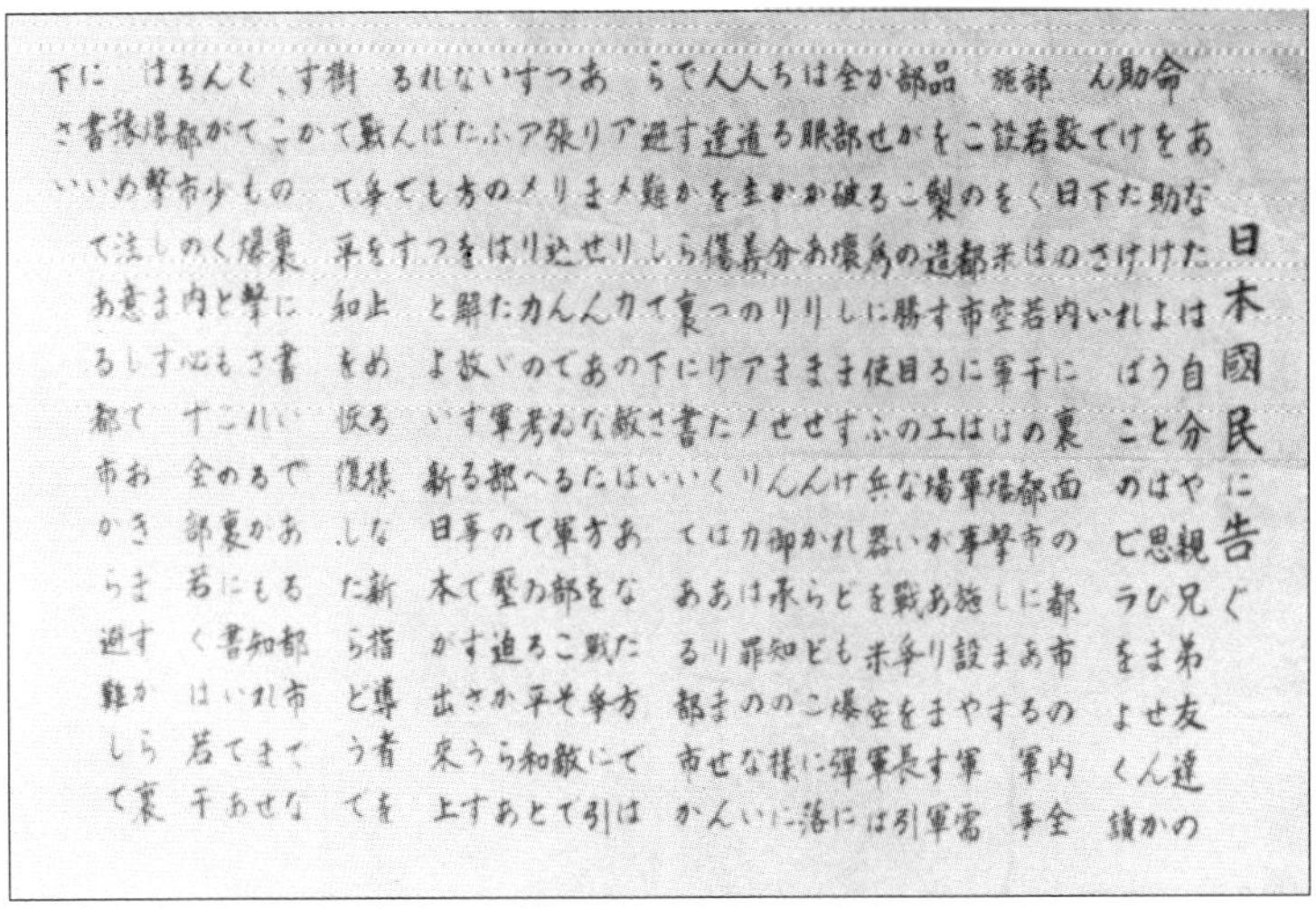
日本國民に告ぐ
あなたは自分や親兄弟友達の命を助けようとは思ひませんか助けたければこのビラをよく読んで下さい
数日の内に裏面の都市の内全部若くは若干の都市にある軍事施設を米空軍は爆撃します
この都市には軍事施設や軍需品を製造する工場があります軍部がこの勝目のない戦争を長引かせる為に使ふ兵器を米空軍は全部破壊しますけれども爆弾には眼がありませんからどこに落ちるか分りません御承知の様に人道主義のアメリカは罪のない人達を傷つけたくはありませんですから裏に書いてある都市から避難して下さい
アメリカの敵はあなた方ではありませんあなた方を戦争に引つ張り込んでゐる軍部こそ敵ですアメリカの考へてゐる平和といふのはたゞ軍部の圧迫からあなた方を解放する事ですさうすればもっと良い新日本が出来上るんです
戦争を止める様な新指導者を樹てて平和を恢復したらどうですか
この裏に書いてある都市でなくても爆撃されるかも知れませんが少くともこの裏に書いてある都市の内必ず全部若くは若干は爆撃します
豫め注意しておきますから裏に書いてある都市から避難して下さい

７月31日に投下されたビラ。片面に爆撃するB29と12の都市名が描かれ（写真上）、その裏には米軍の“避難勧告”が記されている。そして投下翌日の８月１日、水戸、八王子、富山、長岡などの地方都市が空襲を受けた。

りする者などさまざまだったという。

しかし八月一日深夜、Ｂ29は水戸、富山、八王子などの上空に姿を現した。水戸には百六十機のＢ29が来襲し、二日午前零時前後からはじまった空襲は二時十六分まで続き、一千五百三十五名の死傷者を出した。

同時刻、富山では百七十四機のＢ29によって空襲が行われていた。爆撃は三時間近くにわたって続き、死傷者の数は五千九百三十六名にも上った。

八王子にはＢ29百六十九機が来襲した。一日深夜から二日未明にかけて行われた爆撃で、二千九百名が死傷した。このほか新潟県の長岡も百二十五機のＢ29による空襲を受け、死傷者一千四百九十名を数えている。

米軍が上空からビラを投下して空襲を予告するようになったのは昭和二十年五月以降のことであった。七月に入ると前述の都市名入りのビラがばら撒かれるようになったという。たとえば八王子の場合、七月十日、十一日、十四日、二十六日、二十七日、三十一日と連日のように大量のビラが撒かれ、大空襲後の八月四日にもビラがばら撒かれている。

日本軍が迎撃戦闘機や対空砲火を集中する危険が、空襲予告ビラを撒くことによって生じるが、米軍がそうした危険を冒してまで予告したということは、それだけ日本軍の防空能力を侮《あなど》っていたといえないだろうか。

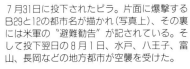

空襲直後にB29偵察機(F13)が撮影した水戸市街の焼失地域。白く見える部分が焼失地域。右下は那珂川。

8月1日深夜から2日未明にかけて、水戸市は160機のB29に襲われた。焼夷弾による火災が随所で発生し、市街は灰燼に帰した。

空襲を受け炎上する富山市街。この日の空襲で市街の90パーセント近くが焼失し、犠牲者は2、300名を数え、被災者は約2万5、000名にもおよんだといわれている。

8月1日深夜の大空襲が行われる以前に、米軍が撮影した富山市街の写真。空襲後、焼け野原となった市内はその様相を一変した。

終戦後に撮影された八王子。水戸、富山、長岡などの地方都市と同様に8月1日深夜、八王子上空にもB29が出現し、焼夷弾の雨を降らせて市街地を焼け野原に変えてしまった。

昭和16年に八王子市内で行われた防空演習の模様。バケツリレーで建物に水をかけているが、B29が投下する焼夷弾の前には、文字通り“焼石に水”に過ぎなかっただろう。

空襲から２カ月ほど経ってから写された八王子市街。相変らずの焼け野原だが、ところどころに木造家屋が建てられ、ようやく焼け跡からの復興がはじまったことを示している。

焼け跡の整理が次第に進み、市民は悲惨な空襲から立ち直ろうとしていた。写真は昭和21年ごろの八王子・八日町交差点付近の様子。

空襲豫告
この都市が
米空軍の
次の攻擊
目標です

郡山は軍需品を生産する工場などが集中する工業都市であり、また海軍航空隊や陸軍部隊などが駐屯していた。昭和20年４月12日にはB29約200機による大空襲を受けている。19年後半からは旧制中学や女学校の生徒が勤労動員に駆り出されていた。写真上は爆撃を受ける日東工鉱業（現日東紡績）。写真右は米軍がばら撒いたビラ。

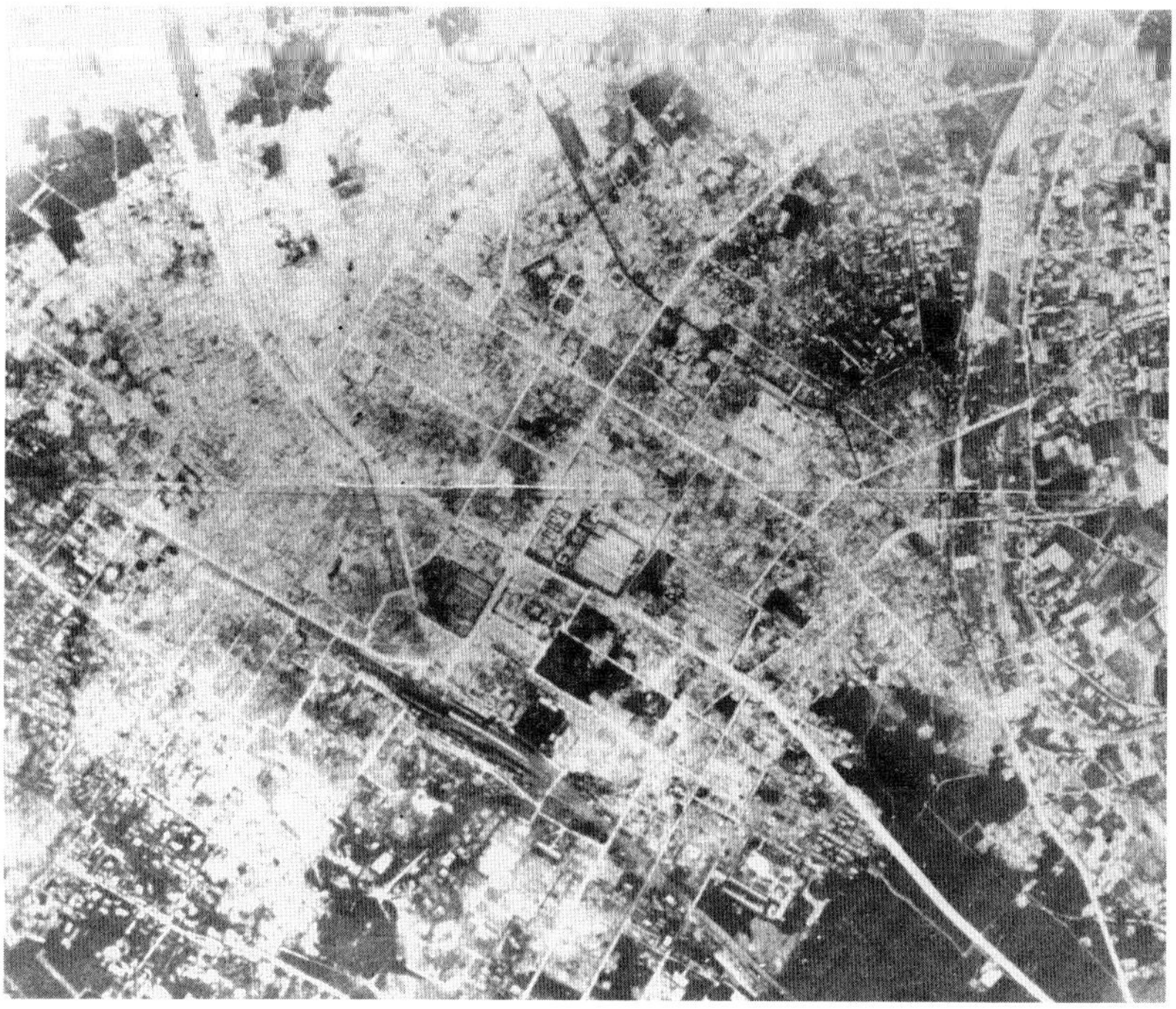

昭和20年8月8日深夜、福山は91機のB29による爆撃を受け、市内はたちまち灰燼に帰してしまった。写真は焼け野原となった福山市街中心部。

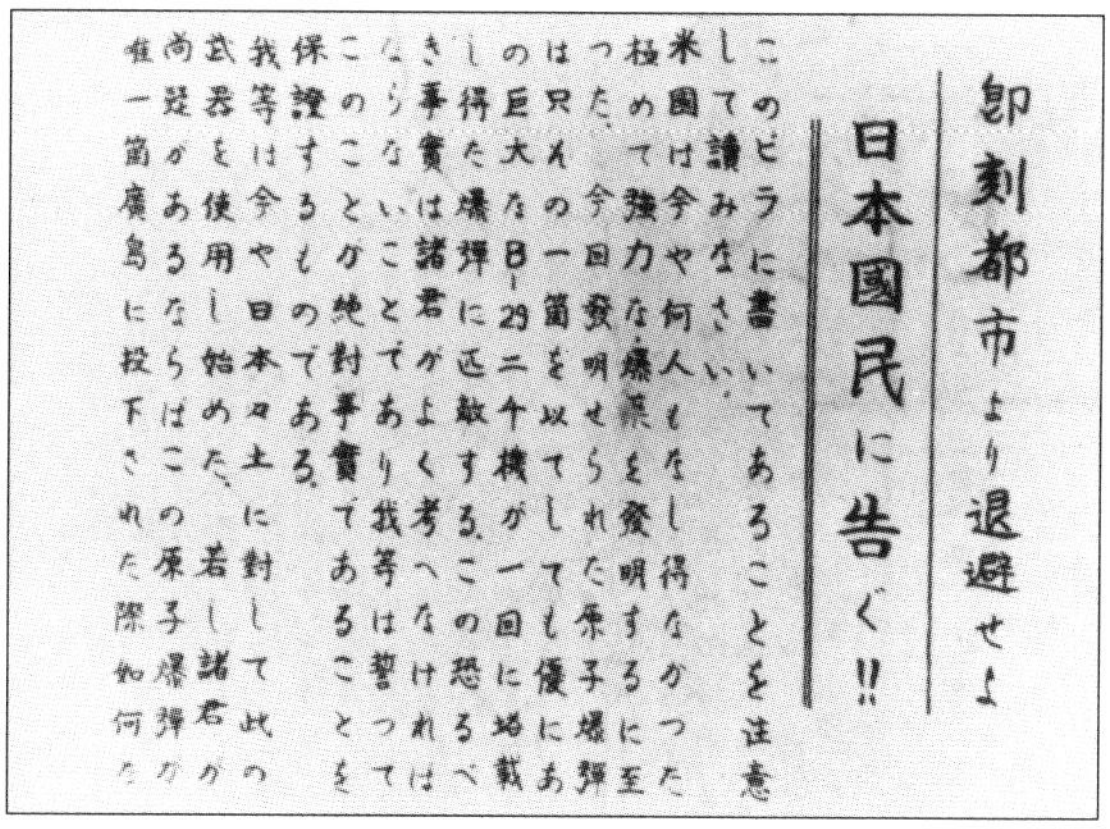

即刻都市より退避せよ
日本國民に告ぐ!!

このビラに書いてあることを注意
して讀みなさい。
米國は今や何人もなし得なかつた
極めて強力な爆薬を發明するに至
つた。今回發明せられた原子爆弾
は只其の一箇を以てしても優にあ
の巨大なB29二千機が一回に搭載
し得た爆弾に匹敵する。この恐るべ
き事實は諸君がよく考へなければ
ならないことであり我等は誓つて
このことが絶對事實であることを
保證するものである。
我等は今や日本々土に對して此の
武器を使用し始めた。若し諸君が
尚疑があるならこの原子爆弾が
唯一箇廣島に投下された際如何な

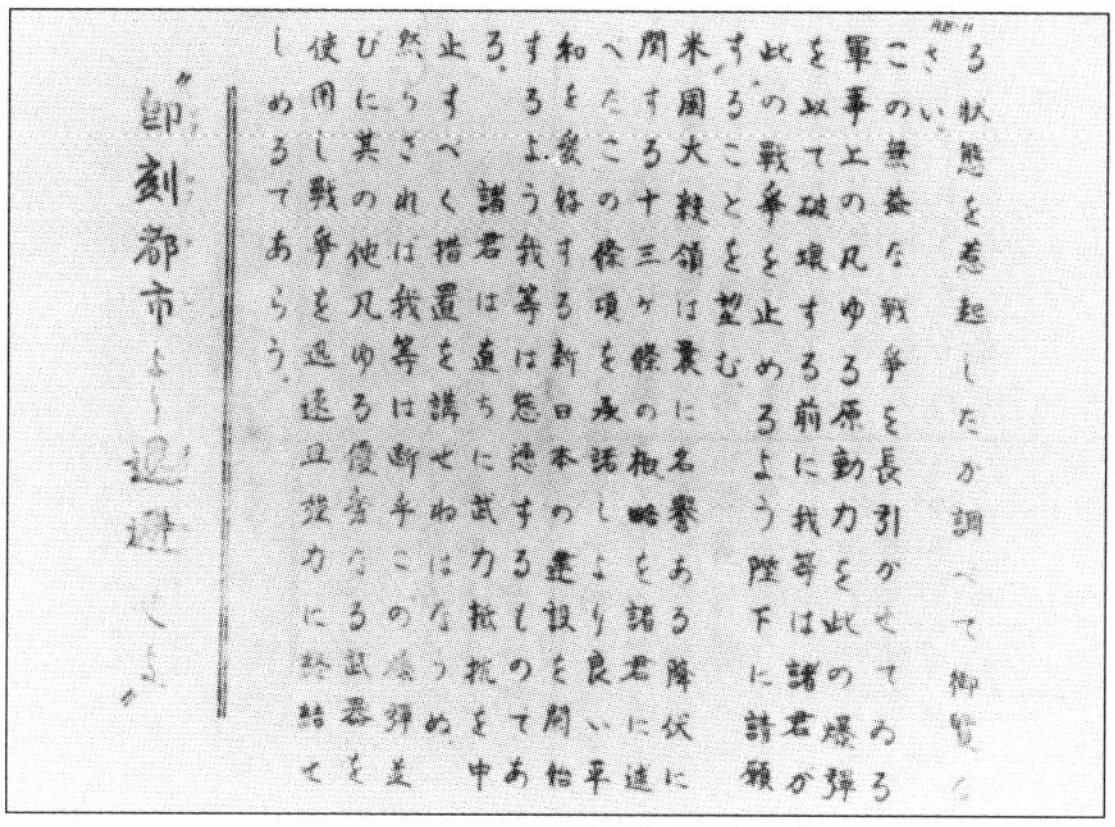

る狀態を惹起したか調べて御覧な
さい。
この無益な戦争を長引かせてゐる
軍事上の凡ゆる原動力を此の爆弾
を以て破壊する前に我等は諸君が
此の戦争を止めるよう陛下に請願
することを望む
米國大統領は曩に名譽ある降伏に
関する十三ヶ條の概略を諸君に述
べたこの條項を承諾しより良い平
和を愛好する新日本の建設を開始
するよう我等は勧告するものであ
る。諸君は直ちに武力抵抗を中
止すべく措置を講ぜねばならぬ
然らざれば我等は断乎この爆弾並
びに其の他凡ゆる優秀な武器を
使用し戦争を迅速且有力に終結せ
しめるであらう。

即刻都市より退避せよ

米軍は昭和20年5月から終戦直前まで、日本各地にビラをばら撒くようになった。写真は広島に原爆が投下されたことを書いたビラ。

予告された福山・郡山空襲

広島県の福山は昭和二十年六月以降、米軍の艦上機による空襲が繰り返されていたが、七月三十一日午後十時五十五分ごろ、一機のB29が福山上空に侵入し、約八万枚のビラをばら撒いていった。ビラには水戸、富山、八王子、高岡などとともに、福山も空襲のターゲットにされていることを記していた。

ビラがばら撒かれて一週間近く経った八月八日、九十一機のB29による空襲を受けた。一時間にわたって約五千七百発の焼夷弾が投下され、たちまち猛火に包まれた。一夜にして福山市街は焼け野原となり、三百四十一名にも上る犠牲者を出した。福山市人口の八一パーセントに当たる四万七千三百二十二名が被災したと伝えられている。

福島県郡山には保土谷化学、日東工鉱業（現在の日東紡績）など重要な生産拠点があり、何度か米軍の空襲にさらされた。四月十二日の郡山大空襲によって、死者五百三十名、被災者二千五百名を数える被害を受けた。同市は、七月二十九日と八月十日にも空襲された。

七月二十九日には郡山駅などに爆弾が投下され、三十九名が死亡。八月十日には米軍の艦上機約百機が来襲し、上空を飛び回り、郡山市周辺の飛行場や軍需工場に銃爆撃を繰り返し、二十九名の犠牲者を出している。

日本最後の空襲、豊川・岩国・小田原

豊川海軍工廠は海軍の機銃、弾薬の70〜80パーセントを供給する大工場だった。約60万坪の敷地に連絡用の自転車だけで1500台置かれていたというから、その規模の大きさがうかがえる。だが、昭和20年8月7日の空襲で施設の大部分が破壊された。B29が去った後、かつての大工場は廃墟に姿をかえていた（写真上・右）。

工廠正門前のけやき並木。広大な工廠の跡地は現在、日本車輌や陸上自衛隊が使用している。

焼け野原となった豊川海軍工廠内の惨状。爆撃による弾痕が、空襲の凄まじさを物語っている。

猛火に散った豊川女子挺身隊

昭和二十年八月七日、マリアナを飛び立った百二十四機のB29が、志摩半島から知多半島を経て、そこから一路東進して豊川をめざしていた。この日の東海地方は朝からうだるような暑さで、まばゆい太陽が照りつける雲ひとつない快晴だった。

午前十時十三分、B29の編隊はおよそ五千五百メートルの上空から、主に機銃、弾薬、光学兵器などを製造する豊川海軍工廠めがけて投弾を開始した。工廠の内側に対して集中的に行われた爆撃は、およそ三十分の間に三千二百五十三発にもおよぶ爆弾を叩きつけた。

豊川海軍工廠には最盛時、六万人近い人たちが働いていたが、その中には東海、関東、信越、北陸などから徴用された女子挺身隊員や勤労学徒約六千名も含まれていた。

最初の爆弾は正門近くの第十二女子寄宿舎を襲い、北陸三県から動員された大勢の女子挺身隊員の命を奪った。次々と投下される爆弾によって工廠のいたるところから火の手が上がり、B29が去った後も火薬に引火して各所で爆発が起こった。まばゆい太陽が爆煙によっていつまでも赤黒く覆われていたという。

二千五百四十四名が犠牲となり、そのうち女性は、動員された女子学生二百五十八名を含む九百九十九名だった。

空襲に備えて行われた防火訓練の模様。動員された豊川女子挺身隊員も駆り出された。

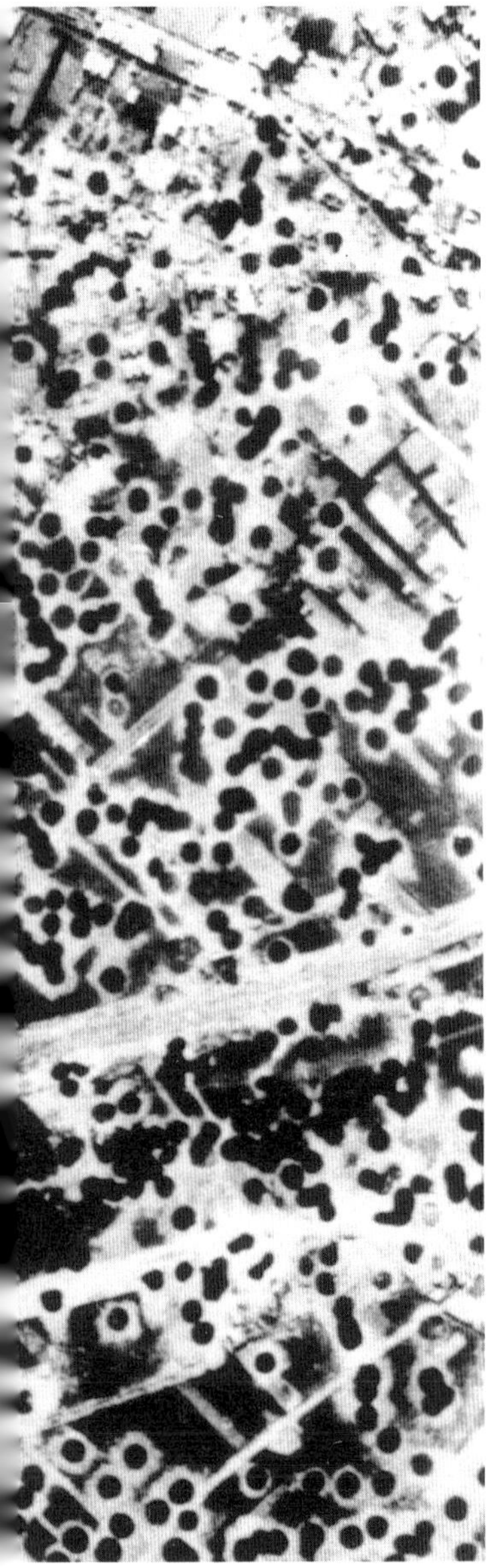

終戦前日の8月14日昼ごろ、B29約100機が山口県の岩国を襲った。写真は約30分間のB29の爆撃によって穴だらけにされた麻里布（現在の岩国駅）付近。

真剣な表情でタイプを打つ女子挺身隊員。東海地方だけでなく関東、信越、北陸などから「白紙」と呼ばれた徴用令書１枚で動員された彼女たちは、警戒警報に眠れぬ夜を過しながら生産を支えていた。だが、８月７日の空襲によって、約1,000名の女性たちの命が奪われてしまった。

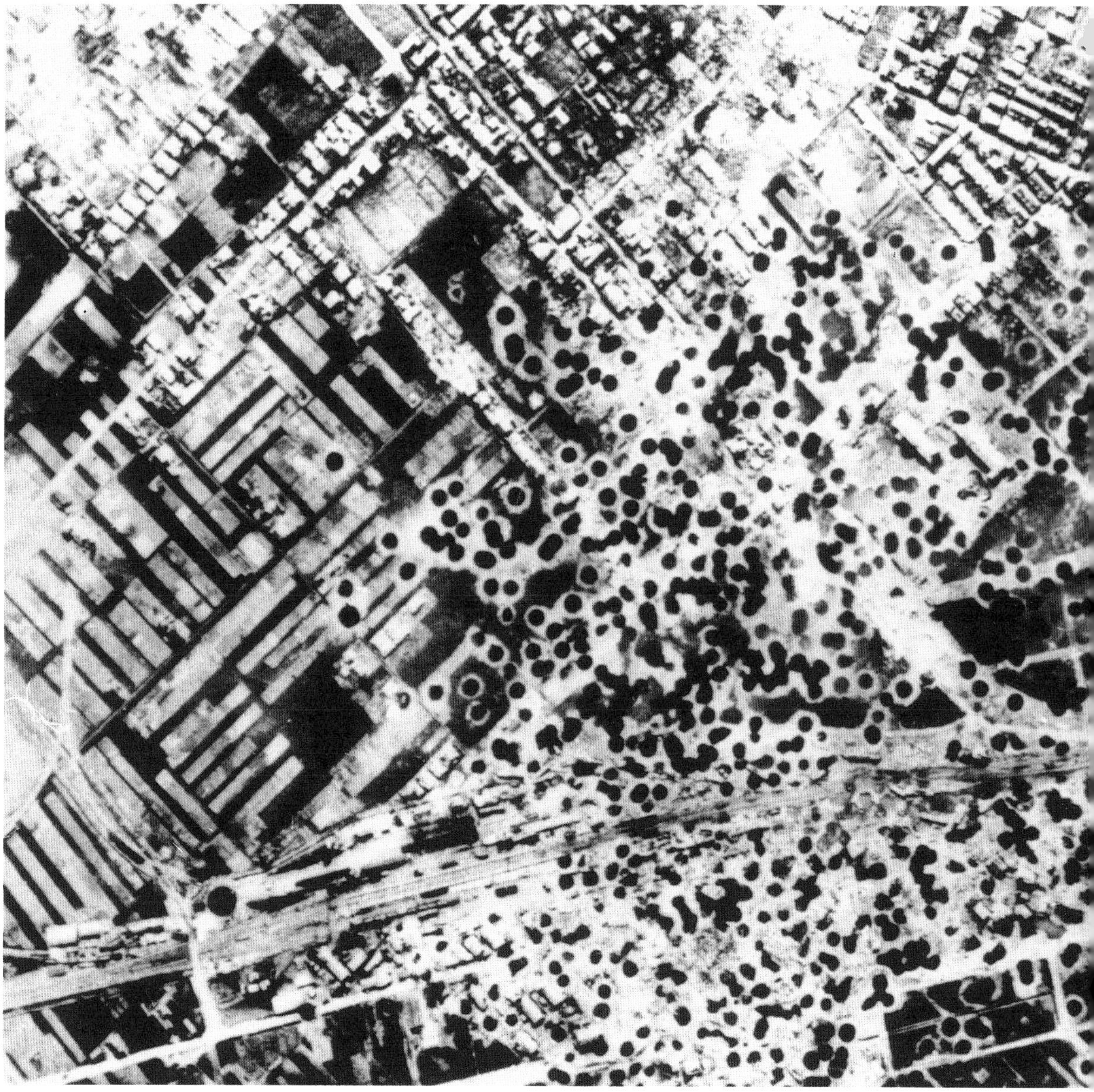

終戦前日に日本を襲ったB29

山口県の岩国は昭和二十年五月十日の空襲を皮きりに、七月二十四日、二十八日、八月九日と空襲を受けていた。

八月十四日の昼間、百八機のB29が来襲し、二千八百三十九個の爆弾を、麻里布(現在の岩国駅)周辺に次々と投下した。午前十一時十五分から同四十五分までの約三十分間に市街地は穴だらけにされ、駅構内の国鉄職員や汽車を待つ人々が犠牲となった。

その数は死者・行方不明者合わせて五百四十七名とされているが、実際はもっと多く、一千名以上とも言われている。翌日には終戦を迎えたが、遺体の処理が終わったのはその十日後という。

八月十四日深夜から十五日未明にかけて、関東地方の伊勢崎(群馬県)や熊谷(埼玉県)などもB29の空襲に見舞われた。両市を襲ったB29は伊豆半島の下田上空を通過して帰路につくルートをとっていたが、その途上、余った爆弾を小田原に投下した。その日の爆撃予定には含まれていない空襲だった。

商店街や花街のあった地域が焼失し、四十数名の犠牲者を出した(正確な数は現在「戦時下の小田原地方を記録する会」が調査中)。八月十五日正午、空襲を受けたばかりの焼け跡に、終戦を告げる玉音放送が流れた。

昭和20年8月15日未明、熊谷・伊勢崎などの北関東を襲ったB29は、まるできまぐれを起こしたかのように、帰還途中、小田原に余った爆弾を投下した。被災した古清水旅館の現在のご主人で、当時ニューギニア戦線にいた清水伊十良さんは「家が焼け落ちた朝（8月15日）、父は写真館のご主人にお願いして、将来の記録のために焼け跡の旅館や被災地の様子を撮影してもらったということです。混乱の中でも冷静に対処した明治人の気骨には頭が下がります」と語っている。写真下は空襲による火災で焼失した古清水旅館。上は古清水旅館から撮影された小田原の被災地の様子。

第4部

原爆投下決定

一瞬の「ピカドン」で消えた広島の街

◉第4部 総論①

原爆投下はいかにして決定されたか

最初から日本を標的にした米戦略

占領史研究通信同人 笹本征男

マンハッタン計画の発足

一九四五年五月七日、ドイツが連合国軍に無条件降伏した後、第二次世界大戦の戦線はヨーロッパからアジア太平洋に移り、連合国の相手は日本だけとなった。アメリカによる広島市(八月六日)、長崎市(八月九日)への二発の原爆投下は、歴史上、原爆が実戦において使用された初めての例であった。

ウラニウム原子核分裂が、ドイツのオットー・ハーンとフィリッツ・シュトラウスによって発見されたのは、一九三八年のことである。一九三九年十月十一日、ウラン研究の推進を勧告するアインシュタイン書簡がルーズベルト大統領に手渡された。アインシュタインはドイツからアメリカに亡命していた。

アインシュタイン書簡は、原子力の軍事的利用については、「きわめて強力な新型爆弾を製造することは考えられる。(略)この種類の爆弾一個を船で運び敵港湾内で爆発させれば、港全体およびその周辺地域の一部を破滅させることができるかもしれない」と勧告し、「ドイツは、すでにチェコスロバキア占領地域からのウラニウム移出を事実上禁止したと私は聞き及んでいます」とルーズベルトに警告していた。アインシュタインは、ドイツが先に原爆を開発する危険性を予想していたのだ。

アインシュタイン書簡はルーズベルトに原爆の可能性への関心を喚起した。ルーズベルトは原爆が理論的に可能か、その製造は戦争に間に合うかという検討を始めるように命令し、一九三九年十月二十一日、ウラニウム諮問委員会が設置された。

一方、イギリスは一九四〇年四月、ウラニウムを爆弾に利用する可能性を検討するMAUD委員会を航空省に発足させた。しかし、イギリスはドイツによる空襲のために、工業力が衰退し、原爆を開発する余力はなかったために、アメリカで原爆を開発製造することになった。一九四一年十月十一日、ルーズベルトは、イギリスとアメリカが協力して原爆を開発することをイギリスに提案した。

アメリカは国防調査委員会(NDRC)の下部機構の一つの分科委員会にすぎなかったウラン諮問委員会を、一九四一年十二月六日、新たに設立された科学研究開発局(OSRD)の直属機関にし、本格的な原子力開発組織にした。日本がハワイの真珠湾を奇襲して対英米蘭に宣戦を布告、アジア太平洋戦争に突入したのは、その翌日十二月七日(米時間)であった。

暗号名「マンハッタン計画」とよばれる原爆製造計画が発足したのは、一九四二年八月十三日であった。新兵器開発の直接の担当はアメリカ陸軍であり、ヘンリー・スチムソン陸軍長官の下にマンハッタン計画総指揮官レスリー・グローブス少将が直接の責任者となって進められた。

マンハッタン計画は、二十億ドル以上の資金とアメリカ国内の十九州とカナダに三十七カ所の研究開発施設が作られ、約十二万人の科学者、技術者、軍人などが動員された巨大な兵器開発プロジェクトであった。そして一九四五年七月十六日、ニューメキシコのアラモゴルドの実験場で、最初のプルトニウム原爆の爆発実験が成功した。

放射能戦争構想
原爆の隠されたもう一つの目的

　このようにマンハッタン計画は、原爆製造計画として知られているが、一九八五年にバートン・バーンスタインが発表した論文「オッペンハイマーと放射能毒計画」が新しい事実を提起している。マンハッタン計画ロスアラモス科学研究所(原爆組立)所長ジュリアス・ロバート・オッペンハイマーが、同計画の推進者でノーベル賞も受賞したエンリコ・フェルミに宛てた一九四三年五月二十五日付書簡によれば、アメリカの科学顧問たちは、放射能によって汚染された食べ物で五十万人の敵を毒殺する可能性を真剣に検討していたという。

フランクリン・D・ルーズベルト大統領

　現に一九四一年、アメリカ学士院科学諮問委員会は、アメリカが核分裂の放射能物質を兵器として開発することを提案しており、この兵器に原爆よりも高い優先順位を与えることを求めていた。

　実際、一九四三年、アメリカ陸軍参謀総長ジョージ・マーシャル、マンハッタン計画総指揮官グローブス少将、大統領科学顧問ジェームス・コナント、バネーバー・ブッシュは、ドイツが放射能副産物を兵器として開発して、使用するのではないかと恐れていた。一九四四年のノルマンディー上陸作戦の時も、ドイツによる放射能物質攻撃を想定して、グローブス少将はマーシャル参謀総長に、アイゼンハワー連合軍総司令官に危険を勧告するよう進言し、実際に連合軍には防御措置が取られた。放射能物質の高い危険性は、すでに知られていたのである。

アルバート・アインシュタイン

　マンハッタン計画では、実際に放射能の人体実験も行われていた。かつて日本の新聞も報道したことがある。

　「死期が近い患者十八人にプルトニウムが注射されたほか、オレゴン州刑務所とワシントン州刑務所の囚人計百三十一人に生殖機能への影響調査で、こう丸へのエックス線照射も行われた」(『毎日新聞』一九八六年十月二十五日付)

　日本で報道された同じ一九八六年十月、アメリカ議会下院エネルギー・商業委員会保全・動力小委員会は「核のモルモットになったアメリカ人」というスタッフ報告書を提出した。報告書には一九四〇年代から七〇年代に行われた放射線人体実験の概要が報告されていた。先のプルトニウム人体実験の概要もあった。しかし、被験者たちの氏名は明らかにされていなかった。

　一九九三年秋から、アメリカのニューメキシコ州の州都アルバカーキーの新聞である『アルバカーキー・トリビューン』紙が、アイリーン・ウェルサム記者の七年間にわたる調査の結果を「プルトニウム人体実験のレポート」として連載し始めた。ニューメキシコ州には、南部に一九四五年七月十六日、史上初の原爆爆発実験が行われたアラモゴルド実験場があり、北部にマンハッタン計画において原爆開発研究の中心となったロスアラモス研究所があるという原爆開発の本拠地である。

「プルトニウム人体実験のレポート」は、先の下院報告書に概要が記録された人体実験に関する調査報告である。それは、一九四五年四月十日から翌四六年七月十六日までに、プルトニウムを人体に注射された被験者十八人のうち十七人(男性十三人、女性四人)の身元と氏名を調査によって明らかにしたものである。被験者の中には当時四歳十一カ月の男の子もいた。この人たちはいずれも重い病気か、重傷を負った余命いくばくもないと考えられた患者たちであった。

　マンハッタン計画では、原爆の破壊力の研究、つまり放射能兵器の原爆放射線致死量・半致死量・死亡率ゼロ「しきい線量」の研究と原爆大量生産体制確立のための放射線被曝管理法・放射線影響研究、「耐容線量」領域での生物・医学的研究など、さまざまな研究・実験が行われた。

　先のプルトニウム人体実験は、マンハッタン計画の医学部長であるスタフォード・ウォーレン大佐を責任者とする「生物学的研究プログラム」の一環であり、ウォーレン大佐は一九四四年八月、このプログラムに同意した。その第三番目の目的として「一日あたり、プルトニウムがどれだけ体外に排出されるか、その比率を確認するため、人体によるトレーサー実験」が必要とされた。一九四四年十二月、ウォーレン大佐は、人体とラットに対するラジウムとプルトニウムの作用に関する比較調査医学実験計画をまとめた。

　『アルバカーキー・トリビューン』紙が明らかにした被験者たち十八人のうち、広島、長崎への原爆投下までにプルトニウムを注射されたのは三人であった。後の十五人は原爆投下以後に注射された。

　さらに下院報告書によれば、広島、長崎への原爆投下までに、先の三人の他、一九四五年四月から五月にかけて、オークリッジのクリントン研究所で二十人の被験者がベータ線照射を受けた。また一九四三年から四四年にかけて九人のガン患者、二人の関節炎患者、三人の正常な被験者がエックス線の全身照射を受けている。

テネシー州クリントンの原爆生産電磁分離工場。

　これだけではない。一九四三年から四七年までの間に、四人の入院患者が放射性ポロニウムを注射された。一人の患者に経口投与され、排泄率が測定された。そして注目すべきことは、これらの人体実験の数は、日本への原爆投下以後の方が圧倒的に多いという事実である。

　「放射能毒戦争計画」は、生物戦・化学戦の延長としての兵器開発の構想である。しかし、実際には原爆という爆弾の形で開発され実戦に使用された。それはアメリカ政府やマンハッタン計画の指導者たちが、戦後における支配の正当性を確保するためであったと考えられる。人間を含む生物にとっての最低生存条件である空気、水、食べ物を放射能汚染させて行う戦争は、もはや戦争の名に値しないだろう。

ハイド・パーク秘密協定

　ではアメリカとイギリスは、マンハッタン計画によって開発された原爆を、どのような政策意図にもとづいて使用したのであろうか。また、原爆使用後の戦後に対して、どのような考えを持っていたのであろうか。

先に見たように、実際に原爆が完成するのは、一九四五年七月十六日である。しかも、この時の実験は、単に爆発するかどうかを証明する実験であり、実戦に使用されたわけではなかった。実際に原爆が使用される前に、アメリカとイギリスの首脳たちがどのような政策を持っていたのか。この問題については重要な両国間の秘密協定を検討する必要がある。

今は「原爆ドーム」として知られる広島の産業奨励館近くの爆心地に踏み込んで調査をする戦略爆撃調査団員たち。

一九四四年九月十八日、アメリカのニューヨーク州のハイド・パークにあるルーズベルト大統領の私邸で、ルーズベルトとイギリス首相チャーチルが、原爆問題について会談し、翌日、両首脳が秘密協定に署名した。

ハイド・パーク協定は、「管状合金（Tube Alloy）」という題がつけられているが、「管状合金」とは原爆の暗号名で、協定は三項目からなっている。以下、全文を掲げる。

「一、管状合金の管理と使用にかんする国際協定を目的として、世界にこの件を知らせるべきであるという示唆は受入れられない。本件は最高機密とみなされ続けるべきである。しかし『爆弾』が最終的に利用可能となった時には、それはおそらく熟慮ののちに日本人にたいして使用されるであろう。日本人にたいしては、この爆撃は、降伏するまで繰り返されるであろうという警告が与えられるべきである。

二、軍事的商業的目的のため管状合金を開発する上での合衆国及びイギリス政府間の完全な協同は両者の協定によって停止されるのでなければ、また停止されるまでは、日本降伏後も継続されるべきである。

三、ボーア教授の活動については、調査が行われるべきであり、さらに同教授が、とくにロシア人にたいする情報漏洩の原因とならないことを保証するため措置がとられるべきである」（荒井信一『原爆投下への道』、東京大学出版会、一九八五年）

協定の第一項の前半部――「世界にこの件を知らせるべきであるという示唆は受入れられない。本件は最高機密とみなされ続けるべきである」という箇所は、ドイツ占領下のデンマークからイギリスに亡命していた物理学者ニールス・ボーアが、一九四四年春から夏にかけて、チャーチルとルーズベルトに行った提案を拒否したものである。ボーアはイギリスの原子力開発技術顧問であり、マンハッタン計画については知っていたが、現実には、マンハッタン計画には加わらなかった。

ボーアの提案とは、アメリカとイギリスは、原爆が完成する前の数カ月以内に、ソ連に原爆開発計画を知らせ、ソ連と原子力国際管理協定を作るための交渉を開始すべきであるという内容であった。ボーアは理論的に原爆の完成の可能性を明確に認識していたために、原爆が使用された後、原爆をめぐる軍拡競争が人類の未来を永久に脅かすことをもっとも心配していた。

チャーチル英首相とルーズベルト大統領。

この第一項の前半部分は、原爆をアメリカとイギリスが独占するという政策意図を規定している点で重要である。

ボーアの提案がソ連に原爆開発情報を知らせるべきであるとしていたのに、原爆情報を知らせる対象を「世界」と規定し、「世界」に対して原爆を秘匿すると表現していることは、文字通りアメリカ、イギリス以外の諸国に原爆を秘匿する意図を表しているとともに、その本意はソ連に原爆情報を与えないということである。

ハイド・パーク協定は、協定以前にルーズベルトとチャーチルが持っていた基本的認識を総合的に規定したものである。つまり、ルーズベルトは、原爆を国際管理のために外交交渉から切り離し、ソ連との協力という戦後の努力が失敗した場合の用意として取って置く政策を一貫して保持した。一方、チャーチルは、アメリカとイギリスが原爆の秘密を独占している限り、強力な外交手段となると考えていた（マーティン・シャーウィン、加藤幹雄訳『破滅への道程＝原爆と第二次世界大戦』、TBSブリタニカ、一九七八年）。ハイド・パーク協定は、この両者の政策を公式に確認したものである。

協定の第二項は、戦時・戦後において、アメリカとイギリスは原爆を協同で開発することを規定しているが、原爆の秘密を独占しながら、協同で開発する方向が決定された。

なお、ボーアがソ連に原爆情報を漏洩することについて調査すべきである、という第三項は二大国間の協定に含めるべき事柄ではなかった。

ハイド・パーク協定によって、ボーアが懸念したような戦後におけるアメリカとソ連の核開発競争を防止する道が閉ざされた。その道を閉ざしたのはアメリカとイギリスの最高首脳であった。

日本への原爆使用はいつ決められたか

日本との関係で重要な協定の第一項の後半部分は、原爆が開発され利用できるようになった場合、軍事的に日本に対して使用されることを決め、原爆攻撃は繰り返されることを日本人に警告すると規定している。これは原爆の軍事的使用と日本への投下をアメリカとイギリスの間で公式に確認した最初の公式文書と見なされる（前掲、荒井）。

ハイド・パーク協定が合意された一九四四年九月の時点で、原爆の対ドイツ使用ではなく対日使用が決められた理由は、ドイツとの戦争に原爆の開発は間に合わないと考えられたからである。先に述べたように、ドイツは一九四五年五月七日に降伏しているが、アラモゴルドでの最初の原爆実験の成功は、一九四五年七月十六日であった。

原爆を日本に使用する問題は、マンハッタン計画の総指揮官グローブス少将が、一九四五年四月二十三日、スチムソン陸軍長官に「目標はつねに日本であると考えられてきたし、今もそうである」と報告した事実が早くから知られている。しかし、それ以前の一九四三年五月五日に開かれた、マンハッタン計画軍事政策委員会では、「最初の爆弾を使用する目標が検討され、一般的な意見では、トラック島に集結している日本艦船に投下するのが最善であるとされた」(前掲、シャーウイン)と日本の艦船が言及されている。

シャーウインは、日本が原爆の投下目標として決定された時期を一九四四年春と考えており、その理由を「①ヨーロッパにおける戦争が、先に終結することが予想されていた。②原子爆弾の組み立ては、イギリスで行うより、太平洋上の島で行うほうがより安全である。③アメリカの戦場内の目標に、アメリカの航空機(B29)から投下することは、原子爆弾の英米協同開発におけるアメリカの優越を強調することになる」としている(前掲、シャーウイン)。

ルーズベルトの死去でトルーマンは急遽大統領に就任し、そして初めて原爆開発の事実をスチムソン長官から知らされた。写真は大統領就任の宣誓をするトルーマン。

つまり、日本は当初から原爆攻撃の目標であったのであり、アインシュタインたちドイツから亡命した科学者たちが、ドイツが原爆を開発する前に、アメリカが原爆を開発することを考えていたにもかかわらず、ドイツが原爆投下の目標として公式に言及されたことはなかったのである。

一九四五年四月十二日、ルーズベルト大統領が死去した。ついで大統領になったトルーマンは、四月二十五日、スチムソン陸軍長官、グローブス少将と会談した。スチムソン陸軍長官から「多分いまから四カ月以内に、われわれは人類史上で空前の最も恐ろしい兵器を完成できるだろう。それは一発で一つの都市全体を吹き飛ばすことができるような超爆弾である」と初めて原爆開発の報告をされた。

このときスチムソンが用意した覚書には、今後数カ年以内にソ連がこの兵器を生産するようになること、この兵器の威力を認識することなしに、世界平和機構問題と取り組むことは非現実的であること、またこの兵器の国際的・国内的管理には従来ないような徹底した査察と管理が必要であること、この兵器を他国に関与させるにせよ、関与させないにせよ、それをどのような条件で許すかが主要な外交問題になることなどが盛り込まれていた。

トルーマンは、この会議を異議なく受け入れたようである。スチムソンは原爆が開発されれば、アメリカの外交に偉大な力を加えるという考えを一貫して持っていた。この日の会談の主要な目的も、スチムソンには、「戦後の諸問題をめぐる対ソ外交について原爆の効用と役割を明らかにしておくべきであるという強い要請であった」(前掲、荒井)。

トルーマンはハイド・パーク協定の政策を踏襲、原爆を対ソ外交に手段として利用する政策を継続した。

この会談で、原爆を日本に投下すべきかどうかは問題にされなかった。そのことはすでに既定の事実であった。

ポツダム会談と原爆

原爆が実際に使用される可能性が見えてきた段階の政策はどうであったのか。一九四五年七月十七日から八月二日まで、ベルリン郊外のポツダムで、トルーマン、チャーチル、スターリンが会談した。対ドイツ統治、ソ連の対日参戦を決定し、七月二十六日、対日終戦条件と戦後処理方針に関する共同宣言(ポツダム宣言)を行い、採択した。

すでに、述べたように、一九四五年七月十六日には、アラモゴルドで最初の原爆爆発実験が成功していた。すぐに、ポツダムのトルーマンにも、この成功は報告され、「大統領はそれによって大いに元気になり」「それは自分にまったく新しい自信を与えた」と語ったとポツダムに同行していたスチムソンは日記に記している。原爆実験の成功は、明らかにトルーマンの対ソ交渉態度に強い影響を与えた。

たとえば、トルーマンはスターリンとの交渉で、ドイツ賠償問題について、ヤルタ会談の決定に妥協をせまり、結局、ドイツを占領している各国がそれぞれの占領地区から賠償を取るというアメリカ案で決着した。このことは、原爆を対ソ外交の手段とするトルーマンが、原爆実験の成功によって、その政策を一層推進した例証である。

トルーマンは、七月十八日、原爆実験の第二報を得て、「(チャーチルと―笹本)マンハッタン(原爆―笹本)について議論――それは成功だった。それについてスターリンに告げることを決定。スターリンは和平を求める日本天皇からの電報について首相に語った。スターリンはまたかれの回答を私に読み上げた。それは満足のゆくものだ。ロシアがやってくる前に日本はつぶれる。マンハッタンが日本本土に姿をあらわせば確実にそうなるだろう」と日記に記している。ここには、ソ連の対日参戦がなくても、原爆の使用によって日本を降伏させることができるというトルーマンの確信が明瞭に読み取れる。

ポツダム本会議が散会する七月二十四日、トルーマンはスターリンに、何気ない様子で話しかけた。「七月二十四日に私は、われわれが前例のない破壊力を持つ新しい兵器を持っていることを、スターリンに何気なく告げた。ロシアの首相は、何ら特別の興味を示さなかった。それは喜ばしい。『日本人にたいしてうまく使うこと』を望むというのは、かれの語ったすべてだ」とトルーマンは回顧録に記録している。スターリンはこの日の夜、「かれらは値段をつり上げようとしているのだ。クルチャトフに急ぐように伝えなければならない」と、ジューコフ元帥とモロトフ外相に語った(『ジューコフ元帥回想録』)。

クルチャトフはソ連の原爆研究開発の責任者であり、一九四二年以来停止していた原爆開発を再開促進することが語られた。トルーマンは原爆をスターリンに対する威嚇として使ったのである。

トルーマンは七月二十四日に、八月三日以降、天候が目視爆撃を許す限り、広島、小倉、新潟、長崎のいずれかに原爆を投下する命令を承認した。一方、七月二十六日、アメリカ、イギリス、中国は日本に対して降伏を求めるポツダム宣言を発出した。つまり、「原爆投下命令の最終承認と、ポツダム宣言の発出とが、密接に関連していた」(前掲、荒井)。しかし、ポツダム宣言には天皇制に対する具体的な表現がなかったために、原爆投下以前に日本を降伏させることができなかった。

先に触れたように、トルーマンは原爆実験の成功によって、ソ連の対日参戦がなくとも日本を降伏させることができるという確信を深めた。ポツダム宣言で天皇制条項をあいまいにしたのは、原爆投下以前に日本が降伏してはならなかったからである。ソ連の対日参戦は、八月十五日が予定されていたために、アメリカは八月十五日以前に原爆によって戦争を終わらせ、ソ連の東北アジアにおける発言権が増大することを未然に防ぐ必要があった。

原爆投下とソ連の参戦

一九四五年八月六日、アメリカ軍機は広島市に原爆を投下した。アラモゴルドで最初に爆発に成功した原爆はプルトニウム型原爆であったが、広島原爆は、ウラン型原爆であり、爆弾の種類が違っていた。原爆は広島市を壊滅させた。トルーマンは、広島市に原爆を投下した直後、大統領声明を発表した。

「十六時間前、アメリカの一航空機が、重要な日本の陸軍基地、広島に一発の爆弾を投下した。その爆弾はTNT火薬二万トン以上の威力を持つものであった。(略)それは原子爆弾である。それは宇宙の基本的な力の応用である。太陽の力を生み出す力が、極東に戦争をもたらした人々にたいして解き放たれたのである。(略)もしかれらが今われわれの条件を受諾しなければ、空から破壊の雨を見舞われることになろう」

トルーマンは原爆の威力の中に放射能による影響（効果）を含めなかったが、原爆の放射能の意味は知らされていた筈である。

しかし、日本は広島の原爆攻撃では降伏しなかった。ソ連は八月十五日に予定していた対日参戦を八月八日に布告し、九日未明中国東北と樺太で進撃を始めた。ソ連が予定していた対日参戦を繰り上げたのは、アメリカの原爆攻撃の影響であったと考えるべきである。「原爆投下はソ連参戦前に日本を降伏させるどころか、逆にソ連の参戦を早めてしまった」（前掲、荒井）。ソ連の参戦は日本に衝撃を与え、降伏を決める大きな要因となった。

1945年7月16日に、最初の原爆が爆発したニューメキシコ州の現場に立つオッペンハイマー博士とグローブス少将。手前の鉄筋の残骸は本来30メートル余の鋼鉄の塔で、その上に原爆を乗せて実験された。だが塔は一瞬のうちに高熱で消え、基礎の鉄筋だけがかろうじて残った。

八月九日、アメリカ軍機は長崎市に二発目の原爆を投下したが、この原爆の種類はプルトニウム型原爆であった。長崎市も壊滅した。

広島と長崎の原爆被害は、物的被害だけでなく、人的被害は戦闘員、非戦闘員を問わない無差別な被害であり、原爆放射能の後障害などにより今も被害者は苦しんでいる。二発の原爆攻撃は新兵器の実験であったことは確かである。

戦後、アメリカは一九四六年七月、ビキニ環礁において、二回の原爆実験を行い、一九四六年八月、原子力法を成立させ、原爆大量生産体制に突入した。一方、ソ連に対して原爆情報を秘匿する政策は堅持された。しかし、ソ連は一九四九年九月、初めての原爆実験に成功した。アメリカが予想したように、ソ連は原爆を数カ年以内に開発した。ここにアメリカとイギリスの原爆独占体制は崩壊した。

広島、長崎以後、この五十年間、原水爆の実験は繰り返されているが、実戦において原水爆は使用されなかった。しかし、ソ連のチェルノブイリ原発の事故がもたらした現実は、まさに平時における「放射能毒戦争」と呼ぶことができる。

最後にアメリカの歴史家バーンスタインの言葉を引用する。

「だが、こうした歴史的な文脈が存在したからといって、なにも米国市民やその他の人々が（原爆の投下という）行為を肯定的に認めてよいということにはならない。大切なのは、一九四五年広島への原爆投下の前後において、その使用に反対するものが、（こうした歴史的文脈のゆえに）きわめて稀であったことを認めることである。実際、当時において、なぜ米国が日本に対して原爆を使用したかを問いかける人々はごく少数だったのである。だが、もし原爆が使用されていなければ、怒りに満ちた米国民を含むより多くの人々が、なぜ使用しなかったのかとトルーマン政権を批判していたのもまた事実であろう」（バートン・バーンスタイン「検証・原爆投下決定までの三百日」、『中央公論』一九九五年二月号所収）

バーンスタインの言葉はアメリカの良心の声として私には聞こえる。

〈この論文については、二松学舎大学山極晃教授の御教示を得た。ここに謝意を記す〉

◉第4部　総論②

広島・長崎はどうして原爆の目標にされたのか

太平洋戦争研究会　平塚柾緒

原爆投下命令

原爆の投下目標（都市）が最終決定され、同時にトルーマン大統領の承認を得て米戦略空軍司令官カール・A・スパーツ大将に投下命令が正式に下されたのは昭和二十年（一九四五）七月二十五日の朝だった。

その指令書の原案は七月二十三日に原爆開発の指揮官であるレスリー・R・グローブス少将が作成し、ポツダム会談に出席しているジョージ・C・マーシャル参謀総長、ヘンリー・L・スチムソン陸軍長官、そして最高責任者のハリー・S・トルーマン大統領宛に送られた。この「センターボード」と名付けられた原爆投下作戦命令は、次のような内容だった。

合衆国戦略空軍司令官カール・スパーツ将軍へ　（一九四五年七月二十四日付）

1、第二十航空軍第五〇九混成部隊は、一九四五年八月三日ごろ以降、天候が目視爆撃を許すかぎりすみやかに、最初の特殊爆弾を次の目標の一つに投下せよ。

〔目標〕広島、小倉、新潟および長崎。

陸軍省より派遣された軍人および科学者は、爆弾投下機に随伴した観測機上にあって、爆発効果の観測ならびに記録に従事せよ。ただし、観測機は爆発地点より数マイル以内に近寄ることを禁ず。

2、特殊爆弾計画者による諸準備が完了次第、第二発目を前記目標に投下せよ。前記以外の目標を選定する場合は、別に指令す。

3、本兵器の対日使用に関する情報は、陸軍長官および大統領以外にはいっさい洩らさないこと。現地指揮官は、あらかじめ特別の許可なく本件に関するコミュニケもしくは新聞発表を行わないこと。ニュース記事はすべて陸軍省の特別検閲を受けること。

4、以上は陸軍長官および参謀総長の指令と承認の下に発せられたものである。貴官はこの指令の写しを各一部、個人的にマッカーサー将軍（南西太平洋方面最高指揮官）およびニミッツ提督（太平洋方面最高指揮官）に情報資料として手交されたい。

参謀総長代理　トーマス・ハンディ

ポツダムのトルーマン大統領が、このスパーツ将軍に対する原爆投下命令書の原案に目を通したのは七月二十五日の朝である。トルーマンは何のためらいもなく承認し、原案を持ってきたスチムソン長官にいった。

「（これから発せられる）ポツダム宣言に対する日本の回答が、受諾可能と私が貴官に通告しないかぎり、この投下命令は有効である」

原爆に対して「私はこの爆弾を軍事兵器と見なし、それを使うことに疑念をもたなかった」（『トルーマン回顧録』）とのちに言い切っているトルーマンにとって、「原爆投下は大きな決定ではなかった。悩まねばならぬような決定ではなかった」（トルーマンの後年の発言）のである。

目標選定委員会の発足

ポツダム会談で記念撮影におさまる3国首脳。前列左からアトリー英首相、トルーマン米大統領、スターリンソ連首相。

原爆投下目標は、こうして広島、小倉、新潟、長崎の四都市に決定されたが、それにはさまざまな紆余曲折があった。〔総論①〕でも論じられているように、投下目標が「日本」であることは早くから決められ、既定の事実として原爆は開発を続けられていた。しかし完成した原爆を日本のどこに落とすかについては、ポツダムでトルーマンが承認を与えるまでは決定されていなかったのである。

マンハッタン計画の首脳の間で、具体的な投下目標が論議されはじめたのは一九四五年、すなわち昭和二十年三月以降である。それ以前にも関係者の間で話題になったことはあったけれども、それは文字通りの話題にすぎなかった。

グローブス少将が、そろそろ投下目標を選ばなければなるまいと考えていた三月四日、グローブスはマーシャル参謀総長と会談している。マーシャルには週一回、原爆開発の進行状況を報告することになっていたからだ。その折り、グローブスは参謀総長にいった。彼は回顧録（『NOW IT CAN BE TOLDE』邦訳『原爆はこうしてつくられた』冨永謙吾・実松譲訳、恒文社）で語っている。

「二人は作業の進捗《しんちょく》具合について話し合っていた。原爆の準備完了の予想日取りに触れた後、その実物がはたして期待どおりの威力あるものかどうかの保証はまだ入手していないが、とにかく爆弾投下作戦そのものの計画にもそろそろ手をつけていい頃合だと私は切り出した。そこで、私はその計画立案をはじめるため、私が接触できる参謀本部作戦部の参謀数人を指名してほしい、と参謀総長に頼んだ。一瞬ためらいの色を見せた後、マーシャル将軍は口を開いた。

『じつは、この問題にあまり多くの人間を近寄せるのはわしは好まんのだ。君はそれを引き受け、君自身でそれをやれないという何かわけでもあるのかね』

『いや閣下、それでは私がやります』

という私の返事がそのやりとりに終止符を打った。そしてこの短い話合いが、けっきょく、この件に関してあとにも先にも私が受領した唯一の指令ということになった」

グローブスは参謀総長の命令をヘンリー・H・アーノルド大将（米陸軍航空隊司令官）にも報告し、ただちに爆撃目標の選定作業に入った。まずグローブスは軍事政策委員会のメンバーやロスアラモス研究所長のオッペンハイマー博士、研究所顧問のジョン・フォン・ノイマン博士、それに戦略空軍参謀長のローリス・ノースタッド准将、マンハッタン計画のグローブスの指揮官代理であるトーマス・ファーレル准将などと研究討論をくりかえし、原爆投下の目標基準を決めた。

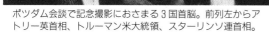

グローブスの回顧録によれば、投下目標の都市は次のような要求を備えていなくてはならないとされた。

「選定された諸目標は、その爆撃が戦争をつづけようとする日本国民の抗戦意志をとくに挫折させるような場所を、支配的要素として定めてあったものである。さらに、その目標

マーシャル参謀総長

は軍事的性格を多分に持っていること、つまり、重要な司令部の所在であるとか、軍隊の駐屯地であるとか、軍事装備および補給品の生産中心地であるとか、そのどれかであるはずだった。原爆の効果を正確につかむことができるためには、目標がすでに空襲によって損害を受けていてはなんにもならなかった。最初の目標が、爆弾の威力をさらに限定的に決定できるような、損害がその範囲に限られる程度の広さであればむろん申し分なかった」

　投下目標の基本的な条件は決定された。グローブス少将がつぎにやる仕事は、候補都市を選ぶことである。候補都市を決め、原爆投下の最終責任者であるルーズベルト大統領に勧告しなければならないからだ。

　グローブスは勧告案を作成するための委員会＝目標選定委員会を作ることにした。メンバーにはアーノルド大将の米陸軍航空隊司令部のウィリアム・P・フィッシャー大佐、ジョイス・C・スターンズ博士、D・M・デニソン、マンハッタン計画の指揮官代理ファーレル准将、フォン・ノイマン博士、R・B・ウィルソン、それにウィリアム・G・ペニー（ロスアラモスに派遣されているイギリス班の一人）の七人を選んだ。

　グローブス少将たちが目標選定を進めている最中の一九四五年（昭和二十）四月十二日、ルーズベルト大統領が急逝した。すでに大統領は体調を悪化させていて、主治医のすすめでジョージア州ウォーム・スプリングスの別荘で休養を取っていた。直接の死亡原因はクモ膜下出血だったという。そして医師団はこの日の午後三時三十五分、正式に大統領の死亡を発表した。この瞬間からグローブスたちマンハッタン計画の最高責任者は、それまで副大統領だったハリー・S・トルーマンに代わったのである。

原爆の実戦投下論争

　一九四五年四月二十五日、新大統領に就任したトルーマンは初めてスチムソン陸軍長官から、アメリカとイギリスは共同で原子爆弾を開発しており、多分四カ月以内に完成するだろうと告げられた。このときスチムソンは原爆の軍事的使用と、原爆完成後の政治的意義に関する覚書を手渡した。そしてスチムソンは新大統領に原爆に関するさまざまな問題を審議する特別委員会の設置を勧告した。

　のちに「暫定委員会」として知られる委員会は、スチムソンの回想記によれば「委員会審議事項は政治、軍事および科学各部門を包含する原子力問題の全分野におよび、その仕事は最初の爆弾投下の直後に発表される声明や、原子力国内管理法案の起草から原子力の国際管理という立場からの勧告までを含んだ複雑多岐にわたるものだった」（『平時戦時の要職にありて』毎日新聞社訳）という。

　暫定委員会のメンバーは全員文官で構成された。マンハッタン計画指揮官のグローブス少将でさえオブザーバーにしかすぎなかった。委員会の委員長（議長）にはスチムソンが任命され、委員長代理にはジョージ・L・ハリソン（陸軍長官特別顧問）が就《つ》いた。そして六人の委員には大統領の個人代表としてジェームズ・F・バーンズ（元戦時動員局長官、のちの国務長官）、海軍次官のラルフ・A・バード、国務次官補ウィリアム・クレイトン、それに原爆開発を指導してきた科学行政のベテランであるバネーバー・ブッシュ（科学研究開発局長）、ジェームズ・B・コナント（国防調査委員会委員長、ハーバード大学学長）、カール・T・コンプトン（科学研究開発局主任、マサチューセッツ工科大学学長）の三人だった。

この委員会の下に科学顧問団がつくられ、原爆開発の指導者であるロスアラモス研究所長のロバート・オッペンハイマー、シカゴ冶金研究所長のアーサー・A・コンプトン、バークレー放射能研究所長のアーネスト・ローレンス、それに初めて原子連鎖反応に成功したエンリコ・フェルミの四人が選ばれた。

暫定委員会は五月九日に初会合を開き、六月一日をもって活動を終わるまでに数回の会議を行った。議論の大半はスチムソン長官が提起した「この新兵器を対ソ関係の緩和に使える望みがあるかどうか」ということに費やされたといい、原爆の対日投下を正式に決めたのは五月三十一日の朝から二日がかりで開かれた最後の会議の席だった。

大統領に提出される三項目からなる勧告はつぎのような内容だった。

1、原爆はできうるかぎりすみやかに日本に対して使用されるべきである。

2、二重の目標、すなわち軍事施設または軍需工場にして、しかも周囲に損害を受けやすい家屋、その他の建物の密集する場所に対して使用すべきである。

3、爆弾の性質に関しては予告なしに使用されるべきものである。

スチムソン陸軍長官

この暫定委員会の最終決定の根底には、日本の一般都市への無差別焼夷弾攻撃とまったく同じといっていい発想が読みとれる。ことに〔2〕〔3〕の条項は、あきらかに非戦闘員である民間人の大量殺戮《さつりく》を予測している。

対日投下を決めたこの五月三十一日の会議ではさまざまな意見が飛び交った。たとえばオッペンハイマーは、将来の原子力の国際管理にソ連を加えるために、ある程度の原爆情報を与えたらどうかといい、特別に参加していたマーシャル参謀総長はオッペンハイマーに賛成する形で、最初の原爆実験の際にはソ連の科学者二人を招待したらどうかとも言っている。しかし二人の意見はバーンズの反対で立ち消えになった。

グローブス少将

また、この日の午前中の会議から昼食時の〝雑談〟にかけては、最終決定された勧告内容の〔2〕〔3〕を否定するような議論も展開された。その内容は、原爆を実戦に使用しなくても、なんらかの形で原爆投下の公開実験《デモンストレーション》をやって日本に対して事前に警告を与え、それでも降伏しない場合にかぎり、初めて実戦に使用したらどうかというものだった。

もちろん疑問や反対意見もでた。もしも原爆が不発だったときはどうするのか？　東京空襲など焼夷弾攻撃を経験している日本人が、はたしてその公開実験で敗北感を抱くだろうか……と。

結局、公開実験などの意見は正式な形で取り入れられることはなく、前記のような大統領勧告書が作られたのだった。そして六月六日、勧告はスチムソンによってトルーマン大統領に手渡された。

ところが、暫定委員会の勧告の内容を知ったシカゴの冶金研究所の科学者グループが、原爆の実戦使用の反対運動に立ち上がった。ナチスに追われてアメリカに渡ったノーベル賞受賞の物理学者で、原爆開発にも寄与していたシカゴ大学教授のジェームス・フランクを委員長とする「社会と政治への関連」委員会の七名の科学者たちだった。

ナチス・ドイツから逃れてきていたシカゴの科学者たちの多くは、原爆が完成すればドイツに使われるものとばかり思って開発に協力してきた人たちが多かったという。ところがナチス・ドイツは崩壊し、科学者たちにとって本来の使用意味は急速に薄れていた。それよりも科学者たちは、秘密の中で開発され、秘密のうちに原爆が使われた場合、その後には必ず激しい核軍備競争が到来し、人類全体を破滅の危機に陥れかねないことを危惧していたのである。

暫定委員会のメンバーであったブッシュとコナントも、原爆の対日投下を原則的に確定したハイド・パーク協定（総論①参照）が結ばれた直後の一九四四年九月に、スチムソン陸軍長官に覚書を送り、原爆実験成功後は、その開発経過を公表して原爆を国際管理にする構想を提案し、日本に対して使用する場合も「降伏しなければ本土攻撃に使用する」旨の事前警告を与えるべきであると述べていた。

シカゴの七人の科学者たち（通称「フランク委員会」）は、六月十一日にスチムソン長官に意見書を提出し、日本への無警告使用に反対の意思を表明した。シカゴ冶金研究所の六十四名の科学者たちもこれを支持した。のちに「フランク報告書」として知られるようになるこの意見書は、アメリカが原爆を日本に対して無警告で使用し、日本人に無差別な被害を与えるような結果になった場合、中立国はもちろん連合国でさえ深刻な衝撃を受けるだろうといい、こう忠告している。

「……日本に対する原爆の奇襲攻撃によって得られる軍事的利益とアメリカ人の生命の節約よりも、世界各国に波及する恐怖感と反感のほうが大きいかもしれない」

そして、これらの見地から対日原爆使用の方法についてつぎのような提案をしている。

「新兵器の実験は連合国全部の代表者の眼前か、砂漠または原野上《げんや》において行われるべきであろう。（中略）かかる実験を行った後、日本に対し降伏の最後通牒を発し、その後もし連合国（およびアメリカの国内世論）の同意が得られたならば、原爆を日本に投下することもやむをえまい」（前出のグローブス回顧録付録「フランク委員会報告」より）

フランク報告は暫定委員会のメンバーと四人の科学者顧問団によって検討された。このときマンハッタン計画に携わっている百五十名の科学者たちに対して、日本への原爆投下について賛否の投票を行っている。結果は約半数が原爆使用の前に、日本国内で軍事的示威を行うべきであるとしていた。しかし、マンハッタン計画に関係している軍と政府首脳たちは「バカげたこと」と一笑に付した。

もちろんバーンズも反対だった。

「私は、爆弾がある地域に対して使用されるであろうということを、もし日本側に知らせるならば、彼らは捕虜となっている米国の兵士たちをその地域に連れてくるかもしれないということを心配した。また専門家たちは、ニューメキシコで行われようとしている原爆実験は、たとえそれが成功したとしても、爆弾が飛行機から投下された時、爆発するという確実な証拠とはならないだろうとわれわれに警告した」（バーンズ著『率直に語れば』毎日新聞社訳）

また、マンハッタン計画指揮官のグローブスも一笑に付した一人だった。

「さて、私の立場でいえば、この原爆の驚異的な不意打ちが日本国民および政府に与える効果の重要性を台なしにするような考え方は、まったく正気の沙汰とは思えないしだいだった。とつぜんに奇襲を加えるために、われわれはあんなにも苦心を重ねて、機密保持とやっきになって取り組んできたのではないか」

軍の最高司令官でもあるトルーマン大統領も、原爆使用についてはバーンズやグローブスと考えを同じくしていた。彼は回顧録『決断の年』でいっている。

「この爆弾の使用を決定するにあたり、私は戦争法規に書いてある方法で、戦争の武器として間違いのないように使用することを望ん

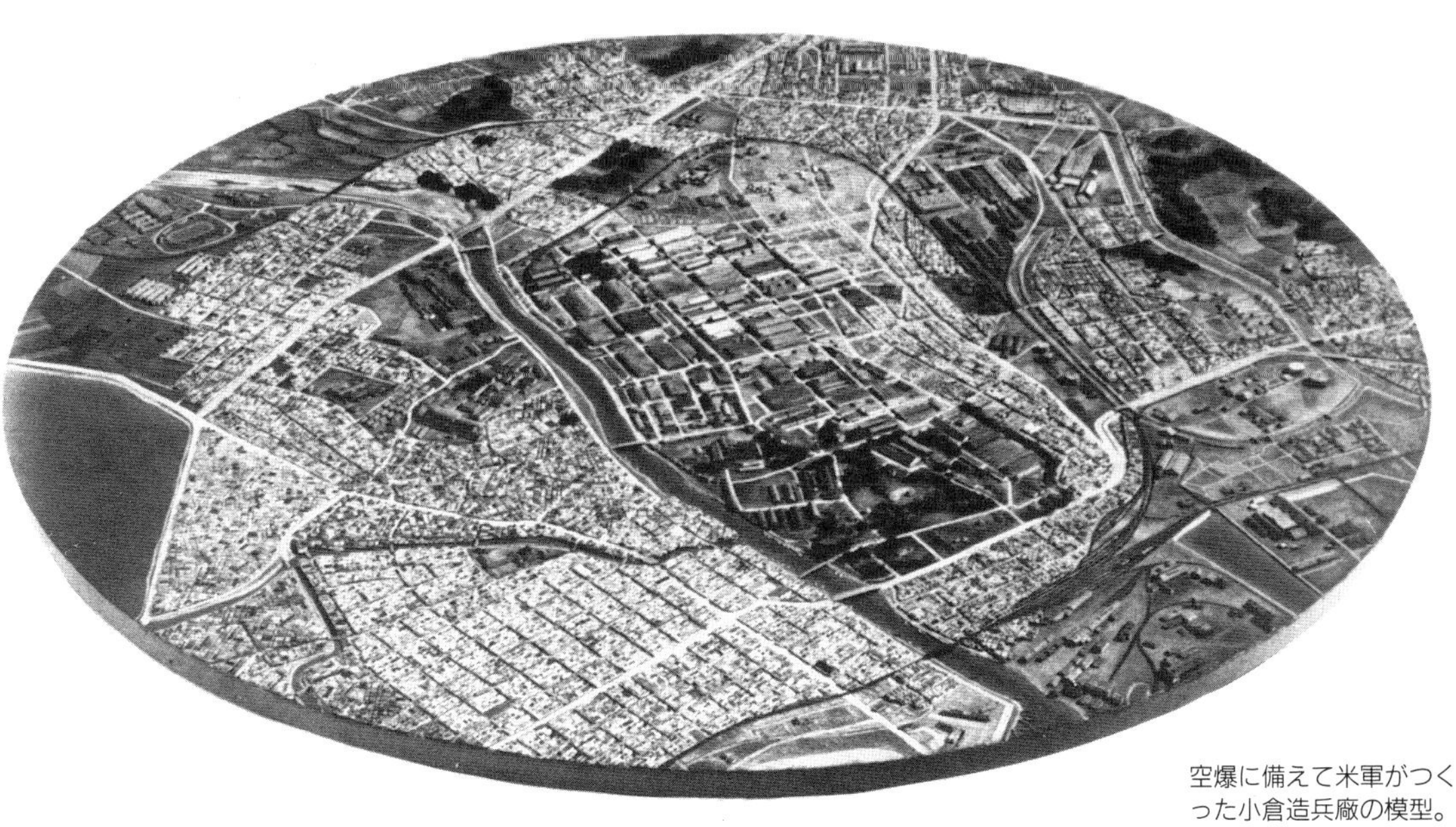

空爆に備えて米軍がつくった小倉造兵廠の模型。

だ。このことは、この爆弾が軍事目標に落とされることを望んだのである。私はスチムソンに、その爆弾はおもな軍需生産地の中央にできるだけ近く落とすべきであるといった」

原爆の無警告投下は決定されたのである。

選ばれた四つの投下都市

暫定委員会とほぼ並行するかたちで行われていた原爆投下都市候補を選ぶ特別委員会(目標選定委員会)は、一九四五年五月二日にワシントンで初会合を開いた。

討議に先だってグローブスはいった。

「私はそのとき開口一番、この委員会の任務の重要さ、機密が最高度に保たれねばならない必要性を強調するとともに、私が考えた目標の数(最初は四つ)を委員たちに示した。私は、日本の西海岸の諸港はアジア本土と日本との交通にとってきわめて重要な役目を果たしており、攻撃目標として重視せねばならない、というのがマーシャル将軍の意見だということに力を入れるのを忘れなかった」(前出回顧録)

この日の会議は顔合わせ程度だったが、その後会議は五月十二日、二十八日と開かれ、投下目標の選定だけではなく、原爆の爆発高度を地上から何メートルにしたら一番破壊力が得られるか、あるいは目標上空の天候が悪く目視爆撃ができなかった場合はどうするか、原爆はそのまま持ち帰るのか、それとも基地着陸時の危険を避けるために海中に投棄するのかといった、さまざまな問題も議論された。

五月十二日の会議では東京の皇居も投下目標の候補にあげられたが、これはすぐに退けられた。すでに東京はたび重なる焼夷弾攻撃で灰燼《かいじん》に帰しており、また皇居を目標などにしたら、日本人の怒りが一挙に高まり、せっかく空襲で萎《な》えさせた日本人を奮い立たせてしまう。そこで目標選定委員会はグローブスの要望通りつぎの四都市を選んだ。重要度の順でいえば京都、広島、横浜、小倉である。

だが二十八日の委員会では、この四都市に加えてさらに他の都市についても検討が加えられた。そして委員会が最終的に選定したのはつぎの四都市だった。小倉陸軍造兵廠、広島、新潟、京都である。その理由をグローブス少将は回顧録で語っている。

1、小倉陸軍造兵廠——日本における最大の弾薬工場の一つで、多種多様の武器およびその他防衛資材の製造に従事中。本造兵廠は縦横四千フィート(約千二百メートル)と二千フィート(約六百メートル)の面積を占め、鉄道操車場、機械工場および発電所に隣接していた。

2、広島——日本陸軍の船舶、運輸の中心で大きな乗船港を持ち、かつ、日本海軍の輸送船団の集合地でもあった。市内には約二万五千の兵力を指揮する地方陸軍司令部（訳注・第五九軍司令部のほかに第二総軍司令部があった）が置かれ、市街は四つの地域に集中されていた。鉄道操車場と陸軍補給廠が市の東側に沿って位置を占め、重工業施設の大部分は市の中心地区に隣接していた。

3、新潟――日本海に臨み、戦争末期にはその重要性が日一日と増しつつあった。その市にはアルミニウム精錬工場、巨大な鉄工所、重要な精油工場があったほか、油送船の終着港となっていた。

4、京都――約百万の人口を持つ工業都市で、日本の昔の首都であり、付近の諸都市が破壊されるにつれ多数の避難民と罹災工業がこの市に流れこみつつあった。そのうえ、京都は原爆から生ずる損害が街全体にいきわたる程度の手頃な大きさを持っており、これによってわれわれは原爆の破壊威力のあますところのない実証を得る確信があった。

投下目標候補の都市が決まったため、グローブス少将はマーシャル参謀総長に提出する報告書を作成した。そこにスチムソン陸軍長官から呼び出しがかかった。六月十二日の午前十時ごろである。

陸軍長官の部屋は陸軍省のマーシャル参謀総長の隣りだったが、部屋はずっと大きい。スチムソンはさり気ない口調で、原爆投下目標の選定は終わったかとたずねた。グローブスは一瞬ためらった。たったいま参謀総長に提出する選定目標の報告書を書き上げてきたばかりだったからだ。グローブスは仕方なく答えた。

「選定は終わりました。明朝、マーシャル将軍に提出してご裁下をいただくつもりです」

広島に投下されたウラニウム爆弾〝リトル・ボーイ〟。長さ約3メートル、重量約4トン、通常爆弾に使用されるTNT火薬約2万トン分のエネルギーを放出したといわれる。

グローブスによれば、スチムソンはこの返事が気にくわなかったらしく、「それを見せてほしい」といってきた。

以下のやりとりを、グローブスの回顧録はこうつないでいる。

――私としては、この件は軍事作戦に属する事項だから、マーシャル将軍とまず検討したうえでなければ、長官にお見せしたくないと突っ張った。すると、長官は次のようにいい放った。

「それは私自身で決めようとしている問題だ。その決定をするのはマーシャルではない」

それから彼は、私にその報告書をもってくるように命じたが、私はいくらか時間がかかるということを口実にして引き延ばそうとねばった。スチムソン長官は、午前中はずっと事務所でひまがあるから、ここの電話を使って、すぐにその報告書を取り寄せるようにとたたみかけてきた――。

グローブスにはそれ以上の抵抗はできなかった。グローブスは秘書に自分の事務所へ報告書を取りに行かせた。その間にもスチムソンは目標都市についてあれこれと聞いてきた。グローブスはしかたなく四カ所の都市名を並べたてた。

――彼はそくざに京都の選定に反対し、その目標を承認しないだろうときっぱりといった。

「京都についての記述と、それは好適の目標だと考えられる理由をお読みになったら、あなたの気持ちは変わるかもしれません」

と私は口をはさんだが、彼の答えは断じて変心することはないというものだった。京都は日本の古代の首都であり、歴史的に由緒のある都市であり、かつ日本人にとっては偉大な宗教的な重要性をもった心の故郷《ふるさと》である、というのが陸軍長官の反対の理由だった。彼はかつてフィリピン総督時代に京都を訪れたことがあり、その古代文化にひどく心を打たれたことがあったのである――。

第1目標「ヒロシマ」への原爆投下作戦を前に、最後の攻撃目標説明会に集まった第509混成部隊の搭乗員たち（マリアナ諸島テニアン基地）。

　かねてよりグローブスは投下目標の第一候補に京都を考えていた。なによりも京都は百万人を超える大都市であり、それまでの一般空襲から外されている数少ない無傷の都市だった。また京都には大学も多く、住民の知識程度も高い。住民の知識が高いほど原爆の意義がよくわかり、心理的効果も大きいだろうと思っていた。

　また京都には大工場こそないものの、市内の中小工場群は、日本の経済が中小工場に支えられているように、巨大な軍需産業の下請け工場として軍事資材の生産に寄与しているに違いないと判断していた。

　グローブスにとって京都に勝る目標はなかった。しかしスチムソンは納得しなかった。

　二人のジャーナリスト、ゴードン・トマス、マックス・モーガン＝ウィッツ共著の『Ruin from the Air』(邦題『エノラ・ゲイ』)では、ここでスチムソンは隣りの部屋からマーシャル参謀総長を呼び入れて「グローブスの主張に対する強い反対意見を繰り返した」とされているが、グローブスの回顧録では、急に口をつぐんだスチムソンは部屋を出てマーシャル将軍の部屋に乗り込んだという。そして京都には同意しないといい、反対理由を述べたと。

見殺しにされる連合軍捕虜

　グローブスとスチムソンの京都をめぐる対立はその後もつづき、グローブスと目標選定委員たちはあくまでも「原爆の諸効果の完全な知識を入手するためにはまたとない広さを持っていた」京都を日本で最も重要な軍事目標の一つと決め、機会があるたびに投下目標に加えるよう主張していた。しかしスチムソンもそのたびに反対論を唱え、とうとう最終結論はポツダム会談に出席していたトルーマンの承認時まで決まらなかったのだった。

　一九四五年七月十六日、ニューメキシコ州のアラモゴードでの原爆実験は見事な成功をみせた。残るは、いつ、どこに投下するかだけである。グローブスはスチムソンがトルーマンに同行してポツダムに行ってしまったあとでも、なお京都に固執していた。

　ポツダム会談も大詰めを迎えた七月二十二日の午後十二時すぎ、宿舎に帰ったスチムソンは空軍参謀総長に栄転していたヘンリー・H・アーノルド大将を自室に呼び、京都に代わる投下目標地の意見を求めた。アーノルドはつい先頃まで陸軍航空隊総司令官として日本空襲の総指揮を執《と》ってきており、日本の空爆目標に精通していたからだ。

　アーノルドは躊躇《ちゅうちょ》せずに「京都の代わりに長崎を目標の一つとして考慮すべきだ」と答

えた。長崎が投下目標の一つとして登場したのは、このときが初めてであった。

スチムソンはアーノルドが推薦した第四の目標「長崎」案をトルーマンに示した。トルーマンにとっては、投下目標が京都であろうが長崎であろうがたいした問題ではない。彼にとっては、一日も早く日本の都市に原爆を落とすことのほうが重要だったのである。

大統領の支持を取りつけたスチムソンは、これでグローブスも文句を言えなくなるだろうと思ったに違いない。スチムソンは回想記にこう記した。

「私はトルーマン大統領の熱心な支持を受けて、計画された爆撃目標都市のリストから京都を抹殺した。京都は軍事的にもひじょうに重要性を持つ目標だったが、それは日本の古都であり、日本の芸術文化の宝庫だった。われわれは京都をリストから外すことを決定した。私は広島および長崎を含む四つの目標に承認を与えた」

一方、ワシントンの目標選定委員会は、ポツダムからの指示を待っていた。戦略空軍司令官カール・A・スパーツ将軍への原爆投下命令は七月二十五日に発令しなければならない。時間がない。委員たちは二十四日は朝からトーマス・T・ハンディ少将(マーシャル将軍不在中の参謀総長代理・参謀本部作戦部長)の部屋で会議を開いていた。そこにポツダムからアーノルド空軍参謀総長の使者が到着した。

委員の一人であるトーマス・ファーレル准将は回想している。

「ポツダムからアーノルド将軍の伝言を持って到着した一人の将校が、長崎を目標に加えたらいいと勧告した。そこにいた多くの将校が異議をとなえ、私はグローブスに代わって『長崎は大きな爆弾のためには大きさがないからまずい』と反対した。『その都市は細長くて二つの山の間にあり、爆弾の爆発効果が発揮されない』と言った。又『ここは、これまでに数回にわたって爆撃が行われており、原爆の効果測定のためにもまずい』と言った」(L・ギオワニティ、F・フリード著『原爆投下決定』堀江芳孝訳より)

会議は紛糾し、夕方になっても終わらない。何通もの電報がポツダムに飛び、アーノルド勧告の再考を訴えた。だが、ポツダムからの返電は「勧告通り」というものだった。さらに別電が届き、そこにはスチムソン長官と大統領が討議を重ね、「長崎」に同意を与えたとあった。グローブスは「それ以後というもの、京都は決して人の口にのぼったことはなかった」といい、前記のファーレルは「その日遅くなって、さんざん論議した後、ハンディ将軍は長崎を目標リストに加えることを決定し、この日第四番目の位置に追加された」と回想している。

こうして翌七月二十五日、冒頭に記したように、日本に原爆を投下する責任者である戦略空軍司令官スパーツ将軍への命令書が発出されたのだった。ここで原爆投下作戦は、現地マリアナの指揮官の手に移ったのである。

ところがここで、もう一つの問題が起こった。日本国内に囚《とら》われている連合国の捕虜の問題である。七月三十一日、グアム島に戻っ

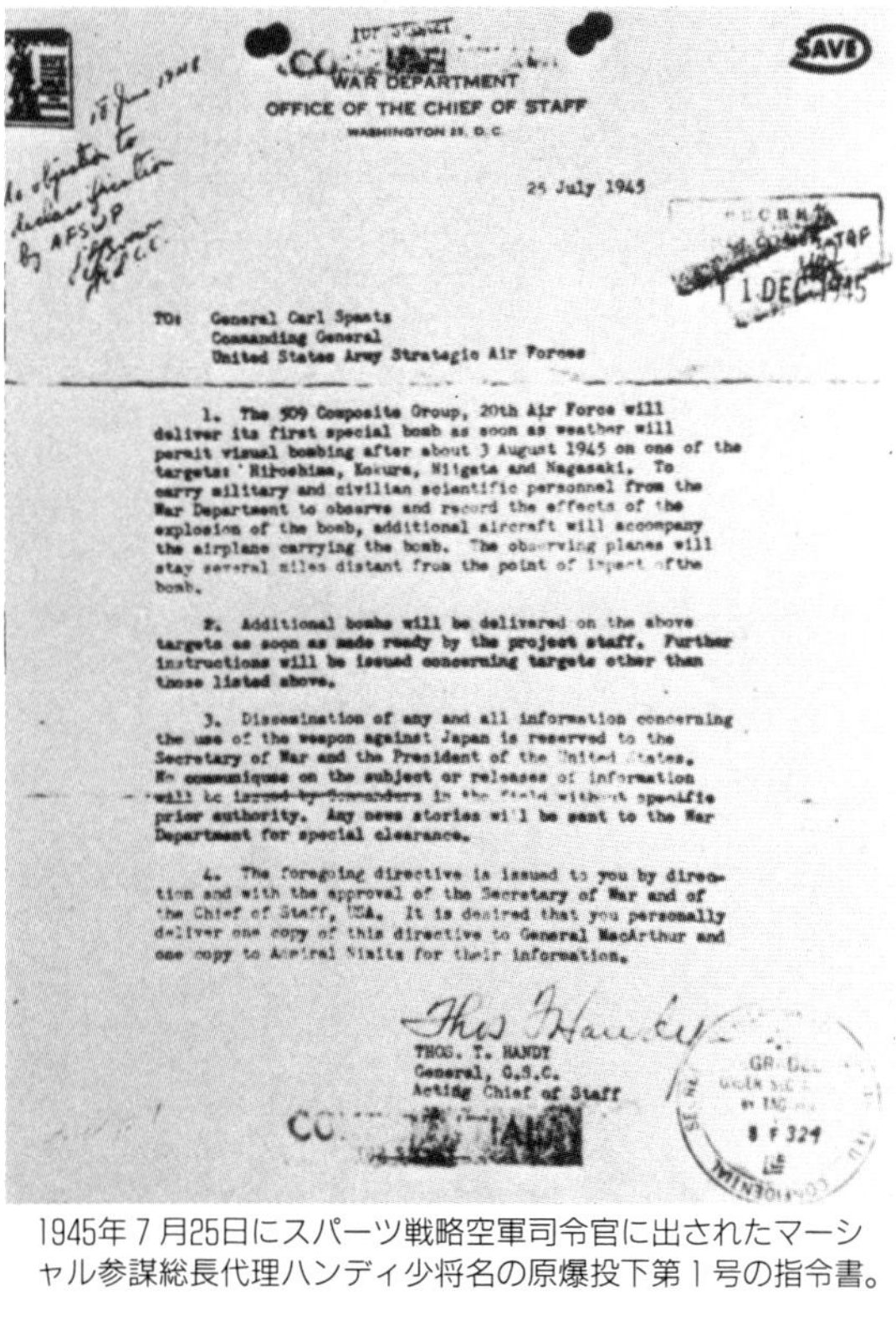
SAVE

WAR DEPARTMENT
OFFICE OF THE CHIEF OF STAFF
WASHINGTON 25, D.C.

25 July 1945

TO: General Carl Spaatz
Commanding General
United States Army Strategic Air Forces

1. The 509 Composite Group, 20th Air Force will deliver its first special bomb as soon as weather will permit visual bombing after about 3 August 1945 on one of the targets: Hiroshima, Kokura, Niigata and Nagasaki. To carry military and civilian scientific personnel from the War Department to observe and record the effects of the explosion of the bomb, additional aircraft will accompany the airplane carrying the bomb. The observing planes will stay several miles distant from the point of impact of the bomb.

2. Additional bombs will be delivered on the above targets as soon as made ready by the project staff. Further instructions will be issued concerning targets other than those listed above.

3. Dissemination of any and all information concerning the use of the weapon against Japan is reserved to the Secretary of War and the President of the United States. No communiques on the subject or releases of information will be issued by Commanders in the field without specific prior authority. Any news stories will be sent to the War Department for special clearance.

4. The foregoing directive is issued to you by direction and with the approval of the Secretary of War and of the Chief of Staff, USA. It is desired that you personally deliver one copy of this directive to General MacArthur and one copy to Admiral Nimitz for their information.

THOS. T. HANDY
General, G.S.C.
Acting Chief of Staff

1 DEC 1945

1945年７月25日にスパーツ戦略空軍司令官に出されたマーシャル参謀総長代理ハンディ少将名の原爆投下第１号の指令書。

たスパーツからグローブスに緊急電報が届いたのだ。電報は「八月五日以降に予定されている長崎攻撃に際し、市内の中央より一マイル北に連合国軍の捕虜収容所があるといわれている。この事実は『センターボード』の最初の作戦目標選定に影響するや？　至急返電されたし」というものだった。

グローブスは回顧録に書いている。もしスパーツの緊急電報が正しいとすれば、捕虜収容所は長崎港の西側にあることになる。だが、実際はその反対側にあると思われるふしが多い。情報では捕虜たちは造船所で働かされているということであり、もしそうなら反対側の方が造船所にずっと近いからである。

「しかし、どちらの位置が正しいかには無関係に、原爆投下のありそうな時刻には、捕虜はドックで働いているだろうから、予期された危険にさらされることは十分に考えられた」

グローブスにはアラモゴードでの実験結果から、もし原爆投下時に捕虜たちが造船所にいたならば、間違いなく死ぬか、生き残ったとしても盲目となり、放射能の被害にさらされることを知っていた。

広島に向けて飛び立つ原爆投下機〝エノラ・ゲイ〟から手を振るポール・ティベッツ大佐（機長・第509混成部隊指揮官）。

グローブスはハンディ少将に相談した。ハンディは緊急電報の内容をスチムソン陸軍長官に知らせるべきだとアドバイスした。ハンディは、スチムソン長官がスパーツ司令官からの電文返電の内容を知ることによって、もし長官が捕虜への危害を考慮して自分たちの決定を覆《くつがえ》すなら、これが最後の機会になるということを認識させることになると考えたからだった。

しかし、このとき二人はすでにスパーツ司令官への返電の内容を決めていたのだ。返電の内容は次のようなものだった。

「捕虜収容所の位置を考慮に入れての目標の変更はいっさい行わないこと。しかし、照準の選定（これはすでにスパーツの責任であった）にあたり、捕虜収容所に命中する可能性を減ずるような方法によって修正することはできる」（グローブス回顧録より）

グローブスとスチムソンは、かつて京都を目標にするかどうかで激しく対立したが、今回は返電の内容を知っても長官は反対しなかった。

「発信前に返電を見せてもらってありがとう」

スチムソンはそういっただけだった。

グローブスはほっとした。そこにグアム島のスパーツ司令官からふたたび極秘電が届いた。

「日本軍捕虜から得た情報によれば、センターボード作戦の目標都市の中で、連合軍捕虜収容所がないのは広島のみ。返待つ」

グローブスはハンディと打ち合わせたのち返電を打った。

「もし貴官が情報を確かと信ずるならば、広島を最優先せよ」

こうして広島は第一目標に選ばれ、第二目標が小倉陸軍造兵廠と小倉市、そして第三目標が長崎と決まったのだった。

昭和20年8月6日午前8時16分の広島

エノラ・ゲイ号広島へ

マリアナ諸島テニアン島――八月六日午前一時三十七分、三機のB29が北飛行場の滑走路から同時に離陸していった。いずれも気象偵察用のB29で、一機は広島へ、あとの二機は小倉と長崎に向かった。続いて五十一分に「トップ・シークレット」と愛称がつけられた一機が離陸した。このB29機は、これから離陸する三機の原爆投下作戦機に故障などの緊急事態が起こった場合に備えて、硫黄島で待機するのが任務である。

そのころ投下作戦の三機のB29は、駐機場で目もくらむような照明灯に照らされていた。ことに広島に落とす予定のリトル・ボーイ（チビ公＝ウラニウム爆弾）を積んだ機の周囲は黒山の人だかりだった。機首にはでかでかと「ENOLA GAY」（エノラ・ゲイ）と書かれている。昨日の午後三時すぎ、原爆投下作戦部隊第五〇九混成部隊指揮官のポール・ティベッツ大佐がペンキ工に命じて書かせた母親の名前だった。大佐はその昔、「お前は一生のうちで、どんなことがあろうと大丈夫だよ」と言って励ましてくれた母親を思い出し、原爆機の愛称に母親の名を選んだのだった。

エノラ・ゲイを照らしている照明灯は、マンハッタン計画の指揮官グローブス少将の命令で記録を撮っている映画班と写真班のためだった。そしてティベッツと乗員たちはハリウッドのスターなみの扱いで、入れ代わり立ち代わり機の前に立たされ、「こっちを向いて」「はい笑って」と次々飛び出すカメラマンの注文に応じさせられていた。

午前二時二十分、一同そろっての記念撮影があり、出撃のセレモニーは終わった。

「さあ、仕事だ」

ティベッツ大佐のつぶやきで、エノラ・ゲイの搭乗員十二名は機内へ消えた。

午前二時二十七分、エノラ・ゲイのエンジンが始動を開始した。三十五分、誘導路を経て離陸位置につく。北管制塔から離陸許可が出る。四十五分、機長のティベッツ大佐はスロットルをグイッと前に押した。エノラ・ゲイは静かに滑走をはじめた……。

そして二分後の午前二時四十七分、グレート・アーティスト号が離陸し、さらに二分後の四十九分に九十一号機が後を追った。グレート・アーティスト号には科学観測機器を積み込んだ観測班が乗っており、九十一号機には写真装置を備えた撮影班が乗っていた。グアム島の戦略爆撃司令部の命令では午前八時から九時の間に目標上空に到達し、チビ公を投下せよとある。そして第一目標は広島市街と工業地域、第二目標は小倉造兵廠および市街地域、第三目標が長崎市街地域である。

テニアンから第一目標の広島まではおよそ七時間かかる。日本時間の午前五時五分三十秒（テニアンと日本の時差は一時間）、三機のB29は硫黄島上空で合流し、V字編隊で四国に機首を向けた。飛行は順調で、すべて予定通りだった。エノラ・ゲイは日本に近付くにしたがって徐々に高度を上げ、爆撃態勢に入っていった。

午前七時二十五分、広島上空に向かった気象偵察機ストレート・フラッシュ号からの暗号通信が入った。

「雲量、全高度を通じて十分の三以下。第一目標を勧める」

エノラ・ゲイ号の照準点になった相生橋（中央上方のT字形の橋）周辺。相生橋のすぐ下の建物が「原爆ドーム」となる産業奨励館。

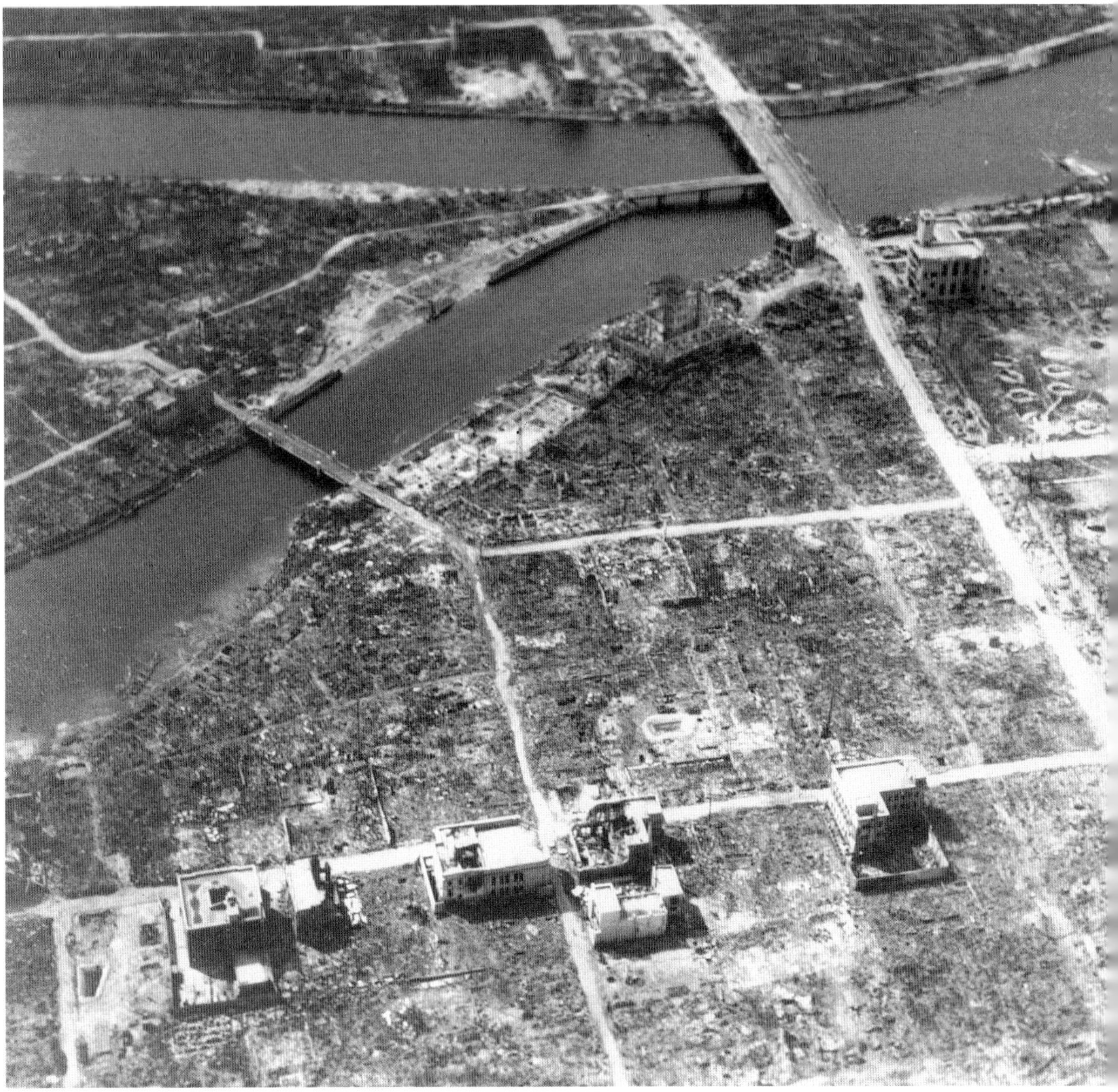

雲量十分の三とは、目標上空の三〇パーセントに雲があるという意味である。ほぼ快晴に近い。ティベッツ大佐は機内に告げた。

「広島だ」

広島の運命はこの瞬間に決まった。エノラ・ゲイは高度一万一千五百メートルで照準点である広島市の中心にある相生橋に向けて微細なコース修正に入っていた。三、四キロ後方には二機の観測機が続いている。

午前八時十二分、進入点に入る。日本の戦闘機や高射砲の反撃はまったくない。搭乗員たちは濃いポラロイドのサングラスをかけ、最後の瞬間に備えた。すでに爆撃手のフィヤビー少佐のファインダーには広島市が入っており、そしてT字形の橋が照準器の中心である十字線にかかってきた。相生橋だ。

「やったぞ！」

フィヤビー少佐は爆弾投下の自動時限装置のスイッチを入れた。午前八時十五分十七秒、爆弾倉の扉が開き、掛け金を離れたチビ公はT字橋に向かって落下していった。瞬間、エノラ・ゲイは三メートル近くも跳ね上がった。機長のティベッツ大佐は右へ一五五度もひねり、急旋回で脱出態勢に入った。爆弾倉を離れて四十三秒、チビ公は午前八時十六分ちょうどに激しい閃光を放ち、爆発した。地上五百七十六メートル、照準点の相生橋から約二百四十メートル離れた島医院の真上だった。

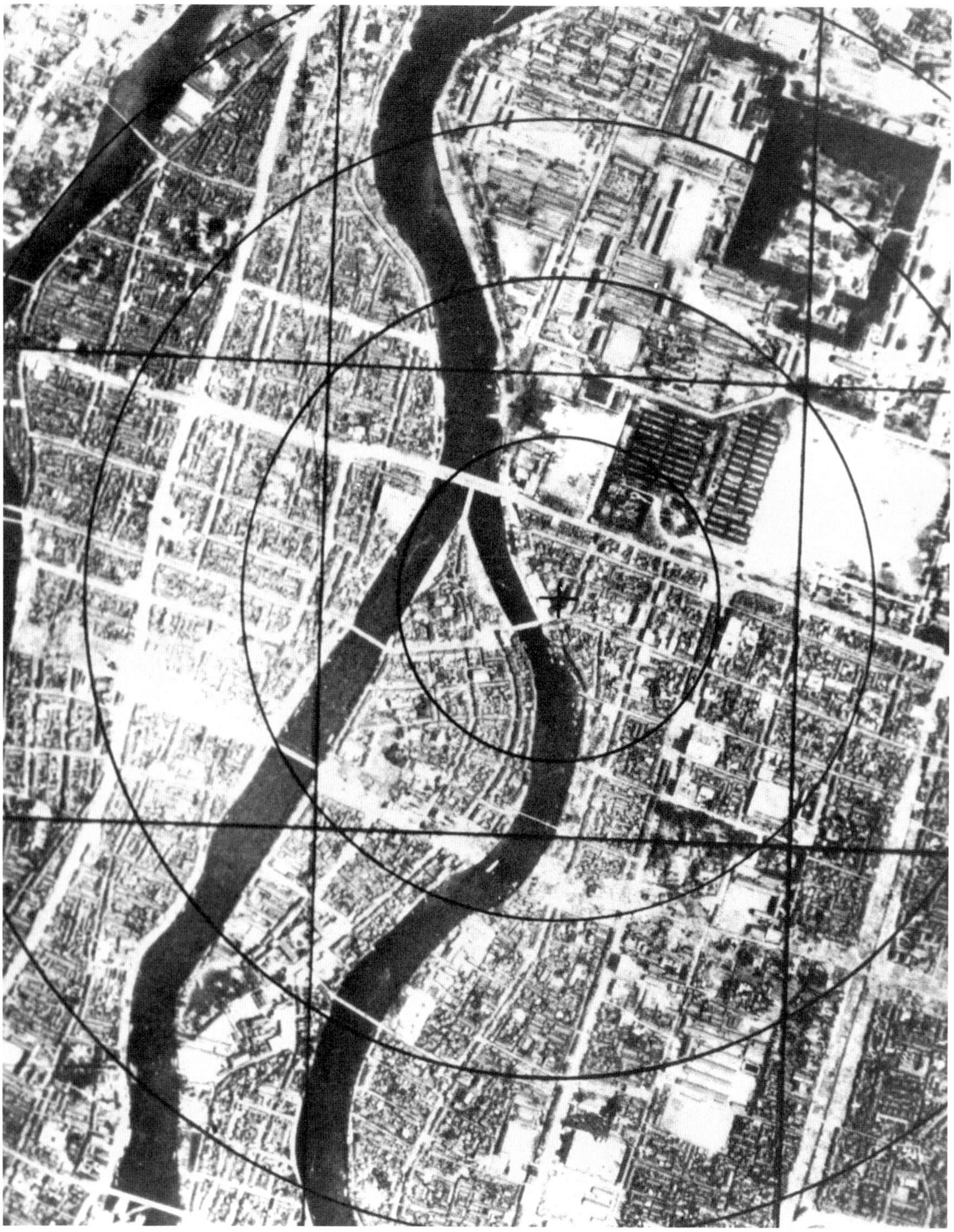

原爆投下前の広島市大手町付近の偵察写真。写真中央の元安川と本川の合流地点に白くT字形に見えるのが相生橋。中央の照準地点である×印のあたりが現在の「原爆ドーム」の位置。右上の四角い一角が当時の中国軍管区司令部があった広島城と西練兵場。

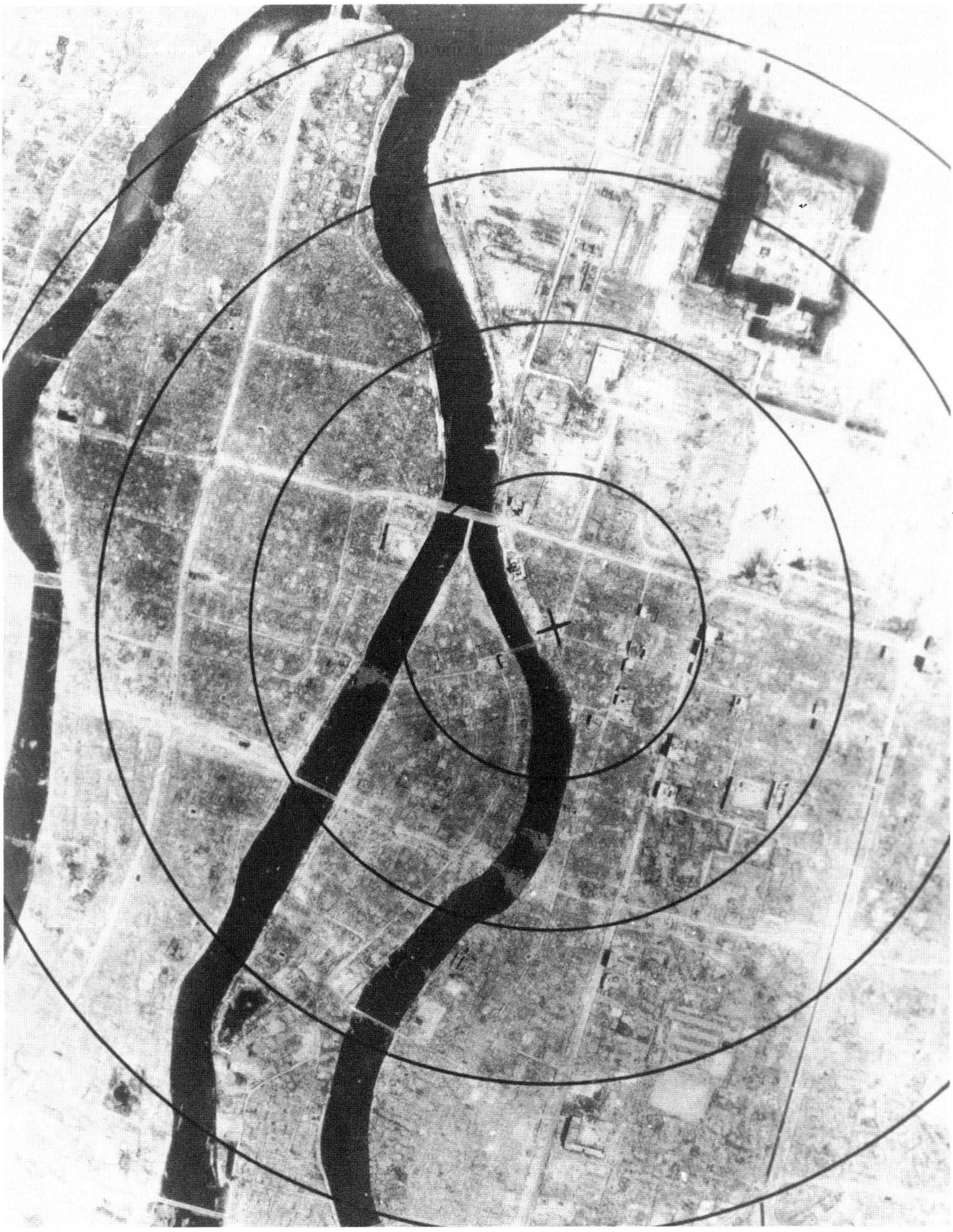

広島上空に進入した観測機が撮影した原爆爆発後の市内大手町付近。一面が白茶け、文字通り一木一草残っていない。エノラ・ゲイの搭乗員の一人は爆発直後の感想を語っている。「私は誰もこのような光景を見ることを予想していた者はないと思う。2分前にわれわれが見た街はどこへ行ってしまったのであろう。もう街は見えなかった」と。

昭和20年８月６日午前８時16分、エノラ・ゲイとともに進入した観測機が高度7,500メートル上空から撮影した原爆爆発直後の広島市。エノラ・ゲイの航空士セオドール・ヴァン・カークは、その瞬間を「飛行機の中で写真機の照明電球が破裂したような白い光が出た」と回想した。写真左上半分の白い部分は閃光直後に発生した煙。

太平洋戦争が始まる前の相生橋。中央後方にドーム屋根の産業奨励館が見える。いまの「原爆ドーム」である。

丁字形のユニークな橋として市民に親しまれていた戦争前の相生橋と広島市街。

広島の空を覆ったキノコ雲。上部の火球は爆発1秒後には直径280メートルにもなり、高さは3分後には1万メートルを越え、さらに上昇を続けた。

爆心地から約1、500メートル離れた赤十字病院の屋上から見た広島市の惨状。原爆投下1カ月を過ぎた20年9月に撮影したものだが、人影はほとんどない。

完全に廃墟と化した爆心地付近の広島市内（昭和21年３月）。

原爆が爆発した様子は呉など広島周辺の市町村でも観測された。写真は広島郊外の府中町水分峡から偶然撮影されたものといい、噴き上がるキノコ雲がはっきりととらえられている。

ピカドンに消えた街

原爆による広島市の正確な死傷者数は現在もわかっていない。当時の人口統計など県と市が保有していたすべての資料を原爆によって焼失してしまったからだ。

広島県発行の『原爆三十年』によれば、原爆投下時に市内にいた日本人は約四十二万名と推定されている。このほかに徴用などで連れてこられた朝鮮人が「数万人」いたといわれる。このうちの約十五万九千名が五カ月後の十二月末までに死亡した。死亡者はその後も増加し、被爆一年後の死亡者は約十六万四千名に達した。

ところで軍都・広島では四万名以上の軍人も被爆し、このうち二万名前後が死亡したとみられている。さらに広島には朝鮮人以外に中国、モンゴル、インドネシア、ビルマ、マレーシア、フィリピン、ボルネオなどからの留学生三十余名がおり、このうち約十名が死亡、米軍捕虜約二十三名も死亡したといわれている。

原爆投下時の死傷者の大半は、爆発による熱線と爆風による被害だった。戦後に公表された観測機などの記録では、爆発と同時に空中にできた火球の温度は摂氏数百万度に達し、一万分の一秒後には約三十万度、百分の一秒後に約千七百度と急速に下がったが、火球が

爆心地から約600メートル離れた地区にあった鉄筋建の時計店。1階部分が押し潰され、2階が地上に接している。

爆発前は夏の木々が生い茂っていた太田川河畔も無惨に焼け焦げてしまった。

次第に大きくなるにしたがって、表面温度はふたたび上昇していった。〇・三秒後になると約七千度になり、一秒後に約五千度、三秒後に千七百度と下がり、以後は急速に冷えていったという。

この爆発直後から約三秒の間に放射された紫外線、可視光線、さらには赤外線のまざりあった熱線によって死亡者の二〇～三〇パーセントの人々は焼き殺されたのである。

熱線の放射とともに、爆発地点では数十万気圧という超高圧が生まれ、周囲の空気が大膨張して一大爆風が起こり、音速なみの衝撃波となって人々や建物を襲った。死亡者の約二〇パーセントはこの爆風による犠牲者とみられている。そして熱線と爆風の被害に追い討ちをかけたのが火災であった。

原爆爆発後、広島は約六時間にわたって火炎地獄につつまれ、市内の約十三平方キロが灰燼《かいじん》に帰した。爆心地から半径二キロの円内では建物も人も、燃えるものはすべてが焼き尽くされた。熱傷を負い、倒壊した建物の中に閉じこめられ、迫り来る火炎のために死んでいったのだ。死者の約六〇パーセントはこの焼死という。

やがて広島は放射能を含んだ〝黒い雨〟に見舞われた。どうにか生き残った人たちの多くもこの放射能雨を浴び、それは「原爆症」としていまだに人々を苦しめている。

爆心地から2,400メートル近く離れた太田川にかかる橋。橋の路面は黒く焼け焦げているが、手すりのセメント柱の影になった部分は焼けずに残っていた。爆発直後の熱線の凄まじさと方向を証言する貴重な写真。

原爆投下1年後の昭和21年8月3日に撮影された流川教会の跡。当時、放射能の影響で70年間は草木も生えないと言われていたが、焼け跡の植物は芽を吹いている。そして後方にはバラック建も見えはじめている。

市内の横川町付近。被爆から1年近くがたち、壊滅した街にバラックが建ちはじめ、ようやく復興のきざしが見えてきた。

爆心地から1,000〜2,500メートル北の地域。手前の三篠本町上空から横川橋方面を望む。右端の白いのは米軍機の翼。

昭和21年1月27日、連合国極東委員会のフランク・マッコイ大将ら71名が広島逓信病院など爆心地一帯を視察した。写真は第10軍の軍医から原爆の威力と被害に関する説明を聞く視察団員。

原爆ドームの世界遺産化

原爆ドームの世界遺産化を進める会前代表・弁護士
古田隆規

　広島に原爆が投下された昭和二十年八月六日、私は、当時十歳の国民学校(現在の小学校)五年生で、広島の県北の山村に集団疎開をしていたため、被爆者となることはなかった。当時、子供たちは、日本は神の国であり鬼畜米英に敗《ま》けるはずはなく、いざとなれば神風が吹くものと教えられ、信じこまされていたため、その年には、すでに敗戦が濃厚になっていたことなど知る由もなかった。

　国民学校児童の疎開は昭和十九年頃から東京などの大都会では始まっていたが、広島にもこれが及びだしたのは、昭和二十年になってからであった。私もその年の四月、疎開先では滅多に口にできない銀メシが食べられるぞ、との先生、母親などの言葉につられて不本意ながら友達らとともに県北のお寺へ疎開したわけであるが、その四カ月後、広島は原爆(ピカドン)の洗礼をうけ、全てが灰燼《かいじん》に帰した。そのことを思うと、いまだに生命《いのち》存《なが》らえていることも、ちょっとした運命の糸に操られたためと思わずにはいられない。

　当時、父は出征しており、母と姉妹の女三人だけが、広島の中心部にあった家で細々と暮らしていた。この三人は被爆はしたものの、大した傷もなく窮地を脱し、郊外にある母の実家に避難した。しかし、父方の親戚の一家族は爆心地に家があったため一家全滅し、やはり私と同様疎開していた次男と三男だけが残されることになった。しかも悲劇は続き、その後次男は敗戦後の混乱と食べるための競争の中で栄養失調死した。

　原爆による家族の悲劇は、広島に住んでいた多くの人たちの身にふりかかり、二度と思い出したくない悲しい思い出として、その後、長きにわたり胸の奥深く沈澱していった。被爆の思い出は、あまりにも悲しく、被爆者がその体験をあまり語りたがらなかったことは、その悲しみの深さを物語っている。

　原爆症、白血病、ケロイドに対する周囲からの同情、被爆者と同じ立場でない他人のいたわりと同情は、被爆者の気持ちを決して素直にさせるものではなかった。しかも、二度と繰り返してはならない原爆投下の悲劇を訴える原水爆禁止の平和運動が、政治に惑わされ分裂する様を見るとき、被爆者たちの気持ちはさらに沈み、毎年行われる八月六日の夜の灯籠《とうろう》流しに、ひそかな被爆死者たちへの、鎮魂と哀悼の思いを託さざるをえない心境となってしまう。

　広島の被爆者たちに共通する体験を通しての思いは、核は誰も、まだどの国も持ってはならないとの、強い核廃絶への願いだけなのである。

　いま世界には、冷戦が終わったものの民族的・宗教的対立や、権力闘争などさまざまな原因に基づく紛争が後を絶たず、解決の兆《きざ》しすら見えていないものも少なくない。しかも、世界における自国の立場、発言力を強めるため、為政者たちは威嚇《いかく》のためにも核兵器を保有しなければとの思いを持っているように見え、核が政治上の取り引きの手段として使われているような状態であることは、朝鮮民主主義人民共和国(北朝鮮)の例を引くだけで十分であろう。このことは、人々の心胆を寒からしめるに足る状況である。

　現在、この地球上には、アメリカ・ロシアを中心として、約五万発の核弾頭が存在しているといわれ、しかもその一つひとつが広島・長崎型原爆の数百倍の破壊力を持っている。一発の核の使用が地球環境に重大なる被害をもたらすことが予測されるばかりでなく、

核廃絶・平和の象徴的存在として原爆ドームの保存が望まれる。

連鎖的な使用となれば地球環境は決定的に破壊され、人類が滅亡にいたることは間違いない。また、一部の核保有国における核管理の杜撰《ずさん》さが多くのニュース報道で伝えられ、さらに、核ないしは核関連物質、核技術者の国外流出問題、核廃棄物の不法処理問題は、核にまつわる不安を一層深刻にしている。

いまや核関連技術の発達が、このかけがえのない地球を危険な瀬戸際に追い込んでいる。だからいま、人類が核廃絶実現の行動を起こさなければ明るい二十一世紀への展望はない。

人類にとって最初の核の洗礼をうけた原爆ドームは、この核廃絶へ向けたさまざまな運動にとって象徴的存在となりうえ、また二十一世紀に生きる人類に対して継続的な警告の発進基地としての働きを持ちえるものである。

広島市民は早くからこのことを意識し、原爆ドームの保存運動を核廃絶への道につながるものとして、長らく続けてきた。

世界遺産条約は、世界に散らばる自然・文化遺産のうち、人類全体のために顕著な普遍的価値をもったものを国際的協力によって保護し、後世に残すことを目的として一九六七年(昭和四十二)、ユネスコ総会において採択された。我が国も平成四年(一九九二)、この条約に加盟し、すでに文化遺産として法隆寺一帯と、姫路城、京都の主な社寺等が、また、自然遺産として白神山地と屋久島が登録済みとなっている。

原爆ドームを世界遺産にしようとする運動は、先に述べた核廃絶・平和の象徴的存在として人類全体のために最も価値を認められるべきであるとの認識の中から生まれたものであった。我が国が条約に加盟した平成四年から、広島市、市議会を中心としてこの運動は展開されてきたが、所轄の文化庁が消極的な態度をとったため、行き詰まりの状態となっていた。

そこで、このような事態を打開するため、思想・信条をこえた純粋な市民運動として、原爆ドームの世界遺産化の国会決議を促す署名集めをするための「原爆ドームの世界遺産化を進める会」が結成された。

そして平成五年六月から五カ月間、文字通り、地を這うような市民運動を展開した結果、全国津々浦々からの共感をえて、その署名数は約百六十五万に達した。この結果、昨年中に、衆参両院において全会一致でこれが採択され、この請願署名運動は国民を代表する国会において、原爆ドームを世界遺産にすべしとの結論に見事に結実したのである。

この運動の経過において特筆すべきことは、反対者のいない市民運動であったこと、とくに多くの若者の積極的な署名活動への参加は、二十一世紀に生きる人たちの核に対する考え方を如実にあらわしたものとして、我々大人の核廃絶に対する責任を指弾された思いであった。とにかく、この運動が原爆ドームの世界遺産化への重要な節目になり、文化庁も原爆ドームの世界遺産化へ向けて積極的な検討に入っている。

被爆五十周年となる今年、人類にとっての悲願である核廃絶を目指しての我が国の基本的な思想が、原爆ドームの世界遺産としての登録を通して、客観的に世界に向けて宣明されるであろうことが期待されている。

長崎市

雲間から投下されたプルトニウム爆弾

長崎に投下されたプルトニウム爆弾「ファットマン」のキノコ雲。爆発してから30秒後には高度3,000メートル、8分30秒後には高度9,000メートルの上空にまで達した。

世界最初の原子爆弾(ウラニウム爆弾)が広島に投下されてから三日後の昭和二十年八月九日、チャールズ・スウィニー少佐の操縦するB29「ボックス・カー」号が午前二時三十分にマリアナ諸島のテニアン島から離陸した。「ボックス・カー」が弾倉に抱えているのは「ファットマン」(ふとっちょ)と名づけられたプルトニウム爆弾であった。八月六日に広島に投下されたウラニウム爆弾に比べて六割ほど威力が大きい。

「ボックス・カー」の目標は陸軍造兵廠や工場が建ち並ぶ小倉(現北九州市)であった。午前九時ごろ、「ボックス・カー」は小倉上空に姿を現した。だが、目標となる造兵廠、工業地区は雲に覆われていた。

「原爆の投下はかならず目標を目視で確認してから行わなければならない」とされていたから、「ボックス・カー」は小倉上空を何度も旋回して原爆投下のチャンスをうかがっていた。しかし、小倉を覆っている雲は一向に晴れる気配を見せない。

ウォルター・カリグ米海軍予備大佐が書いた「太平洋戦争の陣中報告」(『特集文藝春秋』昭和三十一年六月五日号所載)には、小倉上空の「ボックス・カー」内の様子が次のように描かれている。

――どういうわけか、煙《(ママ)》でよく見えなかった。高射砲は射ってこない。で、もう一度やり直した。が、こんども煙が目標を覆っている。しっかり見ろ、と爆撃手にスウィニー少佐(操縦員)がいうが、駄目だ。そこで、爆撃指揮官のフレデリック・アシュワース海軍中佐に相談。もう一度小倉の上空を飛んでみたが、それでも駄目なのである。もう、これで目標の上空を五十分も飛んでいたので、ガソリンが残り少なくなってきた――

三回も爆撃態勢に入ったが、ついに目標は雲に覆われて目視照準することができず、第二目標である長崎に向かった。

当初、原爆投下都市の候補にリストアップされていた広島、京都、小倉、新潟の中で、京都がスチムソン陸軍長官の強硬な反対でリストから削除されたため、長崎が新たに加えられたのである。

長崎はそれまでにも、昭和十九年七月九日の初空襲に続いて八月十一日には二十四機の

米軍が作成した長崎の原爆による被災地域図。長崎は金比羅山、稲佐山などの丘陵に囲まれた地形の関係で、浦上川に沿った地域を中心に原爆の被害を受けることになった。

B29による爆撃を受けていた。二十年に入ってからは四月二十六日、七月二十九日、三十一日、八月一日とたびたび空襲に見舞われた。これらの空襲によって三百五十名近い人々が犠牲となっていた。

スウィニー少佐の操縦する「ボックス・カー」は午前十一時前に長崎上空に達したが、長崎もまた、小倉と同じように雲に覆われていた。しかし、わずかな雲の切れ間から地上が見える。

「雲の切れ目を通してかろうじて目視できる程度」の視界だったと、米国戦略爆撃調査団の報告書に記されているような悪条件の中で、ヨーロッパ戦線で七十回もの爆撃に参加したベテラン爆撃手のカーミット・K・ビーハン大尉が照準機を覗き込んだ。そして十一時二分、長崎市松山町の上空で「ボックス・カー」はプルトニウム爆弾「ファットマン」を投下した。

「ファットマン」は地上からおよそ五百メートル上空で炸裂した。激しい閃光が起こり、さらに強烈な爆風と熱が襲い、そして轟音が長崎市内はもとより、近隣の市町村や熊本県下にまで響きわたったという。

原爆のキノコ雲の下で街並みは一瞬にして消滅し、爆風と熱と放射能にさらされた人口二十七万の国際都市長崎の大部分を焦土に変えてしまった。

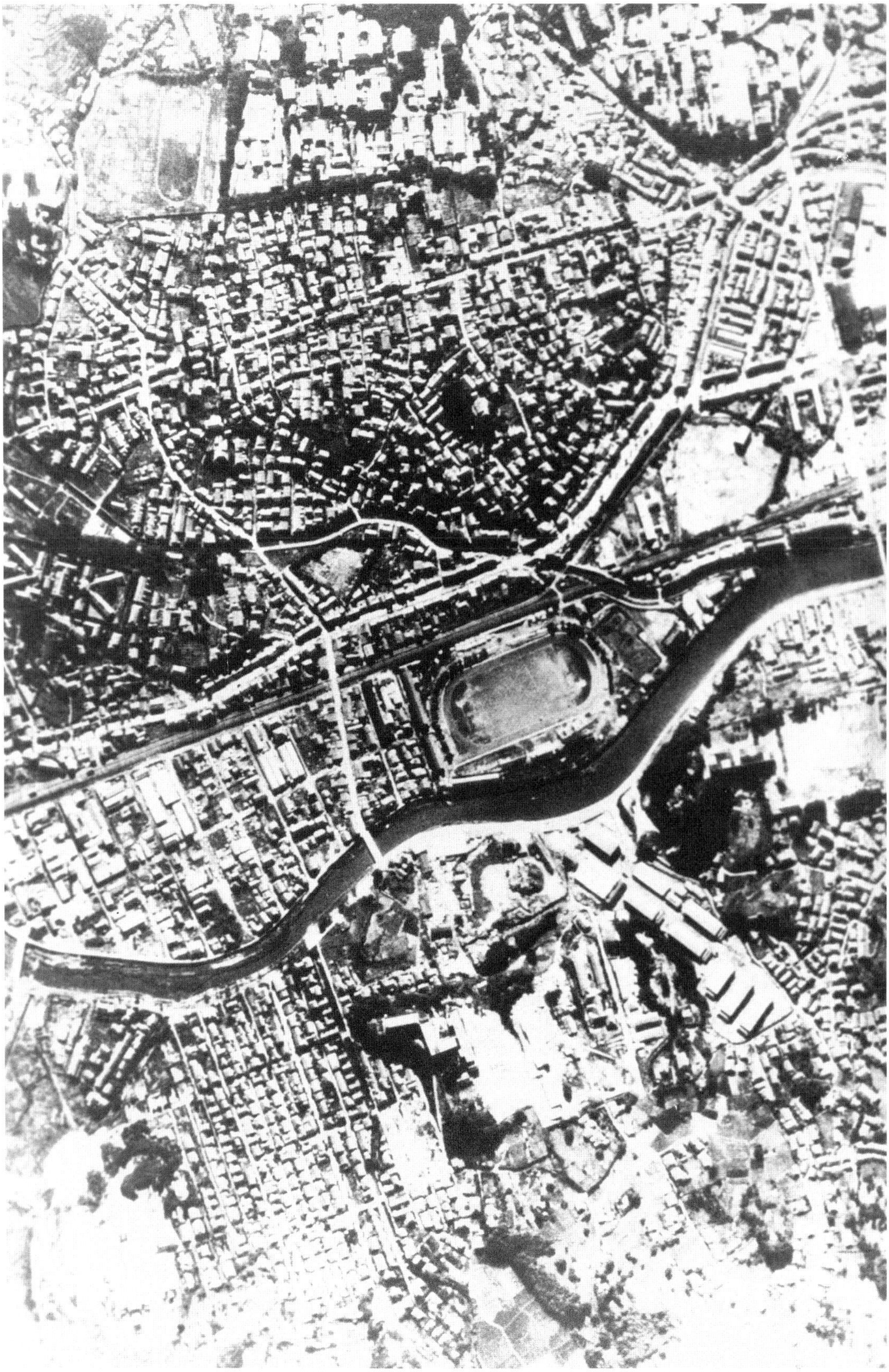

原爆投下前、米軍によって撮影された、爆心地となった松山町付近の空中写真。木造の住宅が建ち並ぶ住宅地であった。写真の中央を流れているのは長崎市を南北に貫く浦上川。

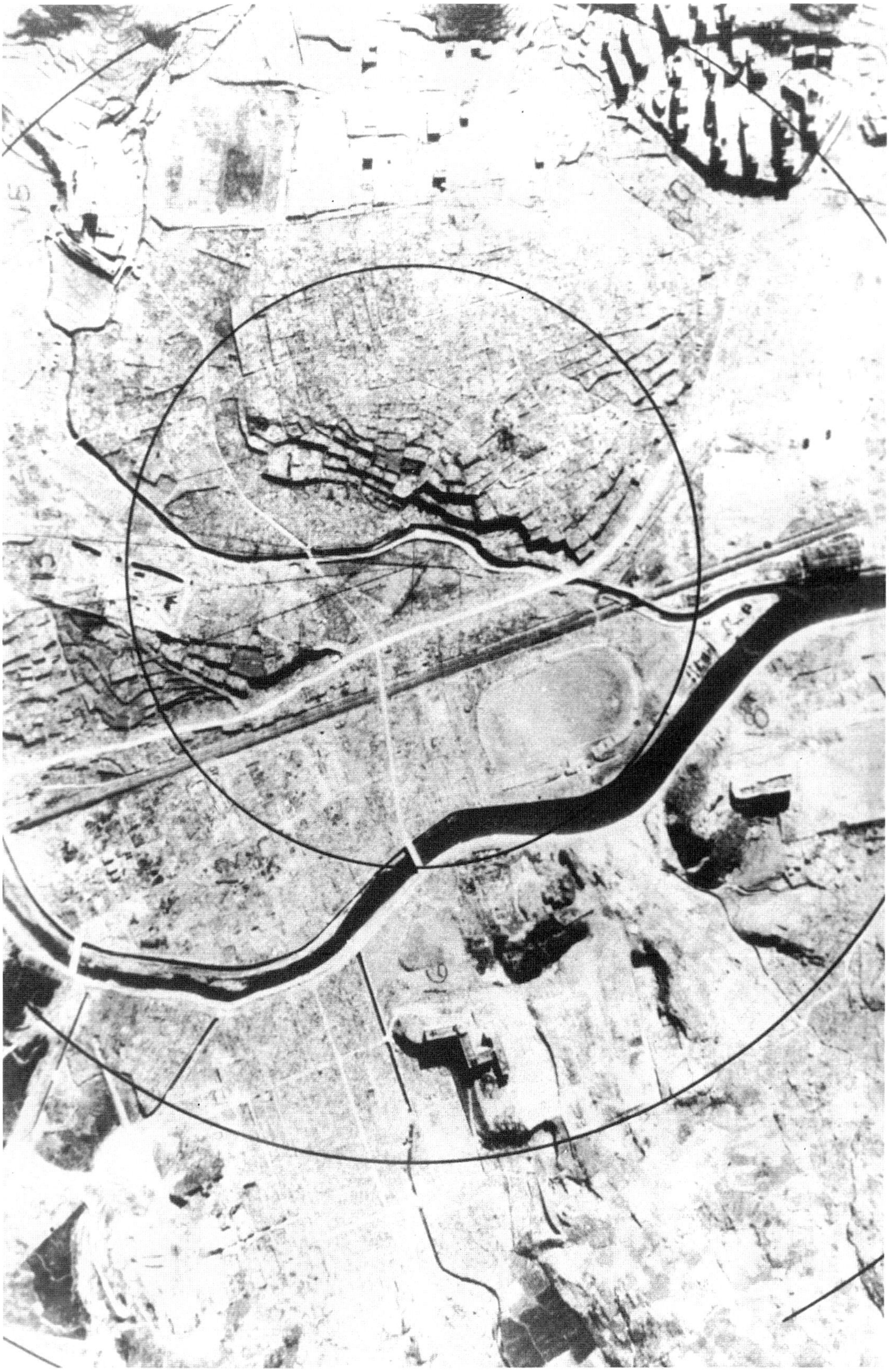

原爆が投下された後の爆心地周辺。松山町の住宅は跡形もなく消え去り、浦上川と道路の跡（細い白い線）だけが残っている。浦上川も原爆の爆風によって川底が見えたという。

原爆は爆発直後、半径200メートルもの火球をつくり、その表面温度は摂氏7、700度にも達した。周辺の可燃物はすべて焼き払われて、後に残ったのは瓦礫と石ころだけになった。写真の遠方に見えるのは浦上天主堂。

汽車を待つために並んでいる人々(浦上駅)。後ろの骨組だけになってしまった建物は兵器工場の跡。原爆による熱風がたちまち建物を包み込み、火災によって建物は焼け落ちて、跡地には2本の煙突だけが残っている。

爆心地の東約500メートルにあった長崎医科大学。後に講
堂からは座った姿の学生の遺体が発見されたという。

爆心地から約1,500メートル地点にあった魚雷工場。屋根
は吹き飛ばされ鉄骨もグニャグニャに折れ曲っている。

兵器工場の跡。木造の建物は焼け落ちて鉄骨だけとなり、
コンクリート製の建物はなんとか外観をとどめている。

強烈な爆風と熱、放射線によって無残に破壊された長崎の市街。高台に建つ浦上天主堂のマリア像が、破壊された街を見つめている。

兵器工場内部の惨状。原爆投下後に残されたものは鉄骨と鉄屑、ガラクタと化したいくつかの機械だけだった。

原爆の猛威にさらされた坂の街・長崎

原爆が投下された瞬間、爆心地付近では瞬間的に秒速三百六十メートルの強烈な爆風が吹き荒れた。そして、キノコ雲がたちまち沸き上がり、高度九千メートルの上空にまで達したという。

原爆による長崎の被害は、金比羅山や稲佐山などに囲まれ坂の多い地形の関係から、浦上川に沿った地域に集中している。

なかでも、爆心地となった松山町（現在の平和公園付近）から半径二キロメートル以内の地域にあった建物はほとんどが倒壊した。これらの地域にあった浦上天主堂、長崎医科大学、城山国民学校、長崎刑務所浦上支所、浦上駅、三菱の諸工場などは甚大な被害にあった。

城山国民学校では児童こそ登校していなかったものの、学校職員と、この学校に疎開していた三菱長崎兵器製作所の職員（勤労動員された女子学生を含む）あわせて百五十八名のうち、百三十八名が死亡した。

こうした爆心地から一キロメートル四方の惨状は、原爆の強力な熱によって人や動物がほとんど即死の状態となり、建物はことごとく破壊され、墓石の倒壊が続出、樹木も爆風によってなぎ倒されて炎上したという。

爆心地から一・七キロメートルのところに

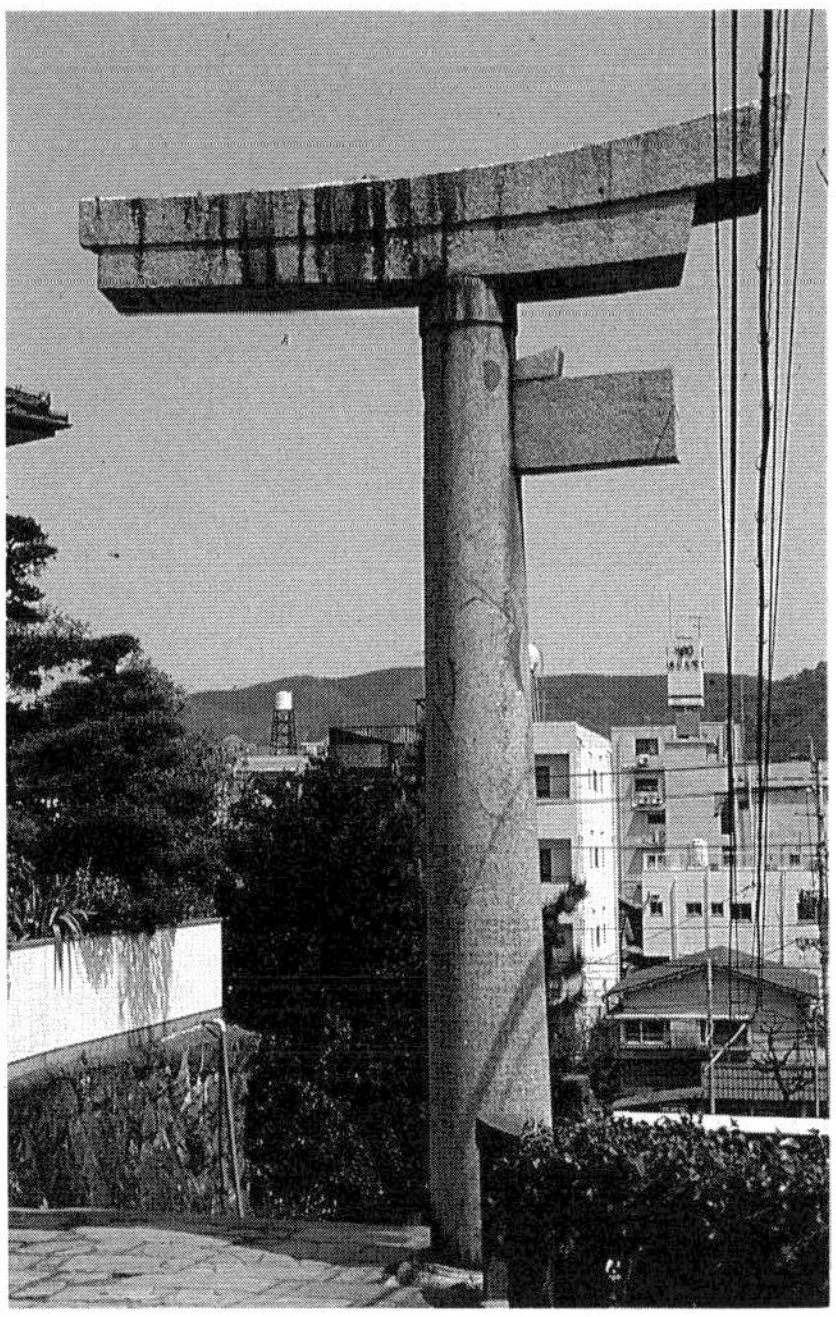

原爆の傷跡はいまでも長崎市内のいたるところに残っている。写真は爆風によって吹き飛ばされ、半分だけ残された山王神社の鳥居。

長崎の爆心地に建てられた石柱を取り囲むようにして立つ、現地調査に訪れた米国被爆調査団のメンバーたち。

ニュース映画の撮影のため、浦上天主堂を背にして立つ米軍将校（昭和20年9月8日）。

は福岡俘虜収容所第十四分所があり、二百名前後の連合軍捕虜が収容され、軍需工場などで働かされていた。また、朝鮮人や強制連行された中国人労働者なども長崎の軍需工場などで働かされていたが、彼らの多くも被爆し、原爆の犠牲となった。

二キロメートル四方では爆風、熱風によって大部分の人が重軽傷を追い、建物の八〇パーセントが倒壊した。そしていたるところから火災が発生し、大部分が焼失した。

さらに二キロから四キロメートル付近は、爆風による飛散物で重軽傷を負う者があったほか、熱によって火傷を被った者も一部いた。建物の多くが半壊状態となり、木柱はどれも爆心地の方に向かって黒い焼痕を残していた。爆心地より八キロから十五キロメートル離れた地域でも、強い爆風に襲われ、窓ガラスや扉、障子などが破壊された。

原爆が投下された後、永野若松長崎県知事（当時）は、次のような被害の第一報を送った。

「……負傷者相当アル見込ナルモ広島ノ被害ニ比較シ被害ノ程度極メテ軽微ニシテ死者並ニ家屋ノ倒壊ハ僅少ナリ」

だが、時間を追うごとに凄じい被害の報告が続々と入り、死傷者の数も二万五千、五万と増えていった。いまでは長崎の原爆による犠牲者は七万五千名前後とされている。

米軍が記録した日本空襲

あとがき

平塚柾緒

東京上空をデモ飛行するB29（昭和20年9月2日）

◉昭和十九年六月十五日、北九州の八幡製鉄所に対する空襲で始まったB29による日本本土への攻撃は、昭和二十年八月十五日の終戦の日まで一年三カ月続けられた。

『米陸軍航空部隊史』によれば、この間に出撃したB29は延べ三万三千四十一機という。そして連合軍機（大半は米軍機だったが）が日本本土に投下した爆弾の量は十六万八百トンにおよぶ。このうち戦略爆撃機B29が投下した爆弾は十四万七千トンで、九一パーセントを超えている。

この数字を見れば、日本の主要産業と都市はB29によって破壊・壊滅されたといっても過言ではないと思う。

もう少し数字を挙げれば、米軍が日本空襲の基地を中国からマリアナ諸島に移し、本格的な都市空襲を開始した昭和十九年十一月末から二十年八月十五日までの九カ月間に、日本が被った人的被害は死傷者約八十万六千人で、このうち三十三万人は死者である。この死傷者数は、いわゆる太平洋戦争全期間における軍人の戦闘損害七十八万人を上回っている。これらの数字は、日本の敗戦と同時に逸早く来日して日本の空襲被害の実態、アメリカ側からすれば「戦果」の実態を調査した米国戦略爆撃調査団の公表数字である。

◉私たちはこの写真集を編集するために、全国に作られている「空襲を記録する会」や市町村がまとめた文献にできるだけ目を通した。そこで困ったのは、人的被害数や焼失家屋数が資料や出典、調査機関（たとえば自治体、警察など）によってかなり違うことだった。またB29の来襲機数も日本側と米軍側では違い、さらに米軍の数字でもマリアナの基地を発進した機数と日本の目標上空に到達した機数は当然違うにもかかわらず、米軍側の数字には必ずしもその区分けが明記されていないことだった。

行政機関や警察関係といえども空爆の被害者であり、施設も戸籍簿や住民票といった資料も焼失するという極度の混乱の中の調査であれば、日本側の数字がまちまちなのは致し方のないことである。戦後訪れた米国戦略爆撃調査団の数字も、基本的には日本側のこれらの数字を元にしているから、絶対的な数字ではないだろう。だから数字はあくまでも「約」であり、「おおよそ」と形容詞をつけたほうがいいかもしれない。

そこで私たちは、人的・物的被害については地元機関の数字を優先し、来襲機数については米軍の公表数字を優先することにしたのだった。

◉それはともかく、日本本土に落とされた十六万八百トンという爆弾に対して、『米陸軍航空部隊史』はこう記している。

「米国戦略爆撃調査団は、ドイツに対して投下された爆弾量が百三十六万トンであって、B29が日本に使用した弾量の約九倍であったが、日本の受けた損害は、ドイツのそれとだいたい同じであったと推定した。

日本ではドイツよりも、攻撃は時間的にも地域的にもより集中されたし、目標はより脆弱《ぜいじゃく》であったし、防衛法はより有効でなかったし、また修理と再建速度は、より遅かったのであった。六大都市の建物密集地区の約四〇パーセントが破壊され、一方では高性能爆弾により各個に攻撃を受けた諸工場の様相はドイツにおけるよりも〝一般に、より完全に〟破壊されたものであった」（『東京大空襲・戦災誌』同誌編集委員会編より）

◉では日本の軍需産業を破壊し、国民の抗戦意欲をそぎ、ついにギブアップさせたのは本当に空襲だったのだろうか。米国戦略爆撃調査団の結論は「ノー」だった。

日本本土周辺以外の制海・制空権が連合国に移った昭和十九年半ば以降、日本のあらゆる生産力は減少の一途をたどった。その原因は空襲ではなく、制海権の喪失と船舶不足、二十年に入ってからは本土周辺海域の機雷封鎖による原料輸入の途絶が原因であると、各データをあげて指摘している。

そのうちの二、三を紹介すれば、たとえば鉄鋼生産がある。当時の日本は鉄鋼生産に必要な上質鉱石とコークス炭の一部を輸入に頼っていた。この艦船建造や飛行機生産、武器弾薬の生産に欠かせない鉄鋼の国内生産は、最高期の昭和十八年には五百六十万トンあったけれども、翌十九年には四百三十万トンに減っている。これは蘆溝橋事件によって日中戦争が始まった昭和十二年頃の水準であるという。昭和十九年といえば、米軍の本土空襲はまだ本格化していなかった。それでも生産力は激減していたのである。

精油工場は空襲によって八三パーセントが破壊されたけれども、すでに原油の輸入自体が激減しており、仮に精油施設が無傷だったとしても生産量は最高期の一五パーセントに落ち込んでいたろうといわれる。また空襲による施設への被害はわずか一五パーセントにすぎなかった造船所も、昭和二十年には最高期の二五パーセントにまで落ちていた。最大の原因は鉄鋼の不足であった。

そして戦略爆撃調査団は、日本の主要工業に対する空襲の効果は、制海権の奪取など海上封鎖によって生まれた輸入不足の効果よりも少なかったといい、マリアナの爆撃軍は、もっと日本の船舶攻撃と海上封鎖に力を入れたほうがよかったのではないかと暗に示唆している。

◉ただ言えることは、日本空襲が日本人に与えた〝戦意〟への影響、すなわち精神的影響がいかに大きかったかということである。戦略爆撃調査団の資料をもとに、『米陸軍航空部隊史』は書いている。

「日本の敗北を信じた人々の比率は一九四四年十二月には一〇パーセント、一九四五年三月には一九パーセント、六月には四六パーセント、降伏直前には六八パーセントに増加していた。究極的敗北を信じていた人々のうち、半分以上は敗北の主な原因を〝原爆攻撃よりもむしろ空襲である〟とした。戦争末期までに人口の六四パーセントの人々は、彼らは〝個人としては戦争遂行についていけない〟と感じるほどになっていた」（前出書）

◉日本の都市と人々の心を焼き尽くした日本空襲。そしてB29が日本の空から消えて五十年――私たちは〈アメリカはなぜ、どのようにして日本空襲を行ったのか？〉という視点の中で、この写真集を編集した。日本空襲に関する刊行物は膨大といってもいい。しかし、その多くは〈いかに大きな被害を受けたか〉という〝被害者〟の視点からの出版物が大半を占めている。それも大事である。しかし、ことが戦争であるかぎり、被害者もまた加害者であるということを忘れてはなるまい。

この地球上から己の主張を通すために武力に訴えるという愚がなくなれば、加害者も被害者も生まれなくてすむのだが……。

主要参考文献〔順不同〕

『日本の空襲』〔全10巻〕
日本の空襲編集委員会（三省堂）
『東京大空襲・戦災誌』〔全5巻〕
東京大空襲・戦災誌編集委員会（財団法人東京空襲を記録する会）
『日本戦争経済の崩壊』
アメリカ合衆国戦略爆撃調査団編．正木千冬訳（日本評論社）
『戦略東京大空爆』
E・バートレット・カー著．大谷勲訳（光人社）
『第二次大戦の米軍事戦略』
福田茂夫著（中央公論社）
『原爆はこうしてつくられた』
レスリー・R・グローブス著．冨永謙吾・実松譲訳（恒文社）
『原爆投下のシナリオ』
アージュン・マキジャニ，ジョン・ケリー著．関元訳（教育社）
『エノラ・ゲイ』
ゴードン・トマス，マックス・モーガン=ウィッツ著．松田銑訳（TBSブリタニカ）
『原爆投下決定』
L・ギオワニティ，F・フリード著．堀江芳孝訳（原書房）
『太平洋戦争秘史・米戦時指導者の回想』
毎日新聞社訳・編（毎日新聞社）
『日本大空襲＝太平洋戦争写真史』
佐久田繁編（月刊沖縄社）
『トルーマン回顧録』
ハリー・S・トルーマン著．加瀬俊一監修．堀江芳孝訳（恒文社）
『ヤルタからポツダムへ』
ゲルト・レッシング著．佐瀬昌盛訳（南窓社）
『ポツダム会談』
チャールズ・ミー著．大前正臣訳（徳間書店）
『証言記録太平洋戦争―終戦への決断』
サンケイ新聞出版局編著（サンケイ新聞出版局）
○上記の他、全国の「空襲を記録する会」、県・市町村発行の空襲・戦災史、自治体史等を参考にさせていただきました。

写真協力＆資料協力〔順不同・敬称略〕

アメリカ国防省
池宮商会出版部（那覇）
八王子市郷土資料館
斉藤　隆（八王子・サイトウ鳩光堂）
淵上　明（八王子）
日立市郷土博物館
日立製作所日立工場
日立電線株式会社
望月安雄（水戸空襲戦災記録の会）
和知忠雄（水戸空襲戦災記録の会）
大和和夫（日立空襲）
小田原市郷土文化館
飯田耀子（戦時下の小田原地方を記録する会）
清水伊十良（小田原）
豊川市郷土資料館
彦坂　実・小島茂雄（八七会＝豊川）
太田市役所
富士重工業株式会社
鹿児島市役所
平岡正三郎（鹿児島）
川崎市公文書館
仙台市戦災復興記念館
宮城県地域史学協議会（仙台空襲を記録する会）
髙谷　進（青森空襲を記録する会）
㈱葦書房（福岡）
笠井邦充（福岡）
㈱文殊社（東京）

新装版によせて

平塚柾緒

太平洋戦争の末期、米軍は昭和十九年（一九四四）十一月末から日本本土の各都市への無差別空襲を開始し、日本が無条件降伏をする昭和二十年八月十五日までの九カ月間にわたって焦土作戦を続けた。狙われた都市は東京をはじめ全国四百三十都市を数える。

その間の日本人被害者の数は諸説あり、現在にいたるも確定はされていない。初版の「あとがき」にも記したように、日本の敗戦と同時にいち早く来日して日本空襲の実態調査をした米戦略爆撃調査団の公表数字によれば、死傷者は約八十万六千人で、このうち三十三万人は死者であるという。日本の官公庁や報道機関による調査もまちまちで、その代表的な数字を拾うと死者・行方不明が約五十八万八千人余、負傷者約三十万人、焼失家屋二百三十四万二千四百四十七棟などとなっている。これら各数字の中心を成しているのは、再三の焼夷弾攻撃にさらされた東京と、原爆を投下された広島と長崎であることはいうまでもない。

本書が刊行された二十五年前の一九九五年当時、空襲のターゲットにされた日本の各都市には、市民有志による「空襲・戦災を記録する会」が作られていて、被害者からの聞き取り調査を始め、写真や遺品の収集などが積極的に行われていた。本書の編集・制作に際しても、それら各地の「空襲・戦災を記録する会」の協力を数多く仰いでいる。

しかし、戦後も七十五年を迎える今日、戦争や空襲の体験者は日を追って少なくなっており、各地の「空襲・戦災を記録する会」のメンバーも次の世代に移っている。活動の内容も大きく様変わりして、戦争遺跡の見学や空襲に対する勉強会に移っていると聞く。私は、この市民活動の移り変わりに大きな期待を寄せている。戦後の日本は、学校教育で明治以降の近現代史教育をおろそかにしてきた。おろそかというより、意識的に排除してきたといってもいい。

明治維新から昭和二十年八月までの七十余年間、日本は内乱と対外戦争に明け暮れていた。その〝戦争の時代〟の真実が一般国民に知られることは、戦後の為政者にとってははなはだ不都合だったに違いない。彼ら為政者の中にはＧＨＱ（連合国軍最高司令官総司令部）から戦犯に指名されたものもおり、日本の侵略戦争を積極的に推進してきた者もいたからであろう。それだけに、国内に残る戦争遺跡に足を運び、遺跡の生い立ちを知ることは真の近現代史の扉を開けることにもなるからである。

日本国内には広島の原爆ドームをはじめ、無数の空襲・戦災遺跡がある。各地に残る洞窟は、そのほとんどが戦争遺跡であり、空襲・戦災遺跡である。なかでも長野県の「松代大本営跡」は、その代表的遺跡であろう。首都東京が連合国軍の攻撃にさらされそうな状況に陥ったとき、天皇陛下をはじめ政府、軍部の首脳が疎開するための巨大な洞窟が掘られたのである。その一部は、現在も公開されている。

私は、これら全国の空襲・戦災遺跡を訪れるときには、是非とも本書を事前に開いてみて欲しいと思う。そして、その洞窟は米軍の激しい空爆から誰を、どれだけの人々を護ったのかを思い巡らしてほしいと思う。

二〇一九年十一月二十五日

編著者略歴――――
平塚柾緒 ひらつか・まさお
1937年、茨城県生まれ。戦史研究家。取材・執筆グループ「太平洋戦争研究会」を主宰、数多くの従軍経験者を取材してきた。主な編著書に『米軍が記録したガダルカナルの戦い』（草思社）、『図説・東京裁判』『図説・写真で見る満州全史』（河出書房新社）、『ウィロビー回顧録・GHQ知られざる諜報戦』『写真で見るペリリューの戦い』（山川出版社）、『玉砕の島ペリリュー』『写真でわかる事典・日本占領史』（PHP研究所）など多数。

＊本書は1995年に刊行した書籍の「新装版」です。

新装版 米軍が記録した日本空襲

2020年 1月28日 新装版第1刷発行

編著者 平塚柾緒
装幀者 間村俊一
発行者 藤田 博
発行所 株式会社 草思社
〒160-0022 東京都新宿区新宿1-10-1
電話 営業 03(4580)7676 編集 03(4580)7680

印刷所 中央精版印刷 株式会社
製本所 大口製本印刷 株式会社

ISBN978-4-7942-2435-4 Printed in Japan 検印省略